边坡及基础工程数值分析新进展

谢新宇　刘开富　张继发　著

科学出版社

北 京

内 容 简 介

本书采用任意拉格朗日-欧拉(ALE)有限元法及再生核质点(RKPM)无网格法分析边坡、基坑、路堤等的稳定性和地基极限承载力。内容主要包括:ALE有限元法及RKPM无网格法的基本理论;采用ALE有限元法及RKPM无网格法分析均质、双层及含软弱夹层的天然土质边坡的破坏性状及稳定性;采用基于Mohr-Coulomb非软化模型、软化模型的ALE有限元法分析软土地基上基坑放坡开挖过程及其破坏性状;采用ALE有限元法研究单层和双层地基上路堤的快速填筑过程及其破坏性状;采用RKPM无网格法讨论流动法则及基底粗糙程度对条形基础承载力系数的影响。

本书可供从事基础及边坡工程数值计算研究的科研及教学人员使用,也可供广大土木工程设计、施工等方面的工程技术人员参考。

图书在版编目(CIP)数据

边坡及基础工程数值分析新进展/谢新宇,刘开富,张继发著. —北京:科学出版社,2010.8
ISBN 978-7-03-028681-9

Ⅰ.①边… Ⅱ.①谢…②刘…③张… Ⅲ.①边坡-道路工程-数值计算②地基-基础(工程)-数值计算 Ⅳ.①U416.1②TU47

中国版本图书馆 CIP 数据核字(2010)第 161393 号

责任编辑:周 炜 王志欣 / 责任校对:桂伟利
责任印制:赵 博 / 封面设计:鑫联必升

科 学 出 版 社 出版
北京东黄城根北街 16 号
邮政编码:100717
http://www.sciencep.com

丽源印刷厂 印刷
科学出版社发行 各地新华书店经销

*

2010 年 8 月第 一 版 开本:B5(720×1000)
2010 年 8 月第一次印刷 印张:15 1/4
印数:1—2 000 字数:294 000

定价:58.00 元

序

边坡与基础工程的数值分析对计算方法有特定的要求,如能够真实反应土体性状的本构模型、能够进行有效应力和孔压的计算、可以准确模拟塑性区的大变形等。ALE 有限元法及 RKPM 无网格法在这些方面有着特殊的适用性。

该书内容丰富,首先介绍了 ALE 有限元法及 RKPM 无网格法的基本理论;然后结合一系列实例,采用 ALE 有限元法和 RKPM 无网格法分析了双层及含软弱夹层的天然土质边坡的破坏性状及稳定性;采用基于非软化模型及软化模型的ALE 有限元法分析了软土地基上基坑放坡开挖过程及其破坏过程;采用 ALE 有限元法研究单层和双层地基上路堤的快速填筑过程及其破坏性状;运用 RKPM 无网格法,分析讨论了流动法则及基底粗糙程度对条形基础承载力系数的影响。

在计算实例的选择上,该书并没有直接给出复杂的工程实例,而是采用简单却具有说明性的例子,通过这些简单算例的计算结果与岩土力学中基本的理论解答进行相互印证,这样可以帮助读者正确理解模型简化、参数选择、边界条件设置等对计算结果的影响,从而循序渐进地学习。

该书的三位作者中,谢新宇教授长期从事岩土工程理论分析与数值计算的研究工作,刘开富副教授和张继发副研究员都是我以前指导的博士后,他们在浙江大学工程与科学计算研究中心做博士后研究期间,做了较多的基于 ALE 有限元和RKPM 无网格法的相关研究工作,该书的部分内容是他们研究成果的总结。

浙江大学长江学者特聘教授
工程与科学计算研究中心主任
2010 年 8 月

前　言

　　边坡稳定性和地基承载力问题涉及土体极限状态及破坏机理,传统的分析方法较多采用基于经验系数的简化公式,并在工程实践中得到广泛应用。由于边坡及地基的破坏过程涉及大变形问题,采用传统方法难以有效分析其渐进破坏过程中的工程性状,因此近年来随着计算机技术的快速发展,以有限元法为代表的,特别是能分析大变形问题的各种数值计算方法在岩土工程中得到大量应用,以便有效分析边坡及地基等破坏过程中的工程性状。

　　本书偏重于 ALE 有限元法及 RKPM 无网格法在边坡稳定分析和浅基础承载力计算中的应用,并展示其模拟这些问题的适用性。作为将新的计算力学理论方法用于岩土工程分析的尝试,本书主要介绍了 ALE 有限元法及 RKPM 无网格法的基本理论及数值计算的实现,还介绍了其在土质边坡、放坡基坑开挖、填筑路堤稳定分析及浅基础承载力分析方面的许多算例,其中包括几个工程实例的分析。为了推进这些数值计算方法在岩土工程中的应用,尚需深入研究并选择合理的土性本构关系及其参数。

　　本书共分为 8 章,第 1 章介绍了 ALE 有限元法和无网格法的研究进展,并简单介绍了本书的主要研究内容;第 2 章介绍了 ALE 有限元法及 RKPM 无网格法的基本理论及数值计算的实现,并结合简单算例对程序进行了验证分析;第 3 章在介绍边坡稳定分析方法及其破坏判断准则基础上,提出了有限元法分析边坡失稳的破坏判断准则。

　　第 4 章主要介绍了大变形 ALE 有限元法在边坡工程中的应用。采用分岔理论简单研究了边坡中的局部化问题,并采用强度折减法分别对均质土质边坡、双层地基上土质边坡、含软弱夹层的黏土边坡等的边坡稳定性及其失稳破坏性状进行了分析,同时分析了一失稳边坡的工程实例。

　　第 5 章采用 RKPM 无网格法分析了边坡工程问题。采用强度折减法分析了均质土质边坡、双层地基上土质边坡、含软弱夹层的黏土边坡等的稳定性及破坏性状,并分析了一失稳破坏的边坡工程实例。

　　第 6 章采用大变形 ALE 有限元法分析了基坑开挖问题。结合放坡基坑开挖工程的特点,采用弹塑性模型及应变软化模型对基坑的放坡开挖失稳破坏性状进行分析,并结合工程实例进行了对比分析。

　　第 7 章采用大变形 ALE 有限元法分析了路堤填筑工程问题。分析了单层地基上路堤填筑、含硬壳层的双层地基上的路堤填筑问题;并针对不同地基条件下的路堤填筑问题,研究地基土体、路堤填料及硬壳层土体强度对填筑临界高度及路堤破坏性状的影响;最后采用大变形 ALE 有限元法分析了连云港铁路路堤填筑试验的过程及破坏性状。

第 8 章采用 RKPM 无网格法分析了条形基础的承载力。详细讨论了流动法则及基底粗糙程度对承载力系数的影响,并分析了不同的流动法则及基底粗糙程度与地基破坏模式之间的关系;同时对比分析了考虑黏聚力、超载和自重三项因素情况下无网格法的结果与经典的地基承载力公式的结果。

本书的分工情况如下:第 1、3 章由浙江大学谢新宇撰写;第 4、6、7 章由浙江理工大学刘开富撰写;第 2、5、8 章由浙江大学张继发撰写,杨红坡博士参与了第 5 章的撰写。全书由谢新宇统稿。

感谢浙江大学岩土工程研究所曾国熙教授、潘秋元教授、谢康和教授等一直以来的支持与帮助。特别感谢浙江大学郑耀教授为本书作序。在本书撰写过程中,浙江大学岩土工程研究所的吴健、朱凯、李晶、马伯宁、韩冬冬、李金柱、王忠瑾等博士生,吴勇华、王龙、刘斌等硕士生及赵志远高工提供了许多帮助,在此表示衷心的感谢。

由于作者水平所限,书中难免有疏漏和不妥之处,敬请读者批评指正。

目 录

第1章 绪 论

1.1 引 言

岩土工程分析方法很多,早期的岩土工程师主要依靠一些简单的力学模型结合实践经验进行工程的设计计算。工程项目复杂性的增加和计算机技术的发展使人们越来越多地采用数值方法进行基础和边坡工程的分析计算。

边坡、基坑、路堤等的破坏性状及其渐进破坏过程中,由于在达到破坏时其变形及应变都较大,小变形假设将不适用,采用小变形有限元方法(finite element method,FEM)不再合适,因而有必要采用大变形有限元方法或无网格法(meshless or meshfree method)分析破坏性状。

土体渐进破坏及其性状研究是近年来岩土工程研究的热点问题,主要与边坡、基坑、路堤等工程相关。世界各地普遍发生的自然灾害之一——山体滑坡也是与岩土渐进破坏相关的问题。

边坡开挖是常见的工程活动,地下开挖会触发地面沉降和滑坡,如湖北盐池河磷矿由于地下开挖导致边坡突然滑坡;1985年12月24日天生桥二级水电站首部右侧挡土墙施工时发生由于边坡开挖导致的滑坡(陈祖煜,2003a)。土方填筑也是导致滑坡的一个重要因素,在饱和软弱地基上修建土坝、路堤,经常导致堤坝、路堤和地基一起滑动;如2001年发生在长江大堤江西马湖段软弱地基上滑坡,连云港铁路填土路基的失稳破坏等。高填方本身也会在填筑工程中发生滑坡;水库蓄水后库区经常发生大规模的崩岸和滑坡,如1963年10月9日,意大利高267m的瓦依昂拱坝的库区发生总量达2.75亿 m^3 的超大体积滑坡。天然滑坡发生时通常没有人类活动、降雨、地震等明显的触发因素,此类滑坡多呈渐进性破坏特征,触发滑坡的主要因素为滑带土由峰值强度向残余强度的过渡,如1983年3月17日17时发生于甘肃洒勒山的滑坡(陈祖煜,2003a)。基坑开挖也会导致土体失稳,由于基坑围护不当造成极大损失,如发生于1994年9月1日的上海市中心广东路的某大厦基坑失稳(赵锡宏等,1996)及1993年发生在石家庄的某购物中心基坑失稳(唐业清等,1999)。

因此,土体渐进破坏的稳定分析是一个十分重要的课题,它对工程的经济性和安全性有着重要的影响。而稳定安全系数作为衡量稳定性的安全度指标,其计算结果受到诸多因素的影响,正确选择边坡、基坑及路堤等工程稳定所要求的稳定安全系数,对正确评价工程的稳定性具有十分重要的作用。

目前,工程设计中常用的边坡稳定分析方法为极限平衡法,该方法以安全系数为度量标准,假定土体是理想塑性材料,按照极限平衡原则进行受力分析,完全不考虑土体的应力-应变关系。极限平衡法是半经验的方法,与目前的勘察、试验所得原始数据的精度相匹配,方法简便易行,所以国内外仍然沿用它作为工程设计的主要手段,对于大型工程或地基情况复杂时,再辅助以模型试验和综合评价分析。极限平衡法经过长期的工程实践证明不失为一种有效的、实用的设计方法,在应用过程中分析方法和控制标准在相当大的程度上依赖工程经验和判断。

由于土体具有非线性、弹塑性及剪胀性等性质,刚塑性应力应变假设的极限平衡法存在先天的理论缺陷,难以合理分析边坡失稳破坏机理等问题,因此有必要探索新的考虑土体工程性质的分析方法,以便满足客观实际。随着有限元方法的发展及逐渐成熟,有限元方法成为分析此类问题的一种有效方法。通过有限元方法分析边坡稳定不仅可以得到边坡的稳定安全系数,还可以得到边坡内的应力应变等,同时采用有限元方法还可以考虑基坑的开挖过程及路堤的填筑过程,同样也可以得到基坑开挖过程及路堤填筑过程中的应力分布及变形等。

1.2　ALE 有限元法的研究现状

非线性连续介质力学的有限元分析方法已取得了很多令人瞩目的进展。根据描述物体运动方法的不同,可以归为两大类,即欧拉(Eulerian)描述方法和拉格朗日(Lagrangian)描述方法。在流体力学有限元中主要采用欧拉描述方法,在固体力学大变形问题中绝大多数研究工作都使用拉格朗日描述方法(张雄等,1997;Margolin,1997)。

欧拉描述方法又称空间描述方法,它以现时构形为参考构形来建立物体的运动学和动力学方程。欧拉描述的计算网格是固定在空间的,即计算网格在物体的变形过程中始终保持不变,因此可以很容易地处理物体的扭曲。但其对移动界面的处理需要引入非常复杂的数学映射,这将可能导致较大的误差;另外在欧拉描述中使用普通的伽辽金(Galerkin)离散时,由于迁移项的影响,会导致有限元方程中的系数矩阵是非对称的,增加了求解的困难,而且还可能得到振荡数值解。

拉格朗日描述方法又称物质描述方法,它以初始构形为参考构形来建立物体的运动学和动力学方程。拉格朗日描述的特点是计算网格固定在物体上随物体一起运动,即网格点与物质点在物体的变形过程中始终保持重合,因此物质点与网格点间不存在相对运动(即迁移运动,又称对流运动)。因而拉格朗日描述大大简化了控制方程的求解过程,并且能准确描述物体的移动界面,同时可跟踪质点的运动轨迹。但在涉及特别大的变形问题时,物质的扭曲将导致计算网格的畸形,因而会造成拉格朗日网格相交,将导致计算不能继续下去。

拉格朗日和欧拉运动描述方法上存在差异,纯拉格朗日和纯欧拉描述都存在各自的缺陷,但也具有各自的优势。如果能将两者有机地结合,充分吸收各自处理问题的优势,克服各自的缺点,则可解决那些只用纯拉格朗日或纯欧拉描述所解决不了的问题。在研究中,克服拉格朗日方法网格相交的一个有效措施是重分网格;这就是每一步(对时间步长而言)或相隔若干步,将拉格朗日网格重新划分,把由于扭曲而显得畸形的网格换成尽可能规整的新网格;新网格的力学量根据旧网格上的力学量按照质量、动量、能量守恒的原则加以重新计算。当然,这样的拉格朗日方法严格说来已经不再是跟踪物体运动的纯拉格朗日方法,而是一种欧拉方法和拉格朗日方法相结合的新方法——任意拉格朗日-欧拉法(arbitrary Lagrangian-Eulerian,ALE)。

ALE 方法最早由 Noh(1964)以耦合欧拉-拉格朗日(coupled Eulerian-Lagrangian)的术语提出,并且与有限差分法相结合,求解了一个带有移动边界的二维流体动力学问题。

ALE 描述为拉格朗日描述和欧拉描述的联合使用提供了一条有效的途径。它的一个重要特征是将计算网格基于参考坐标进行划分,计算网格可以在空间中以任意的形式运动,也就是说计算网格可以独立于物质坐标系和空间坐标系运动。这样通过规定合适的网格运动形式可以准确地描述物体的移动界面,并使单元在运动过程中保持合理形状,克服了纯拉格朗日描述和纯欧拉描述的缺陷。类似于欧拉描述,在 ALE 描述下的控制方程中也将出现对流项,因此也可能得到振荡解,需要进行相应的数值处理。实际上,纯粹的拉格朗日描述和欧拉描述是 ALE 描述的两个特例,即当网格的运动速度等于物体的运动速度时,ALE 描述就退化为拉格朗日描述,而当网格固定在空间不动时,ALE 描述就退化为欧拉描述,因此 ALE 描述提供了一种将两种描述方法统一的描述,其对比如图 1.1 所示。

1.2.1　ALE 描述在流体力学及流固耦合问题的应用

虽然 Noh(1964)建立了基于可以自由运动的参考构形上的控制方程,但在程序实现时实际上是假定整个计算区域只能使用拉格朗日描述和欧拉描述中的一种,而不能使网格自由运动。

ALE 描述提出后,很快被应用到解决流体力学及流固耦合问题的有限差分程序中。Trulio(1966)采用 ALE 描述法研制了求解可压缩流体流动问题的有限差

欧拉描述方法

缺点

对移动界面处理需引入非常复杂的数学映射，可能导致较大的误差；在欧拉描述中使用普通的 Galerkin 离散时，因迁移项影响会导致有限元方程中的系数矩阵是非对称的，增加了求解的困难，并且还可能得到振荡数值解

优点

计算网格在空间固定（或计算网格在物体变形过程中始终保持不变），可很容易地处理物体的扭曲

优点

计算网格固定在物体上随物体一起运动（网格点与物质点在物体的变形过程中始终保持重合），物质点与网格点间不存在相对运动（即迁移运动、对流运动）；这大大简化了控制方程的求解过程，且能准确描述物体的移动界面，同时可跟踪质点的运动轨迹

拉格朗日描述方法

缺点

涉及特别大的变形问题时，物质的扭曲将导致计算网格的畸形，会造成拉氏网格相交，导致计算不能继续下去

综合欧拉及拉格朗日描述的优点，克服其缺点

ALE描述方法

欧拉及拉格朗日描述的统一

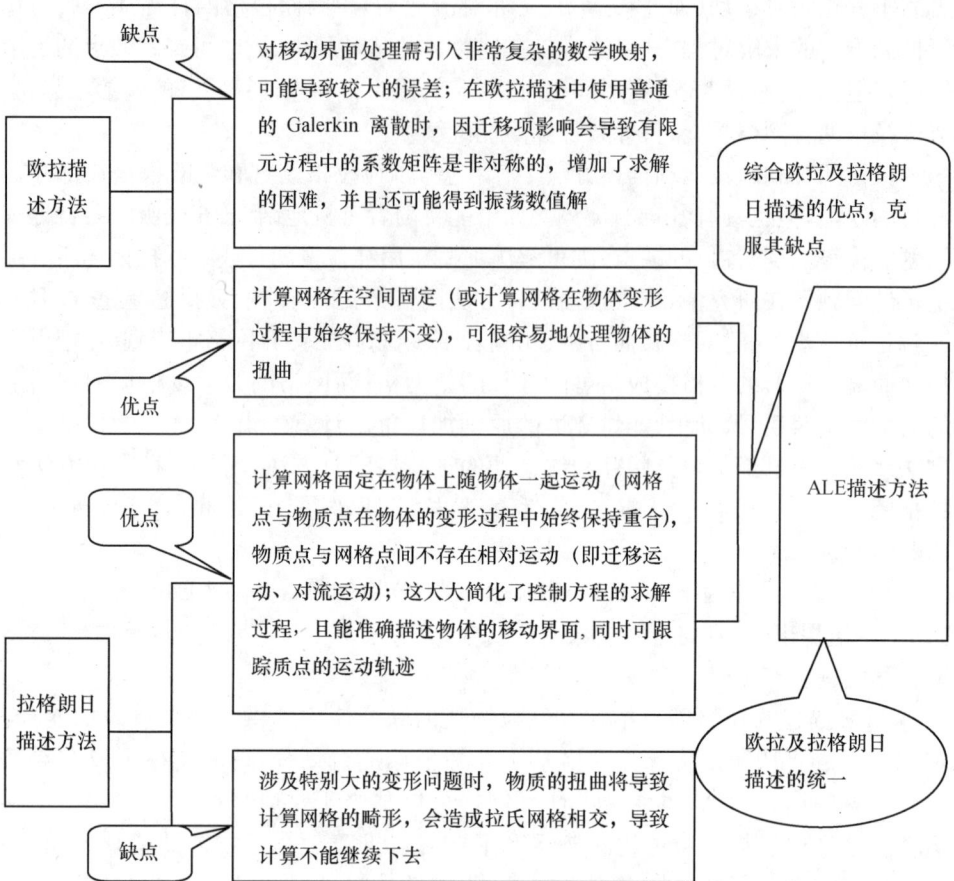

图 1.1　欧拉、拉格朗日、ALE 三种描述方法对比

分程序 AFTON。Hirt 等(1974)将 ALE 描述与求解方程的隐式积分格式结合，解决了具有任意流动速度的二维流体流动问题，并研制了相应的有限差分程序 YAQUI。Stein 等(1977)将 ALE 描述推广到具有任意形状活动边界的三维时间依赖性流动问题中，用以处理三维边界条件，并通过一个六面体受水平波作用问题的实例，得到了与实验相符合的有关结论，Pracht(1975)也将 ALE 推广到具有任意形状的移动边界的三维流动问题中。Amsden 等(1981;1980)研制了二维、三维简化 ALE 格式有限差分程序 SALE 和 SALE-3D，并在设计程序时认为每个单元只由一种材料组成。袁帅(2003)借助于 ALE 方法的早期程序 SHALE 的基本框架，开发研制了二维弹塑性流 ALE 方法计算程序 HEPALE；程序包含用弹塑性本构模型和 Gruneisen 状态方程来描述固体材料的行为；采用 JWL 状态方程来描述爆轰产物的性质，并模拟了爆轰波阵面的传播；同时应用 HEPALE 程序对平面碰撞、铜棒

碰撞刚性壁（Taylor 杆问题）、爆轰波的传播、炸药驱动金属平板和柱壳进行了数值模拟，并与有关理论解析结果或者实验结果及 LS-DYNA 程序、拉格朗日程序的计算结果进行了比较，如图 1.2 所示。

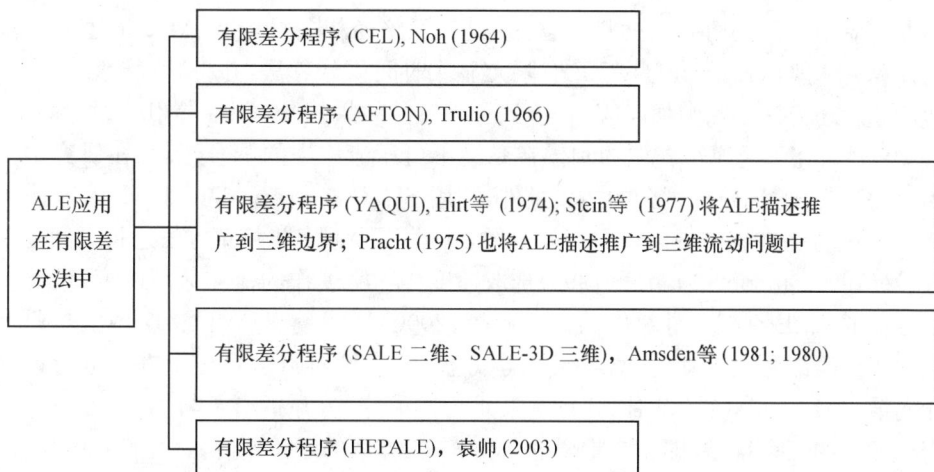

```
                  ┌─────────────────────────────────────────────────────────────────┐
                  │ 有限差分程序 (CEL), Noh (1964)                                      │
                  └─────────────────────────────────────────────────────────────────┘
                  ┌─────────────────────────────────────────────────────────────────┐
                  │ 有限差分程序 (AFTON), Trulio (1966)                                 │
                  └─────────────────────────────────────────────────────────────────┘
  ┌────────┐      ┌─────────────────────────────────────────────────────────────────┐
  │ ALE应用 │      │ 有限差分程序 (YAQUI), Hirt等 (1974); Stein等 (1977) 将ALE描述推     │
  │ 在有限差 ├──────┤   广到三维边界；Pracht (1975) 也将ALE描述推广到三维流动问题中       │
  │ 分法中  │      └─────────────────────────────────────────────────────────────────┘
  └────────┘      ┌─────────────────────────────────────────────────────────────────┐
                  │ 有限差分程序 (SALE 二维、SALE-3D 三维)，Amsden等 (1981; 1980)         │
                  └─────────────────────────────────────────────────────────────────┘
                  ┌─────────────────────────────────────────────────────────────────┐
                  │ 有限差分程序 (HEPALE)，袁帅 (2003)                                  │
                  └─────────────────────────────────────────────────────────────────┘
```

图 1.2 ALE 在有限差分法中的应用

以上的研究工作都是将 ALE 描述方法嵌入有限差分方法中，并且只考虑了无黏性可压缩流体，解决了部分流固耦合问题。同时，ALE 描述方法被引入到有限单元中，最初是为了满足核反应堆结构安全分析中的非线性数值模拟技术的需要，并用它求解流体与结构相互作用瞬态问题。

因核反应堆结构安全分析的需要，Donea（1977）、Belytschko 等（1980；1978）分别将 ALE 法引入有限元法中，用以求解流体与结构相互作用问题。Liu 等（1986b）较好地解决了容器中液面的大晃动问题。Hughes 等（1981）建立了 ALE 描述的运动学理论，并使用有限元法解决了黏性不可压缩流体流动和自由表面流动问题。Belytschko 等（1982）及 Nitikitpaiboon 等（1993）解决了液体中高压气泡的扩展，还讨论了边界的大幅度运动和容器中的液体泄漏等问题。Liu（1981）利用 ALE 有限元对储液箱在地震荷载作用下产生的液面晃动、动态弯曲、储液箱与液体交界面处结构的动力学行为进行了研究，给出了相应的 ALE 处理方法及数值计算格式。Liu 等（1991）基于 ALE 有限元和自适应网格技术对材料加工成型过程进行数值模拟，对流固交界面的处理采用了 ALE 描述和外力虚功率联合运用方法，给出了一个改进的牛顿迭代公式，讨论了 ALE 有限元在非线性问题中应用的策略问题。Huerta 等（1988）发展了 ALE 描述的一般理论框架，并相应地推导了在自由液面大幅度晃动下非线性黏性流动的 ALE-PG 有限元计算格式，还在程序实现时使用预测-多步校正的方法,为 ALE 的发展与广泛应用提供坚实的理论基础。

Liu 等(1988)对 ALE 描述的运动学方程进行了线性化处理,给出了切线刚度矩阵的积分形式,并对算法的稳定性作了初步的研究。Liu 等(1986a)将 ALE 描述方法应用于路径相关性材料问题,并建立了路径相关材料在 ALE 描述下有限元计算的一般格式,导出了 ALE 有限元显式时间积分算法,并将其理论在一维弹塑性波动动力学问题中加以应用,得到了满意的结果。Nomura 等(1992)、Nomura(1994)研究了受弹簧支撑的刚体在黏性不可压流体中的耦合运动,在研究中采用 ALE 描述方法处理耦合的边界条件,使用 SU/PG(stream-line upwind/Petrov-Galerkin)方法在流体域上进行空间离散,并运用预测-多步校正方法进行时间步积分。Nitikitpaiboon 和 Bathe(1993)选取速度势和密度作为流体区域的变量,导出了相应的 ALE 有限元计算格式。Koo 等(2000)从能量观点出发,应用虚功原理建立了可压缩黏性流动的 ALE 动力学方程,并直接对哈密顿正则方程进行有限元离散。Margolin(1997)对 ALE 有限元法做了综述,并指出了与 ALE 方法发展密切相关的三个难题,即三个重要的研究方向:方法的理论研究、计算格式的构造、新旧网格上物理量重映计算。

国内学者在这方面的研究始于 20 世纪 90 年代。刘志宏等(1993)将 ALE 描述法与边界元方法相结合,利用 ALE 网格可任意移动的特性,对自由液面的大晃动问题进行研究,实现了控制点的自由跟踪,避免了单元的畸变。曾江红等(1996)在研究具有自由液面大幅晃动的 Navier-Stokes 方程的数值求解时,对流体区域采用 ALE 运动学描述,使网格自由移动,并采用流线迎风(SU/PG)加权余量法处理强对流项。温德超等(1996)用 ALE 方法研究三维自由液面问题。岳宝增等(1998)将 ALE 边界元法应用于非线性晃动问题,并应用 Galerkin 加权余量方法对动力学边界条件进行有限元离散,在时间上采用 Newmark 方法进行离散,推导了预测-多步校正的计算格式。郑群等(1997a;1997b)推导了旋转叶轮内流湍流 Navier-Stokes 方程计算的 ALE 格式,并以亚网格(SGS)模式模拟了湍流运动。刘向军等(1999)选用与流动方向较一致的网格体系,应用 ALE 算法对四角切向燃烧煤粉锅炉炉膛内冷态流场进行了模拟,得到稳定的数值计算结果。蒋莉等(2000)将 ALE 描述方法与有限体积法相结合对流体的控制方程进行空间离散,采用预测-多步校正的方法求解流体和结构的运动方程。岳宝增(2000)详细介绍了 ALE 分步有限元方法,该方法避免了对速度、压力插值函数的 LBB(Ladyzhenskaya-Babuska-Brezzi)限制条件,由于速度和压力可用同阶线性插值函数,这就使有限元方程在算法上结构简单,在保证精度的前提下,使得计算过程的实现简单易行,尤其采用集中质量法后,可以得到求解速度的显式格式;同时采用分步有限元方法成功模拟了复杂腔体中的三维大幅晃动问题,并进一步考虑了微重力环境下的表面张力的效应。王建军等(2001)采用 Galerkin 格式和 Newmark 法对 ALE 描述的 Navier-Stokes 方程进行空间域和时间域离散,得到相应的 Newmark-压力修正求解公式,通过算例的分析得到较好的结果。岳宝增等(2001a;2001b)对 ALE 描述法在非线性流固耦合和有限元中的运用作了进一步的研究;他们在计算中采用时间分步格式,在空间域上利用 Galerkin 加权余量法对系统方程进行数值离散,并分别对圆形储箱中三维液体非线性晃动和结构与 TLD(tuned liquid damper)装置之间的耦合问题进行了数值模拟。孙江龙等(2002)直接从 Navier-Stokes 方程和连续性方程出发,采用四边形单元对求解区域进行网格划分,并借助 Galerkin 加权余量法导出了相应的 ALE 有限元控制方程,其在计算过程中速度项和压力项均采用线性插值方法进行插值。邱清水(2003)采用 ALE 法对输流管道在黏性流动下耦合振动问题进行了数值研究。邢景棠等(1997)对流固耦合力学进行了概述,并指出了应用 ALE 有限元法存在的问题。张雄等(1997)对任意拉格朗日-欧拉描述法的研究进行了综述,给出了 ALE 有限元法的公式,对其在流固耦合问题中的应用进行了分析,并对 ALE 有限元法的发展进行了展望。ALE 有限元法在流体及流固耦合中的应用及其发展如图 1.3 和图 1.4 所示。

1.2.2 ALE 法在固体力学中的应用

由于几何复杂性、大变形、有限滑移、材料非线性等因素的影响,固体间的接触问题是很复杂的。有限元法是分析接触问题的有效方法,主要有界面元法、变分不等式、参变量变分原理及应力杂交元法等。用有限元求解接触问题时,在界面上需设置分别属于各自物体的两个节点。为了准确满足界面相容条件和计算接触应力,不论两个物体是黏接还是相互滑移,在变形过程中节点对必须保持重合。在拉格朗日描述中,物体的接触区域在求解前是未知的,因此很难使接触区的节点对在变形过程中始终保持重合。为了求解接触问题,一般需要使用非常精密的网格,而且对有限滑移问题还需求解单边位移约束的最优化问题。

Haber 等(1983)采用 ALE 有限元法模拟了柔性结构的大变形接触问题,把位移分类为拉格朗日位移和欧拉位移,通过使接触面单元上节点对的拉格朗日位移相等而实现滑移边界相容条件,但切向的欧拉位移独立且可以不同,这样在变形过程中接触面上的节点对始终保持重合,而物质点可以沿切向相对于网格点运动。Haber(1984)提出了 ALE 有限元法的运动描述和虚功原理,这种方法很容易处理物体之间的摩擦接触(Haber et al.,1985a;1985b;Haber,1984)、加工成型(Liu et al.,1991;Huetink et al.,1990;Huetink et al.,1989;Huetink et al.,1987;Liu et al.,1987;Schreurs et al.,1986;Huetink,1982)及碰撞(Liu et al.,1988;Benson,1989)等大变形问题;这种方法后来被推广应用于准静态固体力学和弹性断裂力学。在弹性断裂力学中,应力强度因子可以用多种方法求得,如奇异

核反应堆结构安全问题，Donea等 (1977)、Belytschko等 (1980;1978) 等

容器中液面大晃动问题，Liu (1981)、Liu等 (1983)、Liu等 (1986b)、刘志宏等 (1993)、曾江红等 (1996)、岳宝增 (2000)、岳宝增等 (2001a;2001b) 等

黏性不可压缩流体流动和自由表面流动问题，Hughes等 (1981)、温德超等 (1996) 等

液体中高压气泡扩展问题，Belytschko等 (1982)、Nitikitpaiboon等 (1993) 等

流固耦合动力学问题，Liu (1981)、Huerta等 (1988)、岳宝增等 (1998)、蒋莉等 (2000)、邱清水 (2003) 等

Navier-Stokes方程及流场问题，郑群等 (1997a;1997b)、刘向军等 (1999)、王建军等 (2001)、孙江龙等 (2002)

摩擦接触问题，Haber等 (1983)、Haber (1984)、Haber等 (1985a;1985b) 等

加工成型问题，Huetink (1982)、Huetink等 (1990;1989;1987)、Liu等 (1991;1987)、Schreurs等 (1986)、Askes等 (2000;1999)、Davey等 (2002; 2000)、Armero等 (2003)、José (2004)、Gadala (2004) 等

碰撞问题，Liu等 (1988)、Benson (1989) 等

裂纹问题，Haber等 (1985b)、Askes等 (2000)、Gadala (2004) 等

路径相关材料问题，Liu等 (1988;1986a) 等

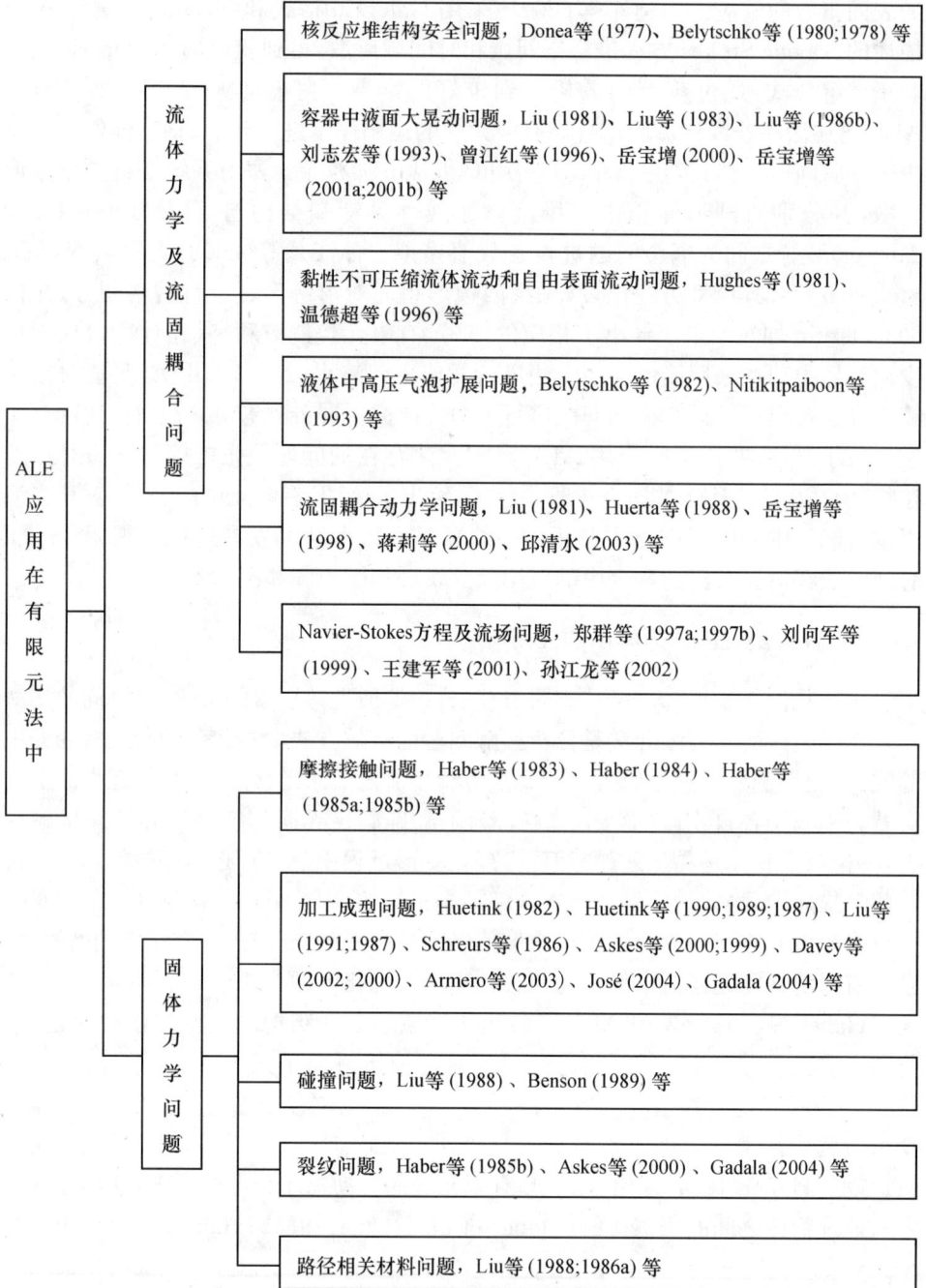

图1.3　ALE有限元法的应用

（流体力学及流固耦合问题；固体力学问题；ALE应用在有限元法中）

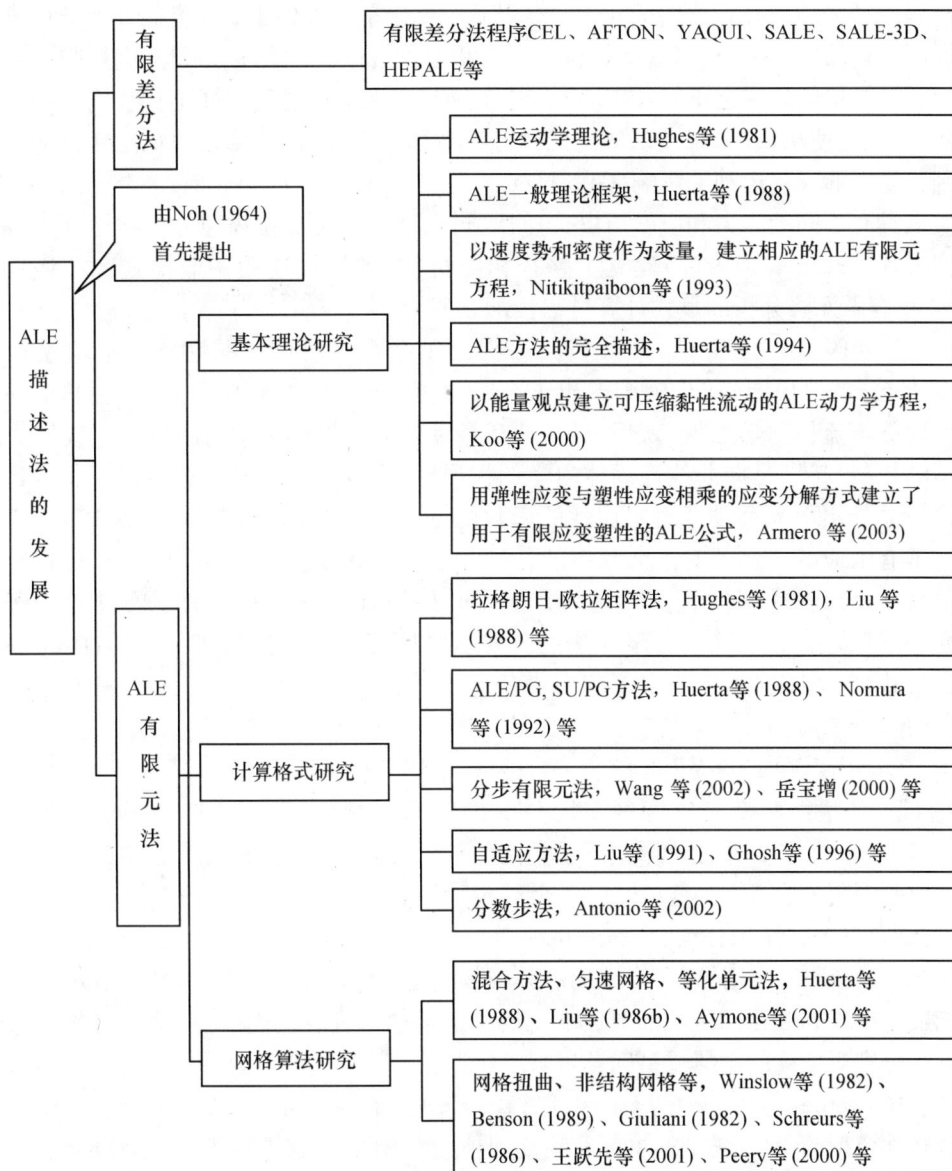

图 1.4 ALE 描述方法的发展

单元法、J 积分法、能量释放率法等。在拉格朗日位移法中,裂纹的长度不能连续变化,因此一般使用数值微分来求解由裂纹扩展引起的能量释放率;而 ALE 法中,裂纹的长度是可以连续变化的。Haber 等(1985b)导出了由裂纹引起的能量释放率的显式公式,将 ALE 法应用于弹性断裂力学中求解应力强度因子,得到了相当好的结果。曾经一段时间，ALE 有限元主要用来研究像 Hook 类固体和流体这样的线性路径无关材料，这些材料的应力状态由各时刻的位移场和速度场唯一确定。与拉格朗日描述不同，ALE 描述中的网格点在变形过程中并不代表同一物质点，因此当使用 ALE 描述求解记忆材料等路径相关材料时，单元的状态变量将受到物质点的迁移运动的影响(Ghosh et al.，1996；Liu et al.，1988；1986a)，这些物质点具有不同的应力和应变历史；该问题同样存在于用欧拉描述分析塑性加工成型过程中；Liu 等(1986a)建立了路径相关材料 ALE 描述的一般格式和非线性 ALE 有限元法分析的显式计算过程。

Diaz 等(1983)和 Carey 等(1987)提出了在每一时间步采用 r-自适应法的 ALE 公式。Huerta 等(1994)给出了 ALE 的完全描述，明确指出 ALE 法非常好地建立于流体力学领域，认为 ALE 技巧最重要的挑战存在于向固体和连续体力学的扩展，特别是向非线性固体力学的扩展(因为应力历史材料在固体中非常普遍)；并指出单元移动或材料属性的函数的选择是主要问题。Wang 等(1997)研究了有限应变问题的有限元程序的各种方法的精确度及适用性，并指出 ALE 有限元法是比较适用的解决问题的方法，同时对 ALE 有限元法的发展进行了研究，并最后给出了 ALE 有限元法的公式。张雄等(1997)给出了 ALE 有限元法的公式，并对其在固体大变形问题中的应用进行了分析，并对 ALE 有限元法的发展进行了展望。

Ghosh 等(1996)提出了综合 r-自适应(采用节点坐标比重法减少单元扭曲)和 s-自适应(塑性应变高梯度区采用分等级单元)的节点重定位技术。Gadala 等(2002；1999；1998)采用无限划分法重定位单元节点，ALE 操作分为拉格朗日步和欧拉步两部分。Askes 等(1999)对金属板采用 ALE 法的自适应分析的屈曲线模式，结合每个高斯积分点的 von Mises 等效应力和塑性应变的屈曲线进行重定位。Askes 等(2000)采用 ALE 有限元法分析了应变集中现象，采用非弹性区节点和可能发生应变局部化的区域的节点重新定位技术预测裂缝发生位置，并采用各自的方法分别对二维的金属成型问题进行了研究。

Rodriguez 等(1998)和 Ghosh 等(1999)研究了综合考虑 ALE 运动描述和超弹塑性模型的 ALE 方法，并对大应变固体力学中的问题进行了研究。Davey 等(2002；2000)采用 ALE 描述的 3D 有限元对环的轧压进行了分析。Traore 等(2000)提出了一个准欧拉描述并且用于分析环的轧压过程。Peery 等(2000)发展了非结构网格的三维多材料的 ALE 有限元法。Aymone 等(2001)提出了重定位技术的三维 ALE 有限元法公式，采用等化单元大小以保持单元形状避免单元扭曲，同时改变单元布局。Antonio 等(2002)对 ALE 描述中的超弹塑性模型进行了扩展，并采用分数步法对 ALE 有限元法分析进行了选择(时间步包括了考虑材料效应的拉格朗日步和考虑材料及有限元单元相对运动的对流项)，同时指出其提出的模型相对于其他模型，在 ALE 单元重划中只改变空间域的单元质量，并将这种模型应用于数值模拟如冲压等的试验。Armero 等(2003)提出了用于非线性固体力学有限应变塑性的一个新的 ALE 公式，采用了弹性应变与塑性应变相乘计算形式的应变分解方式，在公式中考虑了材料相对于参考坐标的转动及空间单元相对于参考坐标的移动，把计算分为三步：平滑、对流及拉格朗日步，最后采用算例分析验证了提出方法的有效性。José(2004)研究了 ALE 描述的分步有限元方法，对网格运动采用了新的节点定位方法，并发展了允许在内部和边界节点移动的 8 节点六面体单元，可提高应变集中区的单元精度，还比较了分别采用 UL 和 ALE 有限元法得到的结果。Gadala(2004)提出了固体力学中的用于非线性静态和动态问题的模拟的完整的 ALE 执行公式，ALE 方程式采用完全耦合的隐函数方法，并给出了 ALE 虚功方程和有限元矩阵；同时给出了动态方程的时间积分关系，还对模拟裂纹扩展问题提出了特殊的适应方法，并对金属成型、切割及裂纹扩展问题进行了分析。ALE 的发展及应用如图 1.3 和图 1.4 所示。

1.2.3 ALE 法的网格算法研究

ALE 描述中网格的自由移动给流固耦合问题的处理带来了很大的方便，但同时也给方程的求解增加了难度，增加了计算的工作量，且存在迁移项的影响；因此选取合理的、有效的网格运动算法是 ALE 描述中的一个重要的问题。ALE 的网格运动是通过控制网格的运动速度或者控制质点在参考坐标系下的运动速度来实现的，运动学边界条件对网格的运动形式有着重要的影响。在边界运动已知的情况下，可以根据所求解的问题的特殊性预先指定网格的运动形式(网格的速度或位移)。如 Liu 等(1986b)在求解弹塑性压力波的传播问题时采用了匀速网格运动以消除数值解的振荡。

在 Hughes 等(1981)的研究中，对网格运动，首次提出了拉格朗日-欧拉矩阵法，拉格朗日-欧拉矩阵法需要在整个求解区域内求解网格的速度。Huerta 等(1988)在求解自由表面大幅晃动问题时，根据问题的特殊性，引入了混合方法计算网格速度。混合法的特点是在液体自由表面的法向上使用物质描述，但在切向方向上要根据具体的情况给定网格的运动速度。在求得自由表面的法向网格速度后，区域内部的网格运动则可以用其他的方法加以确定，如直接应用边界上的网格速度进行线性插值(Nomura,1994)等。

网格的扭曲一般有两种形式：压缩扭曲和剪切扭曲，Benson(1989)采用了一种基于以上两种网格扭曲形式的网格运动算法；当某节点周围最小单元的面积和最大单元的面积之比小于某一给定值或当该节点周围单元的顶角小于某一给定值时，则认为该节点周围的单元发生畸形变形，该节点需要移动以调整网格的形状来

消除单元的畸形。节点的移动方法可以采用等势松弛法（Winslow et al. ，1982）
等。Giuliani（1982）提出了另外一种度量单元压缩扭曲和剪切扭曲的指标，并将这
两种指标的平方作为评价网格形状好坏的目标函数；利用最优化的方法，使这个目
标函数取最小值以使网格形状最优。另外，Schreurs 等（1986）也提出相应的网格
运动算法。国内的王跃先等（2001）基于三角形畸变能，设计网格运动算法，该算法
将求解节点位移（速度）的问题转化为一个无约束最优化问题。ALE 网格算法的
研究发展如图 1.4 所示。

1.3　无网格法研究进展

目前在工程的数值计算方法中，有限元法无疑发展得最为成熟，在很多大型工
程中得到了成功的应用，也出现了诸多功能强大的通用软件。但有限元法在处理
裂纹动态扩展、材料破坏等不连续问题及金属冲压成型、局部化等涉及大变形的问
题时会遇到困难，可能遇到网格严重扭曲，每一步计算都要重构网格，以保证能与
变形后的界面一致，导致计算程序更加复杂，计算精度降低，计算时间增加，甚至网
格畸变使计算无法继续，得不到收敛的结果。近 30 多年来逐渐发展起来的无网格
法就摆脱了数值计算中基于网格的困难，只需要一系列完全离散的点的信息来解
决偏微分方程问题。

1.3.1　无网格法的研究历史

Belytschko 等（1996a）将"meshless method"作为无网格法的统一名称。无网
格法发展到现在，已经出现不下十几种方法，最早出现的无单元法是光滑粒子流体
动力学法（smooth particle hydrodynamics，SPH），1977 年，由 Lucy 和 Gingold 分
别提出，并应用于天体物理领域中。SPH 法是一种纯拉格朗日方法，是最简单的
无网格法，比较容易实现，理论上可以处理任意变形问题。Monaghan（1992；1985）
用核近似原理对此法进行了解释并进行了总结。Johnson 等（1996a；1996b）提出
归一化光滑函数算法，提高了 SPH 法的精度。随后又应用于高速碰撞数值模拟、
流体动力学及水下爆炸仿真模拟（Swegle et al. ，1995）等问题。但是，SPH 法在求
解有边界条件的偏微分方程时，不能满足一致性条件，且计算结果也会产生不稳定
性，这是 SPH 的主要缺陷。

Nayroles 等（1992）将移动最小二乘近似引入 Galerkin 法中，提出了散射元法
（diffuse element method，DEM）。但当时并没有意识到他们在 DEM 中用到的插
值方法就是 Lancaster 等（1981）在曲线和曲面拟合中所研究的移动最小二乘插值
法。当权函数在微小区域上取常数，可以认为传统的有限元法是 DEM 的一种特

殊情况,如果权函数在整个区域上取常数,则 DEM 的近似函数就成为简单的多项式函数的最小二乘拟合。

Onate 和 Idelsohn 于 1996 年提出有限点法(finite point method,FPM),FPM 是利用移动最小二乘法来构造近似函数,并采用配点格式进行离散,计算时不需要背景网格,效率较高,主要应用于对流扩散问题及流体动力学领域。

Belytschko 等(1994)对在 DEM 的基础上,计算形函数导数时保留了在 DEM 中所忽略的项,并利用拉格朗日乘子法引入本质边界条件,提出无单元 Galerkin 法(element free Galerkin,EFG),并进行了误差分析,具有较高的计算精度和较好的计算稳定性。Belytschko 等(1996b)深入研究了 EFG 法的数值积分方案及近似函数的计算方法,并在动态裂纹扩展的数值模拟分析(Lu et al.,1995)和三维撞击问题(Ponthot et al.,1998)中得到了成功的应用。庞作会等(1999)介绍了 EFG 法,并应用于边坡开挖问题。陈建等(2000)利用 EFG 法计算含裂纹的功能梯度材料板的应力强度因子。EGF 法的计算精度高、稳定性好且收敛速度快,而且没有体积锁死现象。但其在对离散格式的积分项进行数值计算时需要借助于背景网格,为了保证计算精度,往往需要用到高阶高斯积分,另外为了施加本质边界条件而引入的拉格朗日乘子法增加了未知量,并且使得刚度矩阵不再是带状的正定矩阵,这些因素都导致了 EFG 法的计算量远大于有限元法。Lu 等(1995)对拉格朗日乘子法进行了修正,在不增加未知量的同时也保持了刚度矩阵的带状和正定特点,但计算精度有所下降。总体来说,EFG 法精度高,计算稳定,是一种比较成熟的无网格法。

Liu 等(1995b;1995c)在 SPH 的基础上,对其核函数进行修正以满足边界相容条件,基于 Galerkin 法提出了再生核质点法(reproducing kernel particle method,RKPM)。Liu 等(1997a;1996a;1996b;1995a)后来利用小波函数的多尺度分析思想,构造一系列可同时伸缩和平移的核函数,提出了多尺度再生核质点法(multi-scale reproducing kernel particle method,MRKPM),实现了 RKPM 的自适应分析,这种方法引入了柔性可调窗口函数进行积分变换,适合对局部进行精确的数值分析。Liu 等(1997b)将 RKPM 方法与移动最小二乘插值方法相结合提出了 MLSRK(moving least-square reproducing kernel)方法,该方法的形函数是利用移动最小二乘方法生成,其包含的再生核可以准确再生出总体最小二乘意义下的任意光滑函数。MLSRK 在频域和空间域中具有较好的局部化能力,因此适合进行多尺度分析和多重网格计算。另外,MLSRK 方法在处理不规则边界和位移边界条件时,有较强的灵活性,但其计算效率不高。Chen 等(1998;1997;1996)用配点法离散接触约束的边界积分方程,提出了处理位移边界条件和接触约束的混合变换法和边界奇异核函数法,采用基于拉格朗日的再生核函数近似,对金属成型大变形过程、金属薄片冲压成型过程、环的压缩和冷镦粗过程进行了数值模拟。Liu 等(1997b)用于动态断裂和局部化问题中。Han 等(2001)对 RKPM 进行了误差分析。RKPM 还在流体力学、结构力学等领域得到了广泛应用。谢琴等(2006)也对 RKPM 进行了阐述。

Duarte 等(1996a;1996b)根据云团概念提出了 Hp 云团法(Hp clouds),并给出了严格的数学论证。该法利用移动最小二乘法建立单位分解函数,由此构造权函数和试函数,采用 Galerkin 法建立离散数学模型,随后应用于求解 Timoshenko 梁问题(Mendoncca et al.,2000)、厚板的弯曲问题(Garcia et al.,2000)及平面裂纹问题的自适应分析(刘欣等,2000)。Liszka 等(1996)在 Hp 云团法的基础上,采用配点离散格式,提出了 Hp 无网格云团法,这样就避免了在 Galerkin 离散格式中用于积分计算的背景网格,是真正的无网格法。

Atluri 等(2000a;2000b;1998)采用移动最小二乘法近似函数作为试函数,提出了局部边界积分方程法(local boundary integral equation,LBIE)和无网格局部 Petrov-Galerkin 法(meshless local Petrov-Galerkin,MLPG)。LBIE 可以看成是 MLPG 的一种特殊情况,它只需要对区域边界用一些点来离散,但需要进行奇异积分计算。MLPG 法中包含中心在所考虑点处的规则局部区域上及局部边界上的积分,所形成的系数矩阵是带状稀疏矩阵,另外在数值计算时采用了无网格离散模型,不需要背景网格,是真正意义上的无网格法。Liu 等(2000)研究了 MLPG 与 FEM 耦合的情况。此外,MLPG 还在梁板结构及流动问题等领域中得到应用。

Liu 等(2001)建立了近似函数具有插值特性的点插值法(point interpolation method,PIM),施加位移边界条件与有限元法类似,不需要特殊处理。

Zhang 等(2000)将紧支距离基函数与配点法相结合,提出了紧支径向基函数法,并应用于求解固体力学问题。随后,Zhang 等(2001)提出最小二乘配点法,该法用移动最小二乘建立近似函数,采用最小二乘配点法的离散格式,与配点法相比不但提高了计算精度,还减小了计算量,兼有 Galerkin 法和配点法的优点。

1.3.2　无网格法的近似函数及离散方案

可以从两个方面来分析上述多种无网格法之间的不同,即近似函数的建立和离散化方法。无网格法在建立形函数时主要有三种方法:移动最小二乘近似(moving least squares)、核近似及再生核近似(reproducing kernel method)、单位分解近似(partition of unity)。Lancaster 和 Salkauskas(1981)在标准最小二乘近似的基础上,最早提出移动最小二乘法,并用于数据的拟合。Nayroles 等发展了移动最小二乘法,并在此基础上提出了散射单元法。各种无网格法的近似函数建立方法、核离散方案见表 1.1。

表 1.1 主要无网格法(张雄等,2003)

无网格法	代表学者	近似函数建立方法	离散方案
光滑粒子流体动力学法(SPH)	Lucy	核近似	配点法
有限点法(FPM)	Onate	移动最小二乘	配点法
散射元法(DEM)	Nayroles	移动最小二乘	Galerkin 法
无单元 Galerkin 法(EFG)	Belytschko	移动最小二乘	Galerkin 法
再生核质点法(RKPM)	Liu	再生核近似	Galerkin 法
Hp 云团法(Hp clouds)	Oden	移动最小二乘	Galerkin 法
Hp 无网格云团法(Hp-meshless clouds)	Liszka	移动最小二乘	配点法
单位分解法(PUM)	Babuska	单位分解	Galerkin 法
无网格局部 Petrov-Galerkin 法(MLPG)	Atluri	移动最小二乘	Petrov-Galerkin 法
紧支径向基函数无网格法	Zhang 等	紧支径向基函数	配点法
最小二乘配点无网格法(LSC)	Zhang 等	移动最小二乘	最小二乘配点法

数值计算的实现总是要求将连续的积分形式离散化,无网格法的离散仍是采用加权残值原理(weighted residuals),不同的无网格法选择不同的试函数(test function)。根据选择试函数的不同,无网格法的离散主要用到:配点法(point collocation)、Galerkin 法和局部 Petrov-Galerkin 法。

配点法中,试函数取为 δ 函数,此时只求在域内节点处满足平衡方程,而边界条件也只需在边界上节点处满足。由配点法离散的无网格法在数值积分时不需要背景网格,是真正意义上的无网格法,且实现简单,计算量小,但其计算精度和稳定性尚需进一步研究。

Galerkin 法中,试函数选择与近似函数相同的函数形式。此法精度高,但计算离散化中的积分比较困难,为了保证计算精度,常采用高阶高斯积分,势必增加计算量。另外上述的数值积分还需要用到背景网格,主要有两种形式:背景网格(background mesh)和胞元结构(cell structure),前者划分的网格顶点与节点一致,后者则不要求一致。

Galerkin 法是用整个区域上进行数值离散的,而局部 Petrov-Galerkin 法则从局部子域上的弱形式进行离散,即要求将方程的残值在局部子域内消除。子域一般取以所研究节点为中心的圆形(二维问题)或球形(三维问题),积分在规则的子域内进行,不再需要背景网格,是纯无网格法。局部 Petrov-Galerkin 法中试函数的选取与 Galerkin 法不同,是在与近似函数不同的函数空间中选取。另外 Zhu 等局部边界积分方程法,与局部 Petrov-Galerkin 法类似,采用局部子域,也是一种纯无网格法。所不同的是它从局部子域上的边界积分方程出发,再利用移动最小二乘近似来离散。

1.3.3　无网格法与有限元法的比较

无网格法与有限元法的主要区别在于,建立近似函数时不需要借助网格,是基于函数逼近近似而非插值。采用定义在离散点上的一组权函数和基函数来构造近似函数,而不用定义在全域上的级数展开形式则是无网格法与经典加权残量法的主要区别。张雄等(2003)对无网格法的优点进行了总结:①与有限元法不同,无网格法的前处理只需要确定离散点位置信息,避免了大量的网格划分工作,因此减少了因网格畸变而引起的困难,适用于处理高速碰撞、动态断裂、塑性流动、流固耦合等涉及大变形和需要动态调整单元节点位置的各类问题。②无网格法的基函数可以包含能够反映待求问题特性的函数系列,适用于分析各类具有高梯度、奇异性等特殊性质的应用问题。③与有限元法一样,采用紧支函数的无网格法具有带状稀疏系数矩阵的特点,这样就可以应用于求解大型科学与工程问题。④无网格法的自适应很强。在 h 自适应分析中不需要重新划分网格,且极易实现 p 自适应分析,若引进小波函数还具有多尺度分析功能。⑤无网格得到的场函数结果是光滑连续的,不必再进行光顺处理工作。

无网格法是新兴的数值计算方法,目前还不成熟,在工程问题的应用中也有它自身的缺点。如在用移动最小二乘法或再生核函数法建立近似函数时会遇到矩阵的求逆计算,另外无网格法的近似函数大都不是多项式,因而 EFG、RKPM、MLPG 等采用 Galerkin 法进行离散的无网格法为了保证计算精度,需要在每个背景网格中使用高阶高斯积分,这些无疑都增大了计算量,因此如何提高计算效率是无网格法所面临的问题,发展并行算法无疑是解决这一问题的有效途径。另外还需要完善无网格法理论基础的严格数学论证,如对本质边界条件的处理,各种无网格法都存在不尽如人意的问题。除了 SPH、EFG、RKPM 等少量几种方法,无网格法从整体上来说还远没有发展到实用阶段,更没有无网格法的通用软件出现,和有限元法还无法相比,实际工程的应用是促进无网格法发展的重要途径。

1.4　本书的主要内容

因天然边坡、基坑、路堤、条形基础等的失稳破坏属于大变形范畴,故应该采用考虑大变形大应变问题的 ALE 有限元或无网格方法进行数值分析。但因常用于大变形大应变分析的拉格朗日描述(TL、UL)有限元法存在一些不足(如有限元计算网格的畸形,会造成拉氏网格相交,以致计算不能继续等),故而在深入研究分析不同地基条件下边坡、基坑、路堤等问题的失稳破坏特点基础上,采用可消除拉格朗日描述的不足而保留其优点的 ALE 有限元法对它们的破坏及稳定性进行分析,同时采用无网格法对天然边坡的稳定性及条形基础的承载力进行了分析。主要内容如下：

(1) 将大变形 ALE 有限元法应用到边坡工程中，基于分岔理论对边坡中的局部化问题进行研究，并采用强度折减法对边坡稳定性及其失稳破坏性状进行分析，分别对均质土质边坡、双层地基上土质边坡、含软弱夹层的黏土边坡进行分析，最后给出了一失稳破坏的边坡工程实例对比分析。

(2) 将 RKPM 法应用到边坡工程分析中，采用强度折减法对边坡稳定性及其失稳破坏性状进行分析，分析了均质土质边坡、双层地基上土质边坡、含软弱夹层的黏土边坡的稳定性及破坏性状，最后给出了一失稳破坏的边坡工程实例分析。

(3) 将大变形 ALE 有限元法应用到基坑工程中，结合基坑放坡开挖工程的特点，分别采用弹塑性模型及应变软化模型对基坑的放坡开挖失稳破坏性状进行分析，并给出了工程实例对比分析。

(4) 将大变形 ALE 有限元法应用到路堤填筑工程，分别对单层地基上路堤填筑、含硬壳层的双层地基上的路堤填筑问题进行分析，针对不同地基条件下的填筑问题，研究地基土体、路堤填料及硬壳层土体强度对填筑临界高度及路堤破坏性状的影响，最后采用大变形 ALE 有限元法分析了连云港铁路路堤填筑试验的过程及破坏性状。

(5) 采用 RKPM 法分析了条形基础的承载力。详细讨论流动法则及基底粗糙程度对承载力系数的影响，分析不同的流动法则及基底粗糙程度与地基破坏模式之间的关系。同时对比分析了考虑黏聚力、超载和自重三项因素情况下无网格法的结果与经典的地基承载力公式的结果。

第2章 理论基础及程序验证

2.1 引 言

有限元法是随着电子计算机的飞速发展和广泛应用而发展起来的一种有效的数值分析方法。Courant(1943)利用有限单元法的思想求解圣维南扭转问题(Saint-Venant's torsion)。Turner等(1956)在分析飞机结构时用三角形单元求得了平面应力问题的正确解答。Clough(1960)进一步提出了"有限单元法"的名称,之后有限元法的应用得到了极大的发展,从弹性力学平面问题扩展到空间、板壳问题,从静力平衡问题扩展到稳定、动力及波动问题;分析对象也从弹性材料扩展到塑性、黏弹性、弹塑性、复合材料等;从固体力学扩展到流体力学等连续介质力学领域;在工程分析中的作用也从分析和校核扩展到优化设计及计算机辅助设计技术相结合。随着现代计算数学、力学及计算机技术等的发展,有限元法已经成为解决许多复杂问题的一种十分有效的方法。

有限元法在岩土工程中的应用始于Clough等(1967)采用总应力法分析土坝的应力及变形,而最早采用有效应力法解决岩土工程问题的是Sandhu等(1969),他们应用变分原理得到Biot固结理论的有限元计算公式并求解了Biot二维固结问题。之后,许多学者对有限单元法进行了研究,如Zienkiewicz等、Kulhawy等(1972)、Eisenstein,Palmerton(1972)、Raymond(1972)、Lefebrve等(1973)、Kwan等(1973)、Snitbhan等(1976)、Cavounidis等(1977)、Eisenstein等(1979)、Peirce等(1984)、Kohgo等(1988)、Borja等(1990)、Hibbitt等(1970)、Memeeking等(1975)、Osias等(1974)、Wiberg等(1990)、Shibata等(1980)、Meroi等(1995)、Duncan(1996)、Manoharan等(1995)、沈珠江(1977)、殷宗泽等(1978)、龚晓南(1981)、谢康和等(2002;1987)、钱家欢等(1996)、朱伯芳(1998)、Zienkiewicz等(2000a;2000b)、Potts等(2001;1999)等。

许多问题应用拉格朗日网格不能得到有效解决。当材料严重变形时,拉格朗日单元同样发生严重的扭曲,因为它们随材料一起变形,计算网格固定在物体上,随物体一起运动,即网格点与物质点在物体的变形过程中始终保持重合,从而恶化了这些单元的近似精度,特别是对于高阶单元;在涉及特别大的变形问题时,物质的扭曲将导致计算网格的畸形,在积分点的Jacobian行列式可能成为负值,从而使计算中止或引起严重的局部误差,此外也恶化了线性化牛顿方程的条件,并且显式稳定时间步长严重下降。因此在许多发生大变形的情况下,重新划分拉格朗日网络是不可避免的。

在某些问题中,拉格朗日方法是根本不适用的,如高速流动的流体力学问题等,对这类问题更适合应用欧拉单元;在欧拉有限元法中,单元在空间是固定的,材料从单元中流过,即计算网格在物体的变形过程中始终保持不变。这样欧拉单元不会随着材料运动而扭曲,因此可以很容易地处理物体的扭曲。但由于材料通过单元对流,其对移动界面的处理需要引入非常复杂的数学映射,本构方程的处理和更新很复杂,使用普通的 Galerkin 离散时,由于迁移项的影响,会导致有限元方程中的系数矩阵非对称,增加了求解的困难,而且还可能得到振荡数值解。

因此发展了组合拉格朗日和欧拉方法优点的杂交技术,即任意拉格朗日-欧拉方法。

同样目前出现的一系列无网格法的主要区别在于构建近似函数的方法不同,已用到的近似方案主要有移动最小二乘近似、核近似及再生核近似、单位分解近似。本章将简要回顾移动最小二乘和单位分解近似,重点介绍 RKPM 法的基本原理及在弹性问题中的实现,并总结了无网格法中施加位移边界条件的方法。

2.2　ALE 有限元法的基本理论简介

2.2.1　ALE 方法基本描述

ALE 方法中,必须描述网格和材料的运动。材料的运动描述如下:

$$\boldsymbol{x} = \boldsymbol{\phi}(\boldsymbol{X}, t) \tag{2.1}$$

式中,$\boldsymbol{X}$ 为材料坐标。函数 $\boldsymbol{\phi}(\boldsymbol{X}, t)$ 将物体从初始构形 Ω_0 映射到空间构形 Ω,它与应用于描述拉格朗日单元运动的映射是一致的,我们称之为材料运动,以区别于网格运动。

ALE 格式中,考虑另一个参考域 $\hat{\Omega}$,由 $\boldsymbol{\chi}$ 表示质点位置的初始值,故有

$$\boldsymbol{\chi} = \boldsymbol{\phi}(\boldsymbol{X}, 0) \tag{2.2}$$

坐标 $\boldsymbol{\chi}$ 称为参考坐标。应用参考域 $\hat{\Omega}$ 描述网格的运动,独立于材料运动。

网格的运动可描述为

$$\boldsymbol{x} = \hat{\boldsymbol{\phi}}(\boldsymbol{\chi}, t) \tag{2.3}$$

ALE 有限元格式中,通过映射 $\hat{\boldsymbol{\phi}}$ 将在参考域 $\hat{\Omega}$ 中的点 $\boldsymbol{\chi}$ 映射到空间域 Ω 中的

点 x；材料域(Lagrangian)、空间域(Eulerian)和 ALE 域(参考域)之间的关系如图 2.1 所示。

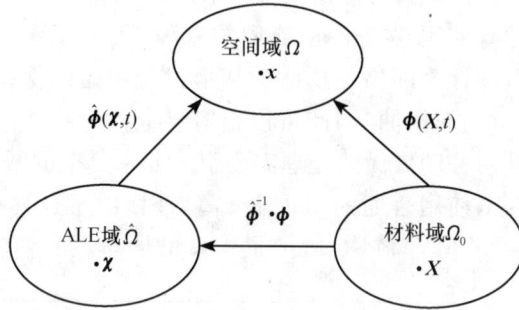

图 2.1 材料域、空间域、ALE 域(参考域)间关系图

网格速度为

$$\hat{v}(\boldsymbol{\chi},t) = \frac{\partial \hat{\boldsymbol{\phi}}(\boldsymbol{\chi},t)}{\partial t} \equiv \left.\frac{\partial \hat{\boldsymbol{\phi}}}{\partial t}\right|_{\boldsymbol{\chi}} \equiv \hat{\boldsymbol{\phi}}_{,t}[\boldsymbol{\chi}] \tag{2.4}$$

2.2.2 ALE 基本控制方程及有限元离散

ALE 有限元法中，计算网格的部分是在参考构形中进行的，网格点就是参考点，网格是独立于物体和空间运动的，可根据需要自由选择。因此，ALE 有限元方法一方面有效地避免了拉格朗日有限元方法中的网格畸变问题，无需进行网格的再划分；另一方面，由于网格节点运动状态的自由选取，ALE 有限元法可非常精确地描述自由表面的运动状况，不需像欧拉有限元那样必须引入复杂的数学映射。因此，ALE 有限元方法是数值分析各种复杂固体力学问题较理想的方法。

1. ALE 基本控制方程

Hughes 等(1981)详尽论述了 ALE 方法的一些基本概念，并给出了 ALE 描述下的物质时间导数 $\boldsymbol{f} = \left.\dfrac{\partial f}{\partial t}\right|_X$ 与参考时间导数 $\boldsymbol{f}^* = \left.\dfrac{\partial f}{\partial t}\right|_{\boldsymbol{\chi}}$ 之间关系为

$$\boldsymbol{f} = \boldsymbol{f}^* + \boldsymbol{f}_{,i}c_i = \boldsymbol{f}^* + \boldsymbol{f}_{,i}(v_i - \hat{v}_i) \tag{2.5}$$

式中，c_i 为对流速度；v_i 为物质速度；$\hat{v}_i$ 为网格速度。

利用式(2.5)及欧拉描述下的物体运动方程，可得到 ALE 描述下的基本控制方程(Belytschko et al.，2000a；Liu et al.，1986a)

连续方程为

$$\rho^* + c_i \rho_{,i} + \rho v_{i,i} = 0 \tag{2.6}$$

式中，ρ 为密度。

动量方程为

$$\rho v_i^* + \rho c_j v_{i,j} = \sigma_{ij,j} + \rho b_i \tag{2.7}$$

式中，b_i 为单位体积力；σ_{ij} 为柯西(Cauchy)应力，可分解为偏应力张量 s_{ij} 和静水压力 p；$\sigma_{ij} = s_{ij} + p\delta_{ij}$，其中 δ_{ij} 为 Kronecker 函数。

能量方程为

$$\rho e^* + \rho c_i e_{,i} = \sigma_{ij} v_{(i,j)} + \rho a - q_{,i} \tag{2.8}$$

式中，e 为内能；$v_{(i,j)}$ 为速度应变张量，$v_{(i,j)} = \dfrac{1}{2}(v_{i,j} + v_{j,i})$；$a$ 为内部热源；q_i 为热流量。

率本构方程为

$$s_{ij}^* + c_k s_{ij,k} = C_{ijkl} v_{(k,l)} + s_{kj} v_{[i,k]} + s_{ki} v_{[j,k]} \tag{2.9}$$

式中，$v_{[i,j]}$ 为速度旋转张量，$v_{[i,j]} = \dfrac{1}{2}(v_{i,j} - v_{j,i})$；$C_{ijkl}$ 为材料响应张量，它将 Cauchy 应力的任意框架不变性与速度应变联系起来。

状态方程为

$$p^* + c_i p_{,i} = p(\rho, e) \tag{2.10}$$

式中，$p(\rho, e)$ 为状态方程函数。

边界条件为

$$t_i(\chi, t) = n_j(\chi, t) \sigma_{ji}(\chi, t), \quad 在 \Gamma_{t_i} 上 \tag{2.11}$$

$$u_i(\chi, t) = \overline{U}_i(\chi, t), \quad 在 \Gamma_{u_i} 上 \tag{2.12}$$

初始条件为

$$\sigma(X, 0) = \sigma_0(X) \tag{2.13}$$

式(2.9)等同于式(2.14)和式(2.15)

$$s_{ij}^* + y_{ijk,k} - c_{k,k} s_{ij} = C_{ijkl} v_{(k,l)} + s_{kj} v_{[i,k]} + s_{ki} v_{[j,k]} \tag{2.14}$$

$$y_{ijk} = s_{ij} c_k \tag{2.15}$$

2. ALE 控制方程的离散

利用 Petrov-Galerkin 公式对变分函数的选择(Liu et al., 1986a)

$$\delta v_i = \delta v_{il} \varphi_I + \delta v_i^{PG} = \delta v_{il} \varphi_I + \tau c_j \delta v_{i,j} \tag{2.16}$$

式中，$\tau = |\alpha| \dfrac{h}{2 \parallel c \parallel}$，$h$ 为单元的特征长度，$|\alpha| = 1$。

在空间区域 R_x，对式(2.6)～式(2.10)乘以试函数 $\delta\rho$、δv_i、δe、δs_{ij}、δy_{ijk} 和 δp，并在应力边界 Γ_x^h 乘以力矢量 $\boldsymbol{h}$ 和在边界 Γ_x^θ 散出的热量 θ，则可得控制方程的弱形式(Belytschko et al.，2000a；Liu et al.，1986a)如下。

连续方程为

$$\int_{R_x} \delta\rho \rho^* \, \mathrm{d}R_x + \int_{R_x} \delta\rho c_{,i}\rho_{,i} \, \mathrm{d}R_x + \int_{R_x} \delta\rho \rho v_{i,i} \, \mathrm{d}R_x = 0 \tag{2.17}$$

动量方程为

$$\int_{R_x} \rho \delta v_i \dot{v}_i \, \mathrm{d}R_x - \int_{R_x} \delta v_{i,j} \sigma_{ij} \, \mathrm{d}R_x - \int_{R_x} \delta v_i \rho b_i \, \mathrm{d}R_x - \int_{\Gamma_x^h} \delta v_i h_i \, \mathrm{d}\Gamma_x$$
$$+ \int_{R_x} \delta v_i^{PG} (\rho \dot{v}_i - \sigma_{ij,j} - \rho b_i) \, \mathrm{d}R_x = 0 \tag{2.18}$$

能量方程为

$$\int_{R_x} \rho \delta e e^* \, \mathrm{d}R_x + \int_{R_x} \rho \delta e c_{,i} e_{,i} \, \mathrm{d}R_x$$
$$= \int_{R_x} \delta e_{,i} q_i \, \mathrm{d}R_x + \int_{R_x} \delta e \sigma_{ij} v_{(i,j)} \, \mathrm{d}R_x + \int_{R_x} \delta e \rho a \, \mathrm{d}R_x - \int_{\Gamma_x^\theta} \delta e \theta \, \mathrm{d}\Gamma_x \tag{2.19}$$

本构方程为

$$\int_{R_x} \delta s_{ij} s_{ij}^* \, \mathrm{d}R_x + \int_{R_x} \delta s_{ij} y_{ijk,k} \, \mathrm{d}R_x - \int_{R_x} \delta s_{ij} c_{k,k} s_{ij} \, \mathrm{d}R_x$$
$$= \int_{R_x} \delta s_{ij} C_{ijkl} v_{(k,l)} \, \mathrm{d}R_x + \int_{R_x} \delta s_{ij} \{ s_{kj} v_{[i,k]} + s_{ki} v_{[j,k]} \} \, \mathrm{d}R_x \tag{2.20}$$

及

$$\int_{R_x} \delta y_{ijk} y_{ijk} \, \mathrm{d}R_x = \int_{R_x} \delta y_{ijk} s_{ij} c_k \, \mathrm{d}R_x \tag{2.21}$$

状态方程为

$$\int_{R_x} \delta p p^* \, \mathrm{d}R_x + \int_{R_x} \delta p c_i p_{,i} \, \mathrm{d}R_x = \int_{R_x} \delta p p (\rho, e) \, \mathrm{d}R_x \tag{2.22}$$

在有限元分析中，空间区域 R_x 被分成很多单元，不同形式的形函数 φ、φ^ρ、φ^e、φ^s、φ^y 和 φ^p，以及相应的试函数 $\bar{\varphi}$、$\bar{\varphi}^\rho$、$\bar{\varphi}^e$、$\bar{\varphi}^s$、$\bar{\varphi}^y$ 和 $\bar{\varphi}^p$ 分别代表速度、密度、内能、偏应力、应力速度乘积和静水压力，则可得到矩阵形式的方程为(Belytschko et al.，2000a；Liu et al.，1986a)

连续方程为

$$\boldsymbol{M}^\rho \rho^* + \boldsymbol{N}^\rho \rho + \boldsymbol{K}^\rho \rho = 0 \tag{2.23}$$

式中，$\boldsymbol{M}^\rho$、$\boldsymbol{N}^\rho$、$\boldsymbol{K}^\rho$ 分别为容量、转换和散度矩阵

$$\boldsymbol{M}^\rho = [M^\rho_{IJ}] = \int_{R_x} \bar{\varphi}^\rho_I \varphi^\rho_J \,\mathrm{d}R_x, \quad \boldsymbol{N}^\rho = [N^\rho_{IJ}] = \int_{R_x} \bar{\varphi}^\rho_I c_i \varphi^\rho_{J,i} \,\mathrm{d}R_x$$

$$\boldsymbol{K}^\rho = [K^\rho_{IJ}] = \int_{R_x} \bar{\varphi}^\rho_I v_{i,i} \varphi^\rho_J \,\mathrm{d}R_x$$

离散的 Petrov-Galerkin 的动量方程为

$$\boldsymbol{M}\boldsymbol{v}^* + \boldsymbol{N}\boldsymbol{v} + (\boldsymbol{f}^{\mathrm{int}} - \boldsymbol{f}^{\mathrm{react}}) = \boldsymbol{f}^{\mathrm{ext}} \tag{2.24}$$

式中，$\boldsymbol{M}$ 和 $\boldsymbol{N}$ 分别为广义质量和传递矩阵，对应于在参考构形描述下的速度；而 $\boldsymbol{f}^{\mathrm{int}}$ 和 $\boldsymbol{f}^{\mathrm{ext}}$ 分别为内力和外力向量；$\boldsymbol{f}^{\mathrm{react}}$ 可看做一个反作用力项，它们的表达式如下：

$$\boldsymbol{M} = [M_{IJ}] + [M_{IJ}]_{\mathrm{stab}} = \int_{R_x} \rho \bar{\varphi}_I \varphi_J \boldsymbol{I} \,\mathrm{d}R_x + \int_{R_x} \rho \tau c_j \bar{\varphi}_I \varphi_J \boldsymbol{I} \,\mathrm{d}R_x$$

$$\boldsymbol{N} = [N_{IJ}] + [N_{IJ}]_{\mathrm{stab}} = \int_{R_x} \rho \bar{\varphi}_I c_i \varphi_{J,i} \boldsymbol{I} \,\mathrm{d}R_x + \int_{R_x} \rho \tau c_j \varphi_{I,j} \varphi_{J,i} \boldsymbol{I} \,\mathrm{d}R_x$$

$$\boldsymbol{f}^{\mathrm{int}} = [f^{\mathrm{int}}_{iI}] + [f^{\mathrm{int}}_{iI}]_{\mathrm{stab}} = \int_{R_x} \bar{\varphi}_{I,j} \sigma_{ij} \,\mathrm{d}R_x + \int_{R_x} \tau c_j \varphi_{I,j} \sigma_{ki,k} \,\mathrm{d}R_x$$

$$\boldsymbol{f}^{\mathrm{ext}} = [f^{\mathrm{ext}}_{iI}] + [f^{\mathrm{ext}}_{iI}]_{\mathrm{stab}} = \int_{R_x} \rho \bar{\varphi}_I b_i \,\mathrm{d}R_x + \int_{\Gamma^h_x} \bar{\varphi}_I h_i \,\mathrm{d}\Gamma_x + \int_{R_x} \rho \tau c_j \varphi_{I,j} b_i \,\mathrm{d}R_x$$

$$\boldsymbol{f}^{\mathrm{react}} = [f^{\mathrm{react}}_{iI}] = \int_{\Gamma_x} \tau c_j \varphi_{i,j} \sigma_{ji} n_j \,\mathrm{d}\Gamma$$

能量方程为

$$\boldsymbol{M}^e e^* + \boldsymbol{N}^e e + \boldsymbol{g} = \boldsymbol{r} \tag{2.25}$$

式中

$$\boldsymbol{M}^e = [M^e_{IJ}] = \int_{R_x} \rho \bar{\varphi}^e_I \varphi^e_J \,\mathrm{d}R_x, \quad \boldsymbol{N}^e = [N^e_{IJ}] = \int_{R_x} \rho \bar{\varphi}^e_I c_i \varphi^e_{J,i} \,\mathrm{d}R_x$$

$$\boldsymbol{g} = [g_I] = -\int_{R_x} \bar{\varphi}^e_{I,i} q_i \,\mathrm{d}R_x, \quad \boldsymbol{r} = [r_I] = \int_{R_x} \bar{\varphi}^e_I \sigma_{ij} v_{(i,j)} \,\mathrm{d}R_x + \int_{R_x} \bar{\varphi}^e_I \rho a \,\mathrm{d}R_x - \int_{\Gamma^\theta_x} \bar{\varphi}^e_I \theta \,\mathrm{d}\Gamma_x$$

本构方程为

$$\boldsymbol{M}^s s^* + \boldsymbol{G}^t (\boldsymbol{M}^y)^{-1} \boldsymbol{N}^y s - \boldsymbol{D}s = \boldsymbol{z} \tag{2.26}$$

式中

$$\boldsymbol{M}^s = [M^s_{IJ}] = \int_{R_x} \bar{\varphi}^s_I \varphi^s_J \,\mathrm{d}R_x; \quad \boldsymbol{G}^t = [G_{IJ}] = \int_{R_x} \bar{\varphi}^s_I \varphi^y_{J,x} \,\mathrm{d}R_x$$

$$\boldsymbol{D} = [D_{IJ}] = \int_{R_x} \bar{\varphi}^s_I c_{k,k} \varphi^s_J \,\mathrm{d}R_x$$

$$\boldsymbol{z} = [z_{ijI}] = \int_{R_x} \bar{\varphi}_I^s C_{ijkl} v_{(k,l)} \, \mathrm{d}R_x + \int_{R_x} \bar{\varphi}_I^s \{s_{kj} v_{[i,k]} + s_{ki} v_{[j,k]}\} \, \mathrm{d}R_x$$

$$\boldsymbol{M}^y = [M_{IJ}^y] = \int_{R_x} \bar{\varphi}_I^y \varphi_J^y \boldsymbol{I} \, \mathrm{d}R_x, \quad \boldsymbol{N}^y = [N_{IJ}^y] = \int_{R_x} \bar{\varphi}_I^y \boldsymbol{c} \varphi_J^s \, \mathrm{d}R_x$$

状态方程为

$$\boldsymbol{M}^p \boldsymbol{p}^* + \boldsymbol{N}^p \boldsymbol{p} = \boldsymbol{u} \tag{2.27}$$

式中

$$\boldsymbol{M}^p = [M_{IJ}^p] = \int_{R_x} \bar{\varphi}_I^p \varphi_J^p \, \mathrm{d}R_x, \quad \boldsymbol{N}^p = [N_{IJ}^p] = \int_{R_x} \bar{\varphi}_I^p c_i \varphi_{J,i}^p \, \mathrm{d}R_x$$

$$\boldsymbol{u} = [u_{ii}] = \int_{R_x} \bar{\varphi}_I^p p(\rho, e) \, \mathrm{d}R_x$$

式(2.5)~式(2.27)构成了 ALE 有限元法分析控制方程。

2.2.3　ALE 有限元程序及验证

基于自由软件,经过合理地组合、添加、修改,编制计算程序 ALEGEAP,以便用于岩土工程,并适应岩土工程中的计算特点,其程序流程图如图 2.2 所示。该程序具有以下功能及特点。

1. 空间与时间离散化

(1) 在一维、二维、三维及轴对称条件下都可以使用。
(2) 区域内应力、应变速率是联系的(不同于普通有限元),且可在边界发生跳跃,连续性可有更多扩散,能够更好地适应于数值稳定。
(3) 所有信息保存于节点中(不用于普通有限元保存于积分点),便于网格划分及其技巧的使用与执行。
(4) 时间离散采用欧拉向后法离散。

2. 前处理

采用形成输入文件方式,有限元网格可由 GMSH、GID、ABAQUS 等自由软件或商业软件形成。

3. 后处理

与多种绘图软件(如 Tecplot、Paraview、GID、MATLAB 等软件)形成接口,可输出各种格式的文件,以便使用。

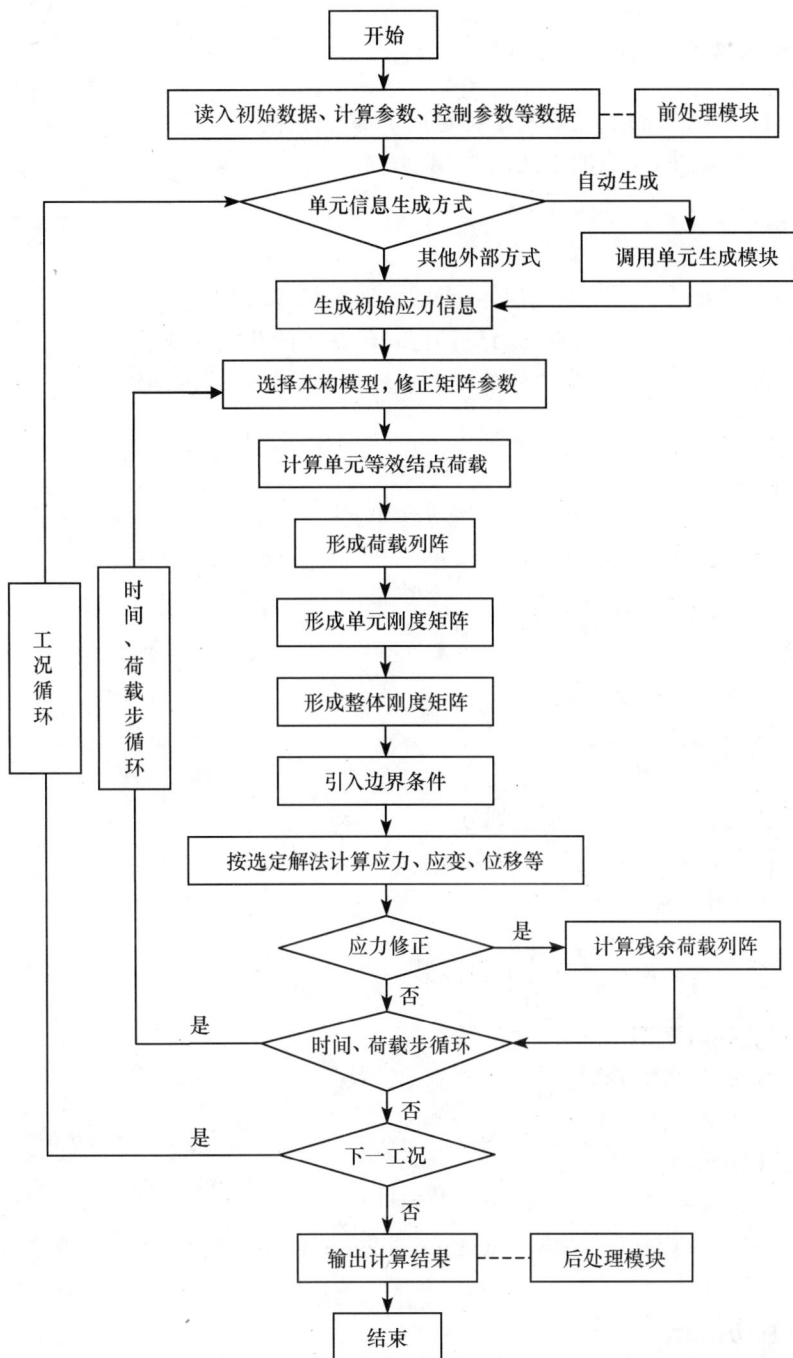

图 2.2　程序流程图

4. 输入格式

（1）自由输入格式,词语及非特定数字都可使用。
（2）边界条件,可施加于几何体、单元、节点。

5. 输出格式

（1）输出可写于指定的几何体(点、线、四边形等)、节点上。
（2）每个变量、变量函数的历史都记录于指定的几何体或节点上。
（3）接触面文件可由自由软件或商业软件等后处理软件创建。

6. 有限单元

（1）一维、二维、三维中主要使用等参单元(三角形、四边形、四面体等)。
（2）同时也有弹簧单元、杆单元、梁单元及六面体实体单元等。

7. 网格划分

（1）区域自动划分有限元。
（2）局部 h-法划分。
（3）全局 h-法划分(更多单元)。
（4）全局 p-法划分(多项式划分)。
（5）重新划分网格(用于方程全量或形单元)。
（6）完全重建新网格。

8. 数学模型及固体材料的本构模型

1）对流扩散模型
（1）对流-扩散方程,用于孔隙水流动计算。
（2）可考虑多种边界条件。
3）固体本构关系
（1）弹性模型(各向同性、横观各向同性)。
（2）弹塑性模型(von Mises、Mohr-Coulomb、修正剑桥模型等,屈服面可自由组合)。
（3）损伤模型。
（4）黏弹性模型。
（5）黏塑性模型等。

9. 相互作用分析

(1) 自动的流-固相互作用。
(2) 可考虑温度对流体、固体的影响。
(3) 可进行接触分析,包括摩擦接触及无摩擦接触等。

10. 描述结构

(1) 欧拉描述。
(2) 拉格朗日描述。
(3) 任意的拉格朗日-欧拉描述。

11. 分析类型

(1) 静态分析(static analysis)。
(2) 拟静态分析(quasi-static analysis)。
(3) 动态分析(dynamic analysis)。

12. 求解器

(1) LU。
(2) Super LU。
同时该程序还具有以下特色:
(1) 时间步自动分步。
根据迭代性状的不同,自动分步,若迭代良好,则时间步长较大,否则较小。
(2) 反算模型(预估模型参数)。
(3) 稳定性较好(无论是低阶还是高阶单元)。
　　有限元程序的编制是一项繁杂的工作,程序编制的正确性直接关系到后面数值分析部分的可靠性,为此必须检验程序的正确性及可靠性。
　　下面的验证算例采用 Mohr-Coulomb 塑性模型计算平面应变下的地基承载力,将计算结果与 Terzaghi 经典解(Terzaghi,1944)进行对比;因地基是对称的,故而可只取一半进行计算分析,地基的宽度(一半)为 1.52m,地基土的计算范围为 12m×12m,地基土的杨氏模量为 60MPa,泊松比为 0.3,地基土的黏聚力为 69kPa,内摩擦角 20°,底部边界假设为固定的,左边界(对称轴)及右边界水平位移固定,竖向位移自由采用相关联流动法则(屈服准则和流动准则相同)。为得到与经典解同精度的解,分别使用了 36 个、144 个四边形单元(图 2.3 和图 2.4)。

图 2.3　36 单元网格图

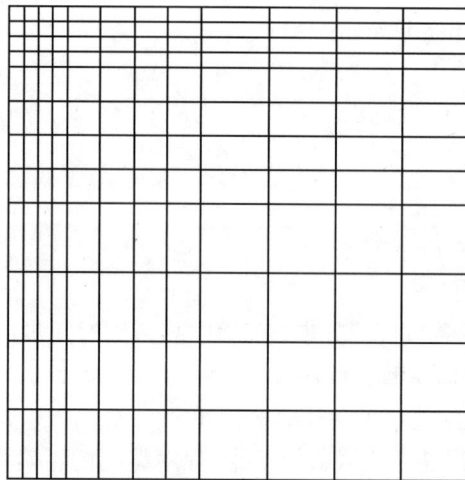

图 2.4　144 单元网格图

设定此地基以 0.5mm 的位移增量下沉,并逐步增加到 37.5mm。位移为 37.5mm 时的网格变形如图 2.5 和图 2.6 所示,地基的平均应力随时间增加的曲线如图 2.7 所示,计算所得的地基最大平均应力 σ_{yy} 分别在 1.047MPa、1.081MPa 左右。而 Terzaghi 给出的经典解的地基最大平均应力 σ_{yy} 为 1.035MPa;计算值比 Terzaghi 经典解稍大,与 Terzaghi 经典解的误差分别为 1.16%、4.44%,计算值与 Terzaghi 经典解吻合较好。

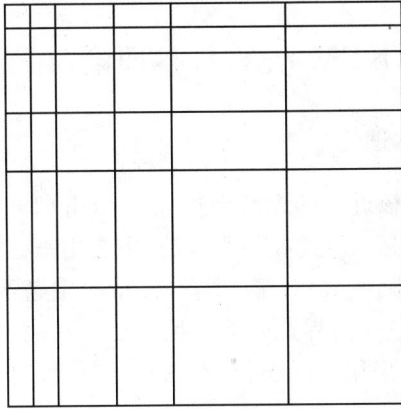

图 2.5　36 单元网格变形图

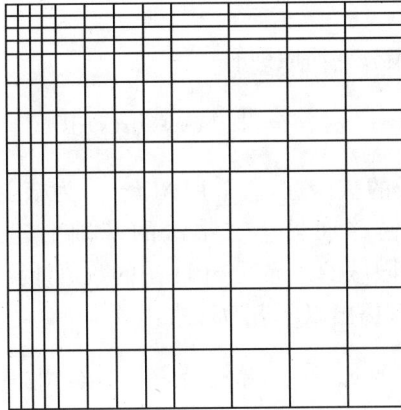

图 2.6　144 单元网格变形图

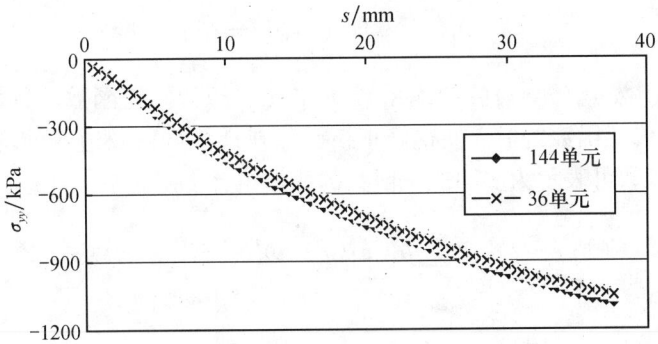

图 2.7　计算地基应力随位移变化曲线

2.3 RKPM法的基本理论及其核函数

2.3.1 RKPM法的基本理论

RKPM是一种基于核近似的无网格法,是Liu等(1995b;1995c)在SPH法的基础上提出的。SPH法是一种纯拉格朗日法,主要用来处理无边界的天体物理问题。SPH法存在两个缺陷:一是对于非均匀分布的质点不满足线性一致性条件,即使对于均匀分布的质点在边界处亦不满足线性一致性条件,使得计算在边界处很不稳定;二是数值积分采用梯形积分,当总质点数量较少时,计算精度降低。针对SPH法的不足,Liu等(1995b;1995c)通过引入修正核函数并采用高斯积分,使边界处满足一致性条件,并提高了计算精度。

1. 积分核函积

对函数$u(x)$,根据积分变换原理有

$$v(x) = \int_\Omega \Phi(x,s)u(s)\mathrm{d}s \tag{2.28}$$

式中,$\Phi(x,s)$为积分变换的核函数,若采用$\delta(x-s)$为核函数,则式(2.28)是精确成立的。最早的SPH在移动最小二乘法的基础上建立了近似函数,Liu等(1995b;1995c)指出在有限域的边界处SPH法的数值计算具有不稳定性且误差较大,并对该法进行了修正,提出以下近似形式:

$$u^a(x) = \int_\Omega \bar{\Phi}_a(x;x-s)u(s)\mathrm{d}s \tag{2.29}$$

式中,$u^a(x)$为$u(x)$的再生函数;$\bar{\Phi}_a(x;x-s)$为修正的核函数,表示为

$$\bar{\Phi}_a(x;x-s) = C(x;x-s)\Phi_a(x-s) \tag{2.30}$$

$$\Phi_a(x-s) = \frac{1}{a}\Phi\left(\frac{x-s}{a}\right) \tag{2.31}$$

式中,a为核函数$\Phi_a(x-s)$的伸缩系数;$C(x;x-s)$为修正函数,可以通过施加再生条件得到,修正函数的引入使得修正核函数在计算域内及边界处均满足一致性条件。修正函数可表示为多项式基函数的线性组合

$$C(x;x-s) = \sum_{i=0}^N b_i(x)(x-s)^i \equiv \mathbf{H}^\mathrm{T}(x-s)\mathbf{b}(x) \tag{2.32}$$

式中

$$\mathbf{H}^\mathrm{T}(x-s) = [1, x-s, (x-s)^2, \cdots, (x-s)^N] \tag{2.33}$$

$$\mathbf{b}^\mathrm{T}(x) = [b_0(x), b_1(x), \cdots, b_N(x)] \tag{2.34}$$

式中，$\boldsymbol{H}$ 为基函数向量；$b_i(x)$ 为关于 x 的待定系数，将根据再生条件确定；N 为满足再生条件的次数。将函数 $u(s)$ 在 x 处展成泰勒级数

$$u(s) = u(x) - (x-u)u'(x) + \frac{1}{2!}(x-u)^2 u''(x)$$

$$+ \cdots + \frac{(-1)^n}{n!}(x-u)^n u^n(x)$$

$$+ \frac{(-1)^{n+1}}{(n+1)!}(x-u)^{n+1} u^{(n+1)}[x + \xi(u-x)], \quad \xi \in (0,1) \quad (2.35)$$

将式 (2.35) 代入式 (2.29) 得到

$$u^a(x) = u(x)\overline{m}_0(x) - u'(x)\overline{m}_1(x) + \frac{u''(x)}{2!}\overline{m}_2(x)$$

$$+ \cdots + \frac{(-1)^n}{n!}u^{(n)}(x)\overline{m}_n(x)$$

$$+ \frac{(-1)^{n+1}}{(n+1)!}u^{(n+1)}[x + \xi(s-x)]\overline{m}_{n+1}(x) \quad (2.36)$$

式中

$$\overline{m}_n(x) = \int_\Omega (x-s)^n \overline{\Phi}_a(x-s)\mathrm{d}s = \sum_{k=0}^N b_k(x)m_{n+k}(x) \quad (2.37)$$

$$m_n(x) = \int_\Omega (x-s)^n \Phi_a(x-s)\mathrm{d}s \quad (2.38)$$

欲使式 (2.37) 可以再生出 N 次多项式，则必须满足的再生条件为

$$\overline{m}_i(x) = \begin{cases} 1, & i = 0 \\ 0, & i = 1, 2, \cdots, N \end{cases} \quad (2.39)$$

由式 (2.39) 可以得到

$$\begin{bmatrix} m_0(x) & m_1(x) & \cdots & m_N(x) \\ m_1(x) & m_2(x) & \cdots & m_{N+1}(x) \\ \vdots & \vdots & & \vdots \\ m_N(x) & m_{N+1}(x) & \cdots & m_{2N}(x) \end{bmatrix} \begin{bmatrix} b_0(x) \\ b_1(x) \\ \vdots \\ b_N(x) \end{bmatrix} = \begin{bmatrix} 1 \\ 0 \\ \vdots \\ 0 \end{bmatrix} \quad (2.40\mathrm{a})$$

即

$$\boldsymbol{M}(x)\boldsymbol{b}(x) = \boldsymbol{H}^{\mathrm{T}}(0) \quad (2.40\mathrm{b})$$

$\boldsymbol{M}(x)$ 称为核函数的矩阵，定义为

$$\boldsymbol{M}(x) = \int_\Omega \boldsymbol{H}(x-s)\boldsymbol{H}^{\mathrm{T}}(x-s)\Phi_a(x-s)\mathrm{d}s \quad (2.41)$$

从定义可知，$\boldsymbol{M}(x)$ 是基函数 $\boldsymbol{H}(x-s)$ 关于 $\Phi_a(x-s)$ 的 Gram 矩阵，基函数组 $\boldsymbol{H}(x-s)$ 在标量积的意义上线性无关，自然关于核函数 $\Phi_a(x-s)$ 线性无关，且核函

数取正值,则可以保证矩阵 $\boldsymbol{M}(x)$ 的非奇异性。从式(2.40)解得

$$\boldsymbol{b}(x) = \boldsymbol{M}^{-1}(x)\boldsymbol{H}^{\mathrm{T}}(0) \tag{2.42}$$

代入式(2.32)得到修正函数

$$C(x;x-s) = \boldsymbol{H}^{\mathrm{T}}(x-s)\boldsymbol{M}^{-1}(x)\boldsymbol{H}^{\mathrm{T}}(0) \tag{2.43}$$

2. RKPM 法

式(2.31)为连续函数的形式,数值计算的实现需要其离散形式。对其进行数值积分,可以得到离散形式

$$u^a(x) = \sum_{I=1}^{\mathrm{NP}} \boldsymbol{\Psi}_I(x)d_I \tag{2.44}$$

式中,NP 为总质点数;$d_I = u(x_I)$。$\boldsymbol{\Psi}_I(x)$ 为与质点 I 对应的形函数

$$\begin{aligned}\boldsymbol{\Psi}_I(x) &= \bar{\Phi}_a(x;x-x_I)\Delta x_I \\ &= \boldsymbol{H}^{\mathrm{T}}(0)\boldsymbol{M}^{-1}(x)\boldsymbol{H}(x-x_I)\Phi_a(x-x_I)\Delta x_I\end{aligned} \tag{2.45}$$

根据复合函数求导法则,形函数的导数用式(2.46)计算

$$\begin{aligned}\boldsymbol{\Psi}_{I,x}(x) = \boldsymbol{H}^{\mathrm{T}}(0)\big[&\boldsymbol{M}^{-1}_{,x}(x)\boldsymbol{H}(x-x_I)\Phi_a(x-x_I) \\ &+ \boldsymbol{M}^{-1}(x)\boldsymbol{H}_{,x}(x-x_I)\Phi_a(x-x_I) \\ &+ \boldsymbol{M}^{-1}(x)\boldsymbol{H}(x-x_I)\Phi_{a,x}(x-x_I)\big]\Delta x_I\end{aligned} \tag{2.46}$$

RKPM 的形函数虽然满足一致性的要求,但不是真正意义上的插值函数 $[\boldsymbol{\Psi}_I(x_J) \neq \delta_{IJ}]$,如图 2.8 所示,因此一般有 $u^a(x_I) \neq u(x_I)$,即近似函数在质点 x_I 的值并不是与该点对应的参数值,因此形函数不是插值函数,这是与有限元法的重要区别。

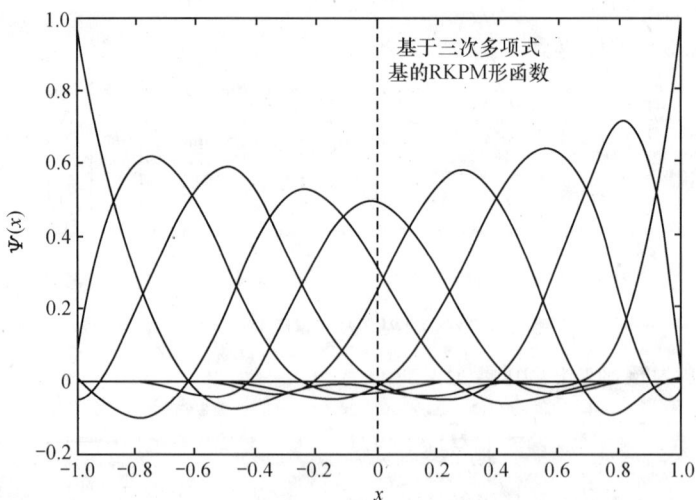

图 2.8　RKPM 一系列形函数(Chen et al.,1996)

在计算形函数时,要用到矩阵 $\boldsymbol{M}$,计算形函数的导数时要用 $\boldsymbol{M}$ 的导数 $\boldsymbol{M}_{,x}$,Chen 等(1996)指出,为了保证离散形式的再生核近似满足一致性条件,在对 $\boldsymbol{M}$ 和 $\boldsymbol{M}_{,x}$ 进行数值积分时,必须采用与式(2.29)相同的数值积分方法。矩阵 $\boldsymbol{M}^{-1}$ 的计算,可根据 $\boldsymbol{M}\boldsymbol{M}^{-1}=\boldsymbol{I}$,容易知道

$$(\boldsymbol{M}^{-1}\boldsymbol{M})_{,x} = \boldsymbol{M}_{,x}^{-1}\boldsymbol{M} + \boldsymbol{M}^{-1}\boldsymbol{M}_{,x} = 0 \tag{2.47}$$

则

$$\boldsymbol{M}_{,x}^{-1} = -\boldsymbol{M}^{-1}\boldsymbol{M}_{,x}\boldsymbol{M}^{-1} \tag{2.48}$$

式中,$\boldsymbol{M}$ 及 $\boldsymbol{M}_{,x}$ 由式(2.49)和式(2.50)计算

$$\boldsymbol{M}(x) = \sum_{I=1}^{NP} \left[\boldsymbol{H}(x-x_I)\boldsymbol{H}^{\mathrm{T}}(x-x_I)\Phi_a(x-x_I)\Delta x_I \right] \tag{2.49}$$

$$\begin{aligned}
\boldsymbol{M}(x)_{,x} = \sum_{I=1}^{NP} \big[& \boldsymbol{H}_{,x}(x-x_I)\boldsymbol{H}^{\mathrm{T}}(x-x_I)\Phi_a(x-x_I) \\
& + \boldsymbol{H}(x-x_I)\boldsymbol{H}_{,x}^{\mathrm{T}}(x-x_I)\Phi_a(x-x_I) \\
& + \boldsymbol{H}(x-x_I)\boldsymbol{H}^{\mathrm{T}}(x-x_I)\Phi_{a,x}(x-x_I) \big]\Delta x_I
\end{aligned} \tag{2.50}$$

2.3.2　RKPM 的核函数

核函数在构造近似函数时至关重要,选择的核函数是否合适,直接影响着问题求解的稳定性和精度。令 x 为求解域内任意点的坐标,x_I 为质点 I 的坐标,则核函数必须满足下列条件:

(1) 半正定性,即在 x_I 的支撑域内 $\Phi_a(x-x_I) \geqslant 0$。

(2) 紧支性,即在 x_I 的支撑域外 $\Phi_a(x-x_I) = 0$。

(3) 归一性,即在整个求解域上 $\int_{\Omega} \Phi_a(x-x_I)\mathrm{d}\Omega = 1$。

(4) $\Phi_a(x-x_I)$ 是单调减函数,即随着 x 到 x_I 的距离的增加而减小。

(5) 当支撑域大小趋向于 0 时,$\Phi_a(x-x_I) \rightarrow \delta(\|x-x_I\|)$。

根据核函数满足的条件,可知核函数为紧支函数,常用的核函数有三次样条核函数和高斯核函数,如图 2.9 所示。

1. 三次样条核函数

三次样条核函数可以表示为

$$\Phi(z_I) = \begin{cases}
\dfrac{2}{3} - 4z_I^2 + 4z_I^3, & z_I \leqslant \dfrac{1}{2} \\[2mm]
\dfrac{4}{3} - 4z_I + 4z_I^2 - \dfrac{4}{3}z_I^3, & \dfrac{1}{2} < z_I \leqslant 1 \\[2mm]
0, & z_I > 1
\end{cases} \tag{2.51}$$

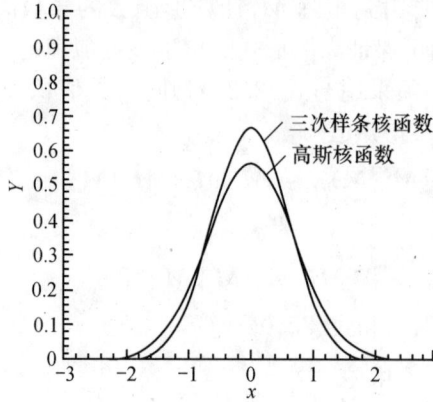

图 2.9　核函数

2. 高斯核函数

高斯核函数则表示为

$$\Phi(z_I) = \begin{cases} \mathrm{e}^{-(z_I/c)^2}, & z_I \leqslant 1 \\ 0, & z_I > 1 \end{cases} \tag{2.52}$$

式中，$z_I = \dfrac{|x-x_I|}{a}$；c 为常数，常取 0.4。使 $\Phi_a(x-x_I) \neq 0$ 的区域称为核函数 $\Phi_a(x-x_I)$ 的支撑域或影响域，伸缩系数 a 用来控制支撑域的尺寸，如一维情况，$\Phi_a(x-x_I)$ 的支撑域为 $[x_I-a, x_I+a]$。

式(2.45)中虽然是对所有的质点求和，但只有使 $\Phi_a(x-x_I) \neq 0$ 的点才有贡献，即与质点 I 对应的形函数 $\Psi_I^q(x)$ 只对其支撑域内的质点有作用，因此，选择小区域作为核函数支撑域，可以减小计算量，提高计算效率。另外，为了得到形函数 $\Psi_I(x)$，需要计算矩阵 $\boldsymbol{M}$ 的逆阵，就必须保证 $\boldsymbol{M}$ 是非奇异的，即其行列式不能等于零，则要求支撑域足够大，以保证有足够多的质点作出贡献，例如，可取 $a = \beta d_I$，β 是大于 1 的常数，d_I 是质点 I 与距其第二近质点之间的距离，这样支撑域内至少有三个质点，以保证矩阵 $\boldsymbol{M}$ 的非奇异性。因此，a 值的选取直接影响到计算精度和收敛速度，但其最佳取值并没有固定的规则可循，可根据解决的具体问题进行调整以达到最佳效果，总的原则是既要使核函数具有较好的紧支性以提高计算效率，又不至于计算过程中导致奇异矩阵。形函数 $\Psi_I(x)$ 的光滑程度取决于核函数 $\Phi_a(x-x_I)$ 的光滑程度，三次样条函数是二阶连续可微的，这保证了以其构造的形函数也是二阶连续可微的。

3. 多维 RKPM 形函数

将式(2.28)中的核函数 Φ_a 扩展到多维情况

$$\Phi_a(d_I) = \frac{1}{a}\Phi\left(\frac{d_I}{a}\right) \tag{2.53}$$

式中

$$d_I = \parallel x - x_I \parallel \tag{2.54}$$

核函数 Φ_a 也可以表示为一维核函数的乘积

$$\Phi_a(x - x_I) = \prod_{i=1}^{n_{sd}} \frac{1}{a_i}\Phi\left(\frac{x_i - x_{iI}}{a_i}\right) \tag{2.55}$$

式中,n_{sd} 为空间维数;a_i 为 i 维方向的伸缩系数,针对二维和三维情况,核函数的影响域分别是以 x_I 为中心的矩形和六面体,即 $2a_1 \times 2a_2$ 和 $2a_1 \times 2a_2 \times 2a_3$。多维情况下的修正函数可以表示为

$$C(x; x - s) = \boldsymbol{H}^T(x - s)\boldsymbol{b}(x) \tag{2.56a}$$

或

$$C(x; x - x_i) = \sum_{|\alpha|=0}^{N} b_{a_1 a_2 \cdots a_{n_{sd}}}(x)(x_1 - x_{I_1})^{a_1}(x_2 - x_{I_2})^{a_2} \cdots (x_{n_{sd}} - x_{I_{n_{sd}}})^{a_{n_{sd}}} \tag{2.56b}$$

式中,$|\alpha| \equiv \sum_{i=1}^{n_{sd}} \alpha_i$;系数 $b_{a_1 a_2 \cdots a_{n_{sd}}}(x)$ 由再生条件确定。

施加再生条件得到

$$\boldsymbol{b}(x) = \boldsymbol{M}^{-1}(x)\boldsymbol{H}^T(0) \tag{2.57}$$

式中

$$\boldsymbol{M}(x) = \int_\Omega \boldsymbol{H}(x - s)\boldsymbol{H}^T(x - s)\Phi_a(x - s)\mathrm{d}s_1\mathrm{d}s_2 \cdots \mathrm{d}s_{n_{sd}} \tag{2.58}$$

相应的核函数修正函数为

$$C(x; x - s) = \boldsymbol{H}^T(x - s)\boldsymbol{M}^{-1}(x)\boldsymbol{H}(0) \tag{2.59}$$

$$\bar{\Phi}_a(x; x - s) = C(x; x - s)\Phi_a(x - s) \tag{2.60}$$

相应式(2.44),多维情况下的离散形式如下:

$$u_i^a(x) \cong \sum_{I=1}^{NP} \bar{\Phi}_a(x; x - x_I)u_i(x_I)\Delta V_I = \sum_{I=1}^{NP} \Psi_I(x)d_{iI} \tag{2.61}$$

形函数

$$\Psi_I(x) = \overline{\boldsymbol{\Phi}}_a(x; x - x_I) \Delta V_I$$
$$= \boldsymbol{H}^{\mathrm{T}}(0) \boldsymbol{M}^{-1}(x) \boldsymbol{H}(x - x_I) \boldsymbol{\Phi}_a(x - x_I) \Delta V_I \qquad (2.62)$$

式中,ΔV_I 为 I 点的影响域面积(二维)或体积(三维)。

4. 位移边界条件的实现

用有限元法解决问题时,位移边界上节点的位移与其已知位移相等,而无网格法采用了位移逼进的近似函数,近似函数在质点处的值并不是该点的真正位移量,其形函数不具有 Kronecker 符号性质,即 $\Psi_I(x_J) \neq \delta_{IJ}$,因此一般都不是真正意义上的插值函数。这给施加位移边界条件制造了困难,是无网格法的一个难点。目前已经提出解决这一问题的多种方法,拉格朗日乘子法(Lagrangian multipliers)、修正变分原理法(modified variational principle)、罚函数法(penalty method)、与有限元耦合法(coupling with finite elements)、配点法(point collocation)、奇异权函数法(singular weighting function)等。这里只对上述方法简要介绍,详细内容可参考相关文献。

拉格朗日乘子法通过引入拉格朗日乘子来施加位移边界条件。该方法虽然由于拉格朗日乘子增加计算量,但计算精度较高,本章采用该方法处理位移边界条件。修正变分原理法是对包含拉格朗日乘子的泛函表达式进行修改,用相应的物理量来代替拉格朗日乘子。此法的优点是能够得到具有正定性和带状的系数矩阵,但相比拉格朗日乘子法,其缺点是降低了计算精度。有研究表明,当离散点数增加 25%~50% 时,修正变分原理法的计算精度就与拉格朗日法大体相当。罚函数法是在泛函式中的本质边界条件项中引进一个远大于 1 的罚参数,令泛函的变分等于零就可以满足本质边界条件。利用罚函数法得到的系数矩阵是对称和正定的,需要注意的是罚参数的选择,以避免系数刚度矩阵变为病态的可能。根据 Zhu 等(1998)的研究,罚参数可取弹性模量的 $10^3 \sim 10^7$ 倍。

与有限元耦合法是在本质边界条件给定的边界配置一列有限单元,用有限元法来实现本质边界条件。在需要背景网格的无网格法中,可以用背景网格作为边界处的有限单元,不需要另外划分,这时此法就显得比较方便。但引入有限单元使得在数值实现时要对程序作大幅修改,这限制了该法的使用。配点法是将已知的边界位移值赋给边界上的点,但不能使边界上这些点之间的点也满足本质边界条件,不过即使在有限元法中也不能保证这一点。

Lancaster 等(1981)的研究表明,使用奇异权函数可以使形函数在所有点上具有 Kronecker 符号性质,这样就可以直接施加本质边界条件。这种方法首先被 Kaljevic 等(1997)用于 EFG 法中,但使用奇异权函数会使计算精度有不同程度的降低。

2.3.3　一种变换的 RKPM 形函数

由于无网格法的形函数不具有 Kronecker 符号性质,位移边界条件不能直接施加。第 2 章通过引入拉格朗日乘子来处理位移边界条件,但引入的拉格朗日乘子增加了待求解变量的数量,且在每一迭代步都需要对其进行求解,另外得到的系数矩阵也不再具有正定性和稀疏性等特点,这都给数值计算增加了困难。利用一种转换法对形函数进行修正,使修正过的形函数具备 δ 函数性质,这样就可以直接施加位移边界条件,避免了采用上述拉格朗日乘子法所增加的困难。由式(2.44)可知

$$u_i^a(x) = \sum_{I=1}^{\mathrm{NP}} \boldsymbol{\Psi}_I^a(x) d_{iI} \tag{2.63}$$

令 $\hat{d}_{iJ} \equiv u_i^a(x_J)$,是 $u_i^a(x)$ 在 x_J 的值,则有

$$\hat{d}_{iJ}(t) = \sum_{I=1}^{\mathrm{NP}} \boldsymbol{\Psi}_I(x_J) d_{iI} = \sum_{I=1}^{\mathrm{NP}} L_{IJ} d_{iI} \tag{2.64}$$

即

$$d_{iI}(t) = \sum_{I=1}^{\mathrm{NP}} L_{IK}^{-1} \hat{d}_{iK}(t) \tag{2.65}$$

式中

$$L_{IJ} = \boldsymbol{\Psi}_I(x_J) \tag{2.66}$$

将式(2.65)代入式(2.63)得到

$$u_i^a(x) = \sum_{I=1}^{\mathrm{NP}} \boldsymbol{\Psi}_I(x) d_{iI} = \sum_{I=1}^{\mathrm{NP}} \sum_{K=1}^{\mathrm{NP}} \boldsymbol{\Psi}_I(x) L_{IK}^{-1} \hat{d}_{iK} \equiv \sum_{K=1}^{\mathrm{NP}} \hat{\boldsymbol{\Psi}}_K(x) \hat{d}_{iK} \tag{2.67}$$

式中

$$\hat{\boldsymbol{\Psi}}_K(x) = \sum_{K=1}^{\mathrm{NP}} L_{KI}^{-1} \boldsymbol{\Psi}_I(x) \tag{2.68}$$

这里有

$$\hat{\boldsymbol{\Psi}}_I(x_J) = \sum_{K=1}^{\mathrm{NP}} L_{IK}^{-1} \boldsymbol{\Psi}_K(x_J) = \sum_{K=1}^{\mathrm{NP}} L_{IK}^{-1} L_{KJ} = \delta_{IJ} \tag{2.69}$$

可见修正过的形函数 $\hat{\boldsymbol{\Psi}}_I(x_J)$ 具有 Kronecker 记号性质。变分方程中的试函数项可以采取如下形式:

$$u_i^a(x) = \sum_{K=1}^{\mathrm{NP}} \hat{\boldsymbol{\Psi}}_K(x) \hat{d}_{iK} \tag{2.70}$$

$$\delta u_i^a(x) = \sum_{K=1}^{\mathrm{NP}} \hat{\boldsymbol{\Psi}}_K(x) \delta \hat{d}_{iK} \tag{2.71}$$

式中

$$\hat{d}_{iK} = \bar{u}_i(x_K), \quad \forall I \in \eta_{\bar{u}_i} \tag{2.72}$$

$$\delta \hat{d}_{iK} = 0, \quad \forall I \in \eta_{\bar{u}_i} \tag{2.73}$$

式中，$\eta_{\bar{u}_i}$ 代表位于边界 $\Gamma^X_{\bar{u}_i}$ 上一组相关质点。在构造上述的修正形函数时，需要计算 L_U^{-1}，但只是在形函数的紧支域包含位于位移边界上的质点时才需要计算一次。

2.4　RKPM 的离散形式与验证

2.4.1　二维弹性问题的基本方程

定义在区域 Ω 和边界 Γ 上的二维弹性问题的平衡方程和边界条件为

$$\begin{cases} \nabla \boldsymbol{\sigma} + \boldsymbol{b} = 0, & \Omega \text{ 内} \\ \boldsymbol{\sigma} \boldsymbol{n} = \bar{\boldsymbol{t}}, & \Gamma_t \text{ 上} \\ \boldsymbol{u} = \bar{\boldsymbol{u}}, & \Gamma_u \text{ 上} \end{cases} \tag{2.74}$$

式中，∇ 为微分算子；$\boldsymbol{b}$ 为体积力向量；$\boldsymbol{n}$ 为求解域的外法线向量；$\bar{\boldsymbol{t}}$ 和 $\bar{\boldsymbol{u}}$ 分别为力边界值和位移边界值；Γ_t 和 Γ_u 分别为力边界和位移边界。

物理方程和几何方程

$$\boldsymbol{\sigma} = \boldsymbol{D} \boldsymbol{\varepsilon} \tag{2.75}$$

$$\boldsymbol{\varepsilon} = \nabla^{\text{T}} \boldsymbol{u} \tag{2.76}$$

式中，弹性矩阵 $\boldsymbol{D}$ 完全取决于杨氏模量 E 和泊松比 μ。

2.4.2　变分原理及离散形式

保证平衡方程和边界条件同时成立的弱形式为

$$\int_{\Omega} \delta (\nabla^{\text{T}} \boldsymbol{u})^{\text{T}} \boldsymbol{\sigma} \, \mathrm{d}\Omega - \int_{\Omega} \delta \boldsymbol{u}^{\text{T}} \boldsymbol{b} \, \mathrm{d}\Omega - \int_{\Gamma_t} \delta \boldsymbol{u}^{\text{T}} \bar{\boldsymbol{t}} \, \mathrm{d}\Gamma$$

$$- \int_{\Gamma_u} \delta \boldsymbol{\lambda}^{\text{T}} (\boldsymbol{u} - \bar{\boldsymbol{u}}) \, \mathrm{d}\Gamma - \int_{\Gamma_u} \delta \boldsymbol{u}^{\text{T}} \boldsymbol{\lambda} \, \mathrm{d}\Gamma = 0 \tag{2.77}$$

式中，$\boldsymbol{u}$ 为位移近似函数；$\boldsymbol{\lambda}$ 为拉格朗日乘子；$\delta \boldsymbol{u}$ 和 $\delta \boldsymbol{\lambda}$ 分别为 $\boldsymbol{u}$ 和 $\boldsymbol{\lambda}$ 对应的虚函数，分别属于 1 阶和 0 阶 Sobolev 空间。由于 RKPM 无法自然满足边界条件，通过引入拉格朗日乘子施加边界条件，其物理意义为位移边界质点上的未知反力，因此，拉格朗日乘子的引入增加了求解的规模。为减小运算量，在位移边界上用反力代替拉格朗日乘子，即令

$$\boldsymbol{\lambda} = \boldsymbol{t}, \quad \text{在 } \Gamma_u \text{ 上} \tag{2.78}$$

将式(2.78)带入式(2.77)，变分弱形式变为

$$\int_{\Omega} \delta (\nabla^{\text{T}} \boldsymbol{u})^{\text{T}} \sigma \mathrm{d}\Omega - \int_{\Omega} \delta \boldsymbol{u}^{\text{T}} \boldsymbol{b} \mathrm{d}\Omega - \int_{\Gamma_t} \delta \boldsymbol{u}^{\text{T}} \bar{\boldsymbol{t}} \mathrm{d}\Gamma$$

$$- \int_{\Gamma_u} \delta \boldsymbol{t}^{\text{T}} (\boldsymbol{u} - \bar{\boldsymbol{u}}) \mathrm{d}\Gamma - \int_{\Gamma_u} \delta \boldsymbol{u}^{\text{T}} \boldsymbol{t} \mathrm{d}\Gamma = 0 \tag{2.79}$$

将本构关系代入式(2.79),得到矩阵方程如下:

$$\boldsymbol{Ku} = \boldsymbol{f} \tag{2.80}$$

式中

$$\boldsymbol{K}_{IJ} = \int_{\Omega} \boldsymbol{B}_I^{\mathrm{T}} \boldsymbol{D} \boldsymbol{B}_J \mathrm{d}\Omega - \int_{\Gamma_u} \boldsymbol{\Psi}_I \boldsymbol{SNDB}_J \mathrm{d}\Gamma - \int_{\Gamma_u} \boldsymbol{B}_I^{\mathrm{T}} \boldsymbol{D}^{\mathrm{T}} \boldsymbol{N}^{\mathrm{T}} \boldsymbol{S} \boldsymbol{\Psi}_J \mathrm{d}\Gamma \tag{2.81}$$

$$\boldsymbol{f}_I = \int_{\Gamma_t} \boldsymbol{\Psi}_I \bar{\boldsymbol{t}} \mathrm{d}\Gamma + \int_{\Omega} \boldsymbol{\Psi}_I \boldsymbol{b} \mathrm{d}\Omega + \int_{\Gamma_u} \boldsymbol{B}_I^{\mathrm{T}} \boldsymbol{D}^{\mathrm{T}} \boldsymbol{N}^{\mathrm{T}} \boldsymbol{S} \bar{\boldsymbol{u}} \mathrm{d}\Gamma \tag{2.82}$$

式中

$$\boldsymbol{B}_I = \begin{bmatrix} \boldsymbol{\Psi}_{I,x} & 0 \\ 0 & \boldsymbol{\Psi}_{I,y} \\ \boldsymbol{\Psi}_{I,y} & \boldsymbol{\Psi}_{I,x} \end{bmatrix} \tag{2.83}$$

$$\boldsymbol{N} = \begin{bmatrix} N_x & 0 & N_y \\ 0 & N_y & N_x \end{bmatrix} \tag{2.84}$$

$$\boldsymbol{S} = \begin{bmatrix} S_x & 0 \\ 0 & S_y \end{bmatrix} \tag{2.85}$$

$$S_x = \begin{cases} 1, & \text{若边界 } \Gamma_u \text{ 上的位移为 } u_x \\ 0, & \text{若边界 } \Gamma_u \text{ 上的位移为 } u_y \end{cases} \tag{2.86}$$

$$S_y = \begin{cases} 0, & \text{若边界 } \Gamma_u \text{ 上的位移为 } u_x \\ 1, & \text{若边界 } \Gamma_u \text{ 上的位移为 } u_y \end{cases} \tag{2.87}$$

式中,$\boldsymbol{N}$ 为拉格朗日插值函数矩阵。值得指出的是,离散的系统方程式(2.80)中的刚度矩阵 $\boldsymbol{K}$ 为对称的正定矩阵。

2.4.3　RKPM 的数值积分方案

式(2.81)和式(2.82)都需要用数值积分(可采用高斯积分法)来实现,在有限元法中,对整个求解域 Ω 的积分可以转化为对 Ω 上所有单元的积分和,且被积函数一般为多项式,采用高斯积分可以精确计算。而在无网格法中,求解域用一系列质点来离散,不存在单元,因此,在 Galerkin 无网格法中需要采取特殊的积分方案。目前采用的主要有节点积分法、规则背景网格积分法和有限元背景网格积分法。

1. 节点积分法

假设被积函数 $f(x)$ 在质点 I 的邻域内取在质点 I 处的值 $f(x_I)$,直接采取如下离散形式:

$$\int_{\Omega} f(x) \mathrm{d}\Omega = \sum_{I=1}^{NP} f(x_I) \Delta\Omega_I \tag{2.88}$$

式中,NP 为总质点数;$\Delta\Omega_I$ 为质点 I 所对应的域,有 $\sum_{I=1}^{NP} \Delta\Omega_I = \Omega$。

节点积分法原理简单,实现方便,但计算不稳定。虽然 Beissel 等(1996)通过在变分方程中引入平衡方程残差平方的变分,提出解决其不稳定性的方案;Chen 等(2002)提出用光滑应变稳定化的方法来消除节点积分的不稳定性,且与高斯积分法相比,节点积分可以提高计算效率,但其计算精度有明显降低。

2. 规则背景网格积分法

Belytschko 等(1994)提出用规则网格覆盖求解域,如图 2.10(a)所示,在每个格子内采用高斯积分,对所有网格的积分和就是对整个求解域的积分。因为背景网格与近似函数的构建无关,因此完全独立于所研究的对象,只是用来进行积分计算,一般采用规则的背景网格,划分也不存在困难。每个格子可能全部在求解域内,可能全部在求解域外,可能部分在求解域内,前两种情况可以很方便处理,对于部分位于求解域内而部分位于求解域外的格子,积分时只计算位于求解域内高斯点的贡献,而忽略位于求解域外的高斯点,详细算法如下。

步骤 1 划分背景网格,覆盖整个求解域。

步骤 2 对所有积分格子进行循环。

步骤 2.1 对每个格子中的高斯积分点进行循环。

(1) 判断高斯点位置,若位于求解域外,则忽略该高斯点,处理下一个。

(2) 搜索高斯点影响域内的所有质点。

(3) 确定该高斯点的权重,计算 $\boldsymbol{B}_I^{\mathrm{T}}\boldsymbol{D}\boldsymbol{B}_J$ 及相关项,并组装到整体刚度矩阵。

步骤 2.2 结束对高斯积分点的循环。

步骤 3 结束对积分格子的循环。

若背景网格数目为 $m \times m$,则 m 由求解域的总离散质点数 NP 确定。

$$m = \sqrt{N} \tag{2.89}$$

每个背景格子中采用 $n_G \times n_G$ 各高斯积分点,则高斯点阶数 n_G 由每个背景格子中的离散质点数 n 确定。

$$n_G = \sqrt{n} + 2 \tag{2.90}$$

规则背景网格积分法在处理部分位于求解域内而部分位于求解域外的格子时,会产生较大的误差。Kaljevic 等(1997)采用计算几何方法,对格子位于求解域内的部分重新分成若干个四边形网格,然后在每个积分格子中采用高斯积分,以改进计算误差。

3. 有限元背景网格积分

将求解域划分为若干单元网格,同规则背景网格,将对求解域的积分转化为对所有单元的积分和,如图 2.10(b)所示。这里的单元同样只是用来实现积分,与近似函数的构建没有关系。用有限单元作为背景网格进行积分可以避免规则背景网格中积分格子与求解域边界相交的情况,但当求解比较复杂的问题时,划分单元需要耗费一定的资源,这对无网格法的优点打了折扣。

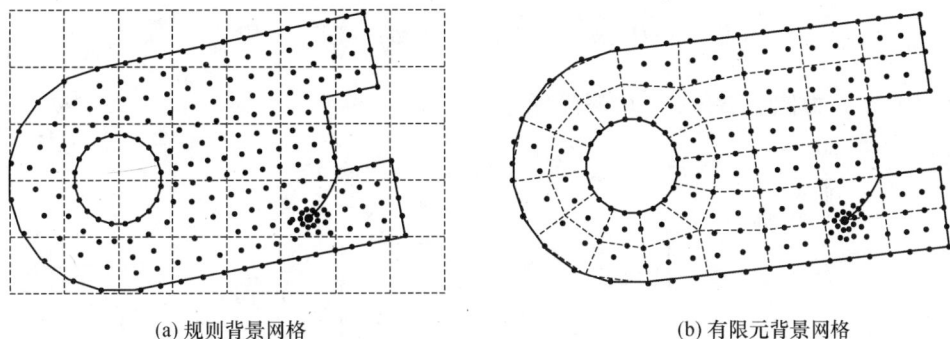

(a) 规则背景网格   (b) 有限元背景网格

图 2.10 RKPM 的积分背景网格

背景网格积分法虽然没有彻底摆脱网格,但所用到的网格只是用于积分,而与离散质点没有直接联系,实践表明,背景网格积分算法是比较稳定的。

2.4.4 简单数值算例

为了与有限元法结果及 RKPM 不同情况结果之间进行比较,定义如下应力相对解析解的误差形式:

$$\begin{cases} L_u = \dfrac{\sqrt{\sum\limits_{I=1}^{NP} (\hat{u}_I - u_I)^{\mathrm{T}} (\hat{u}_I - u_I)}}{\sqrt{\sum\limits_{I=1}^{NP} \hat{u}_I^{\mathrm{T}} u_I}} \times 100\% \\ \\ L_\sigma = \dfrac{\sqrt{\sum\limits_{I=1}^{NP} (\hat{\sigma}_I - \sigma_I)^{\mathrm{T}} (\hat{\sigma}_I - \sigma_I)}}{\sqrt{\sum\limits_{I=1}^{NP} \hat{\sigma}_I^{\mathrm{T}} \sigma_I}} \times 100\% \end{cases} \qquad (2.91)$$

式中,$\hat{u}_I$ 和 u_I 分别为质点 I 处位移的数值解和精确解;$\hat{\sigma}_I$ 和 σ_I 分别为质点 I 处应力的数值解和精确解。

1. 无限大开孔方板

如图 2.11 所示,单位厚度的无限大开孔方板左右两侧受均布拉力 P,开孔半径为 a,则板内应力的理论解如下:

$$\begin{cases} \sigma_x = P\left[1 - \dfrac{a^2}{r^2}\left(\dfrac{3}{2}\cos2\theta + \cos4\theta\right) + \dfrac{3a^4}{2r^4}\cos4\theta\right] \\[2mm] \sigma_y = -P\left[\dfrac{a^2}{r^2}\left(\dfrac{1}{2}\cos2\theta - \cos4\theta\right) + \dfrac{3a^4}{2r^4}\cos4\theta\right] \\[2mm] \sigma_{xy} = -P\left[\dfrac{a^2}{r^2}\left(\dfrac{1}{2}\cos2\theta - \sin4\theta\right) + \dfrac{3a^4}{2r^4}\sin4\theta\right] \end{cases} \tag{2.92}$$

式中,(r,θ) 为位于小孔中心的极坐标。

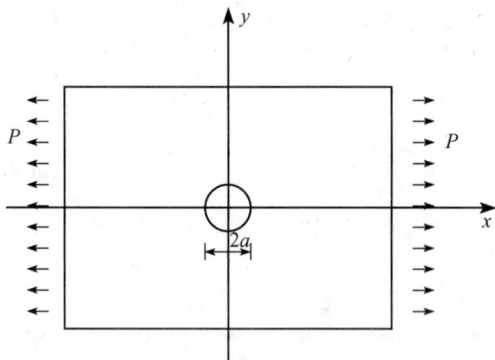

图 2.11　开孔板模型

根据结构的对称性,取板右上 1/4 部分,按平面应力问题进行分析。边界条件设为:左边界 x 方向固定而 y 方向自由,底边界 y 方向固定而 x 方向自由。板材的弹性模量 $E=1000$,泊松比 $\nu=0.3$,小孔半径 $a=1$,边长取 5,均布拉力 $P=1$,为了比较方便,这些参数均设为无量纲。RKPM 分析分别离散为 51、145 和 257 个质点,如图 2.12 所示,并在 257 个质点模型的基础上,比较采用三次样条核函数和幂核函数的结果,同时积分分别采用规则背景网格和有限元背景网格,如图 2.13 所示,每个积分格子取 4×4 个高斯点。

表 2.1 给出了 RKPM 不同质点数,不同核函数及不同背景积分网格所得结果与解析解的误差比较,图 2.14 为不同离散质点(核函数都采用三次样条函数,背景积分网格都采用有限元背景网格)情况下 $x=0$ 边界上 x 方向应力分布,图 2.15 为不同背景积分网格(核函数都采用三次样条函数)情况下 $x=0$ 边界上 x 方向应力分布,图 2.16 为不同核函数(背景积分网格都采用有限元背景网格)情况下 $x=0$ 边界上 x 方向应力分布。

(a) 51个质点　　　　　　　　(b) 145个质点

(c) 257个质点

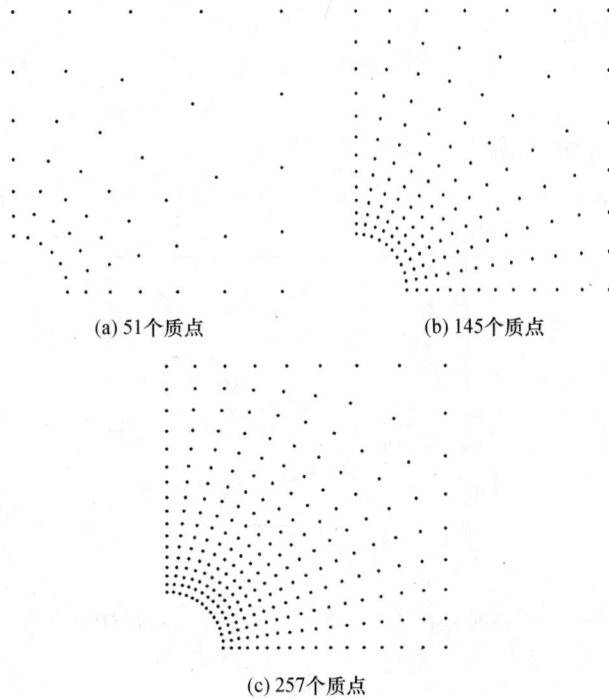

图 2.12　RKPM 质点离散

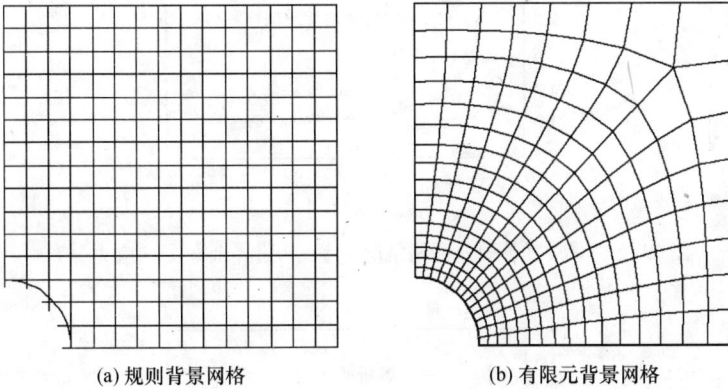

(a) 规则背景网格　　　　　　　　(b) 有限元背景网格

图 2.13　RKPM 背景积分网格

表 2.1　各种情况下结果误差

情况分类	三次样条核函数			三次样条核函数	幂核函数
	有限元背景网格积分			规则背景网格积分	有限元背景网格积分
质点总数	51	145	257	257	257
$L_\sigma/\%$	20.5	8.6	5.4	10.5	6.8

　　从表 2.1 误差及图 2.14～图 2.16 应力分布的结果可以看出,采用规则背景积分网格比采用有限元背景积分网格的误差要大,原因在于对与求解域边界(本例为小孔圆弧)相交的规则格子的积分时,对位于边界外的高斯点做了直接舍弃处理,而边界外格子的区域部分与所舍弃高斯点所占的比重不相符;如果相交格子在边界外的部分较小,这时所有高斯点都位于求解域内,这时则计算所有的高斯点的

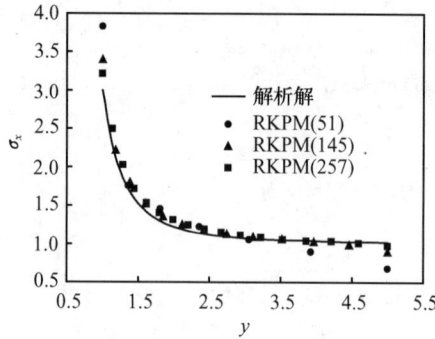

图 2.14　不同离散质点情况下 $x=0$ 边界上 x 方向应力分布

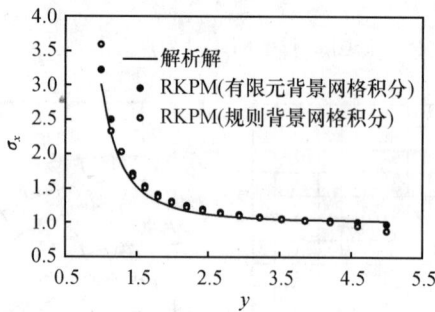

图 2.15　不同背景积分网格情况下 $x=0$ 边界上 x 方向应力分布

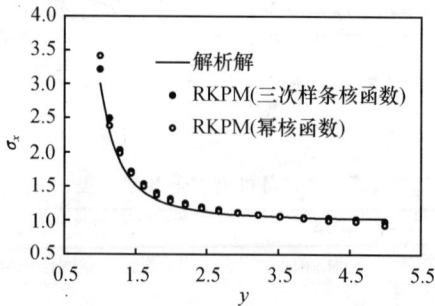

图 2.16　不同核函数情况下 $x=0$ 边界上 x 方向应力分布

贡献,相当于对整个格子的积分,同样会产生误差。另外,采用三次样条核函数的计算结果误差比采用幂核函数的结果误差小。本书以后各章均采用三次样条函数作为核函数,积分时采用有限元背景网格。

2. 悬臂梁

用 RKPM 法分析端部受荷载的悬臂梁,并与 FEM 法的计算结果进行比较。如图 2.17 所示,梁长 L,高 D,单位厚度,按平面应力问题进行分析。其位移及应力的解析解为

$$\begin{cases} u_x = -\dfrac{Py}{6EI}\left[(6L-3x)x+(2+\nu)\left(y^2-\dfrac{D^2}{4}\right)\right] \\ u_y = -\dfrac{P}{6EI}\left[3\nu y^2(L-x)x+(4+5\nu)\dfrac{D^2x}{4}+(3L-x)x^2\right] \end{cases} \tag{2.93}$$

$$\begin{cases} \sigma_{xx} = -\dfrac{P}{I}(L-x)y \\ \sigma_{yy} = 0 \\ \tau_{xy} = -\dfrac{P}{2I}\left(\dfrac{D^2}{4}-y^2\right) \end{cases} \tag{2.94}$$

式中,转动惯量 $I=D^3/12$;E 为材料的弹性模量;ν 为泊松比。

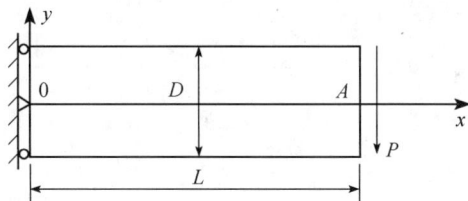

图 2.17　悬臂梁模型及边界条件

计算采用 $L=50$,$D=10$,$E=1\times10^7$,$\nu=0.3$,$P=1$,这些参数均设为无量纲。离散为 403 个质点,如图 2.18 所示。图 2.19 为 x 轴上 y 方向的位移,图 2.20 为沿 $x=L/2$ 上的剪应力,图 2.21 为沿 $y=D/2$ 上 x 方向正应力,图 2.22 为沿 $x=L/2$ 上 x 方向正应力。从上述各图中曲线可以看出,RKPM 计算结果与解析解吻合较好,且比 FEM 结果更接近理论值,两种数值方法的误差见表 2.2。

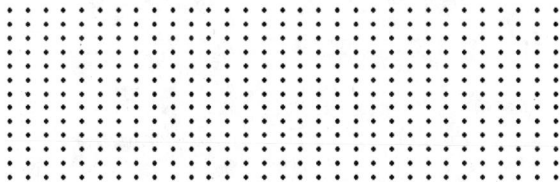

图 2.18　规则离散形式

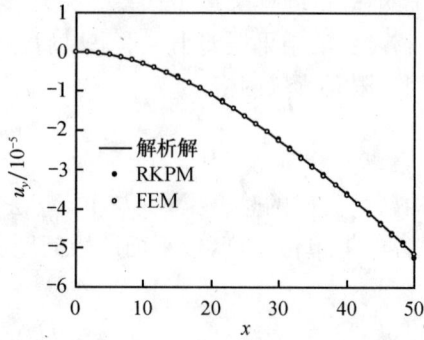

图 2.19　x 轴上 y 方向的位移

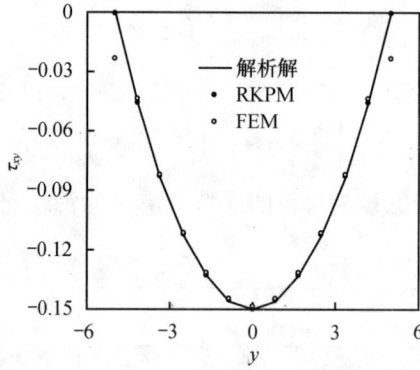

图 2.20　沿 $x=L/2$ 上的剪应力

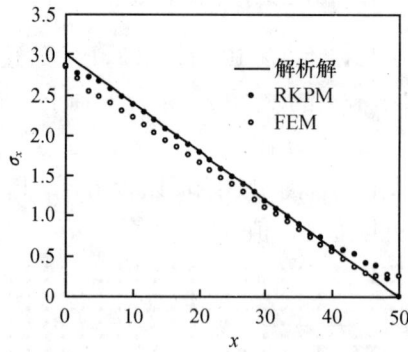

图 2.21　沿 $y=D/2$ 上 x 方向正应力

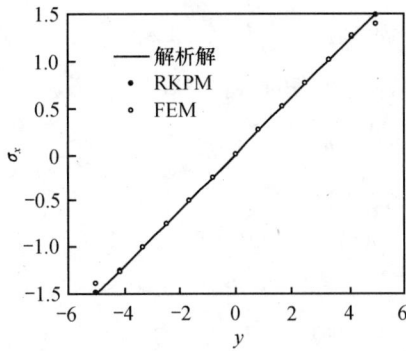

图 2.22　沿 $x=L/2$ 上 x 方向正应力

表 2.2　两种方法的位移及应力误差

方　法	x 轴上 u_y	$x=L/2$ 上 τ_{xy}	$y=D/2$ 上 σ_x	$x=L/2$ 上 σ_x
RKPM	0.57	2.5	1.2	3.8
FEM	0.76	8.9	4.9	8.5

2.5　弹塑性增量分析 RKPM 求解格式

2.5.1　弹塑性增量分析 RKPM 求解格式

在弹塑性问题中,材料的性质与应力应变的历史有关,本构方程是用增量形式表达的。这就需要按荷载作用的实际情况,在微小荷载增量下逐步计算。用增量方法求解时,可以把总荷载分成适当数目的小荷载增量。把材料不发生塑性变形的最大荷载作为第一个增量,此时为弹性状态,其余荷载再分成若干增量进行逐步计算。对于每一荷载增量,将弹塑性方程线性化,从而使弹塑性这一非线性问题化为线性问题来解决。

现考虑一个荷载增量 Δf 的施加过程。在该荷载增量施加之前已作用有累计荷载 f_t,相应的位移、应变和应力假设已由上一步计算得到,分别记为 u_t、ε_t 和 σ_t,在施加荷载增量 Δf 后,位移、应变和应力分别记为 u_{t+1}、ε_{t+1} 和 σ_{t+1},其增量分别记为 Δu_t、$\Delta \varepsilon_t$ 和 $\Delta \sigma_t$,则有

$$f_{t+1} = f_t + \Delta f \tag{2.95}$$

$$u_{t+1} = u_t + \Delta u_t \tag{2.96}$$

$$\varepsilon_{t+1} = \varepsilon_t + \Delta \varepsilon_t \tag{2.97}$$

$$\sigma_{t+1} = \sigma_t + \Delta \sigma_t \tag{2.98}$$

在荷载 f_{t+1} 作用下,平衡条件为

$$\psi(u_{t+1}) = \int \boldsymbol{B}^{\mathrm{T}} \sigma_{t+1} \mathrm{d}\Omega - f_{t+1} = 0 \tag{2.99}$$

如果荷载 f_t 下的解答是准确的,则式(2.100)成立

$$\psi(u_t) = \int \boldsymbol{B}^{\mathrm{T}} \sigma_t \mathrm{d}\Omega - f_t = 0 \tag{2.100}$$

此时,式(2.99)可以表示为

$$\psi(u_{t+1}) = \psi(\Delta u_t) + \psi(u_t) = 0 \tag{2.101}$$

式中

$$\psi(\Delta u_t) = \int \boldsymbol{B}^{\mathrm{T}} \Delta \sigma_t \mathrm{d}\Omega - \Delta f_t = 0 \tag{2.102}$$

在求解方程式(2.101)时,需要明确应力增量和应变增量的关系,按增量理论有

$$\Delta \sigma_t = \int_0^{\Delta \varepsilon_t} (\boldsymbol{D}_{\mathrm{ep}})_t \mathrm{d}\varepsilon \tag{2.103}$$

但在实际计算中,按如下线性化形式进行计算:

$$\Delta \sigma_t = (\boldsymbol{D}_{\mathrm{ep}})_t \Delta \varepsilon_t \tag{2.104}$$

接着求解线性方程组

$$K_t \Delta u_t = \Delta f_t \tag{2.105}$$

由于在每一荷载增量步中将非线性问题线性化,一次求解的结果一般不能满足平衡方程,因此需要若干次迭代计算,直到满足预先规定的收敛准则为止。具体计算过程如下。

(1)确定求解域内所有质点都不产生塑性变形时的最大荷载,此时求解域内应力最大的质点处于产生塑性变形的临界状态。在已知的边界条件下施加全部荷载,按虎克定律作弹性计算,得到求解域各质点的位移 u、应变 ε 和应力 σ,取全部质点的应力最大值 $\sigma_{\max}$ 与初始屈服应力 σ_{s0} 相比较。若 $\sigma_{\max} < \sigma_{s0}$,则上述按弹性计算得到的结果就是问题的解;若 $\sigma_{\max} > \sigma_{s0}$,则令最大弹性荷载系数为

$$l = \frac{\sigma_{s0}}{\sigma_{\max}} \tag{2.106}$$

根据最大弹性荷载系数可以得到应力最大质点处于塑性临界状态时的位移 u_0、应变 ε_0 和应力 σ_0 分布,并以此作为迭代计算的初始值。

$$u_0 = lu \tag{2.107}$$

$$\varepsilon_0 = l\varepsilon \tag{2.108}$$

$$\sigma_0 = l\sigma \tag{2.109}$$

将荷载 f 分为 M 个荷载增量,即将塑性加载过程分为 M 个荷载增量步。

$$\Delta f = \frac{(1-l)f}{M} \tag{2.110}$$

(2)在弹塑性临界状态的基础上施加荷载增量,在一个荷载增量步内采用增量切线刚度法进行迭代计算。假设求解过程处于第 t 荷载增量步,其中,第 m 迭代

步开始时的位移、应变和应力分别记为 u_t^m、ε_t^m 和 σ_t^m，该迭代步结束时即第 $m+1$ 迭代步开始时的位移、应变和应力分别为

$$u_t^{m+1} = u_t^m + \Delta u_t^m \tag{2.111}$$

$$\varepsilon_t^{m+1} = \varepsilon_t^m + \Delta \varepsilon_t^m \tag{2.112}$$

$$\sigma_t^{m+1} = \sigma_t^m + \Delta \sigma_t^m \tag{2.113}$$

其中，应变增量由式(2.114)计算

$$\Delta \varepsilon_t^m = \boldsymbol{B} \Delta u_t^m \tag{2.114}$$

应力增量由以下积分确定：

$$\Delta \sigma_t^m = \int_0^{\Delta \varepsilon_t^m} \boldsymbol{D}_{\mathrm{ep},t}^m \,\mathrm{d}\varepsilon \tag{2.115}$$

（3）对于任一质点，需要确定第 m 迭代步中的弹塑性变形状态，令弹性变形的比例为 r。假定变形完全为弹性，按虎克定律计算该迭代步的应力增量和应力。

$$\Delta \bar{\sigma}_t^m = \boldsymbol{D}_{\mathrm{e}} \Delta \varepsilon_t^m \tag{2.116}$$

$$\bar{\sigma}_t^{m+1} = \sigma_t^m + \Delta \bar{\sigma}_t^m \tag{2.117}$$

计算加载函数值 $F(\sigma_t^m, H_{a,t}^m)$ 和 $F(\bar{\sigma}_t^{m+1}, H_{a,t}^{m+1})$，以确定弹性变形比例 r。有三种可能的情况：

① 若 $F(\bar{\sigma}_t^{m+1}, H_{a,t}^{m+1}) < 0$，则质点处于弹性加载或按弹性卸载状态，产生的应变全部为弹性应变，此时 $r=1$。

② 若 $F(\sigma_t^m, H_{a,t}^m) = 0$ 且 $F(\bar{\sigma}_t^{m+1}, H_{a,t}^{m+1}) > 0$，则质点处于塑性继续加载状态，产生的应变全部为塑性应变，此时 $r=0$。

③ 若 $F(\sigma_t^m, H_{a,t}^m) < 0$ 且 $F(\bar{\sigma}_t^{m+1}, H_{a,t}^{m+1}) > 0$，则质点处于由弹性向塑性过渡状态。假定应变与应力成比例变化，则此时 r 由式(2.118)确定

$$F(\sigma_t^m + r\bar{\sigma}_t^{m+1}, H_{a,t}^m) > 0 \tag{2.118}$$

对于采用广义 von Mises 屈服条件的情况，r 为以下二次方程的解：

$$Ar^2 + Br + C = 0 \tag{2.119}$$

式中

$$A = \frac{1}{2} \Delta \bar{S}_{ij}^{m+1} \Delta \bar{S}_{ij}^{m+1} - \alpha^2 \Delta \bar{\sigma}_{ii}^{m+1} \Delta \bar{\sigma}_{ii}^{m+1} \tag{2.120}$$

$$B = S_{ii}^m \Delta \bar{S}_{ii}^{m+1} - 2\alpha^2 \sigma_{ii}^m \Delta \bar{\sigma}_{ii}^{m+1} + 2\alpha \boldsymbol{K} \Delta \bar{\sigma}_{ii}^{m+1} \tag{2.121}$$

$$C = \frac{1}{2} S_{ij}^m S_{ij}^m + 2\alpha \boldsymbol{K} \sigma_{ii}^m - \alpha^2 \sigma_{ij}^m \sigma_{ij}^m - \boldsymbol{K}^2 \tag{2.122}$$

求解方程式(2.119)得到 r，定义过渡状态的加权平均弹塑性矩阵如下：

$$\bar{\boldsymbol{D}}_{\mathrm{ep}} = r\boldsymbol{D}_{\mathrm{e}} + (1-r)\boldsymbol{D}_{\mathrm{p}} \tag{2.123}$$

处于过渡状态质点的刚度矩阵为

$$\boldsymbol{K} = \int_\Omega \boldsymbol{B}^{\mathrm{T}} \bar{\boldsymbol{D}}_{\mathrm{ep}} \boldsymbol{B} \,\mathrm{d}\Omega \tag{2.124}$$

对于弹性状态质点,其刚度矩阵为

$$K = \int_\Omega B^{\mathrm{T}} D_e B \mathrm{d}\Omega \tag{2.125}$$

对于塑性状态质点,其刚度矩阵为

$$K = \int_\Omega B^{\mathrm{T}} D_p B \mathrm{d}\Omega \tag{2.126}$$

根据以上三种情况,可组装整体刚度矩阵,然后求解方程式(2.101)。按照预先规定的容许误差,检验本迭代步得到的解是否满足收敛要求,如已满足,则进入下一荷载增量步,否则,重新调整计算弹性变形比例 r,进行本荷载增量步的下一步迭代计算,直到满足规定的收敛准则。

(4) 重复(2)~(3)的计算过程,直到完成所有的荷载增量,得到问题的最终解。

2.5.2　地基承载力算例分析

分析一均质天然地基的荷载-位移关系并确定其极限承载,以验证该方法和程序的可靠性。选定的平面应变情况下算例的几何模型:长 20m,高 10m,在地基中心处作用有 2m 宽的均布荷载。土体弹性模量和泊松比分别为 30MPa 和 0.3,内摩擦角 φ 为 20°,黏聚力 c 为 10kPa。采用莫尔-库仑屈服条件和关联流动法则,在不考虑土体重度的影响下进行计算。将整个计算域均匀离散为 861 个质点,如图 2.23 所示,左右边界设为水平方向固定而竖直方向自由,下底面上的点设为固定,顶面自由。借助 40×20 个相同的背景网格,在每个背景网格内采用 2×2 个高斯点进行积分。

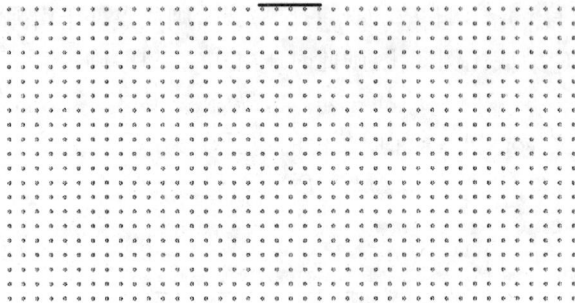

图 2.23　几何模型无网格离散

该算例用 Terzaghi 公式确定的极限荷载为 148kPa,用再生核质点法程序计算得到的地基中心处荷载-位移曲线如图 2.24 所示,定义最大位移等于 0.5 倍基础宽度所对应的荷载为极限荷载,从荷载-位移曲线可得到极限荷载为 154kPa,与 Terzaghi 经验公式结果的误差为 4.1%。地基中的应力分布及质点位移矢量分别如图 2.24~图 2.28 所示。从上述算例得到的结果可初步说明,用再生核质点法解决岩土弹塑性问题是可行的,程序也是可靠的。

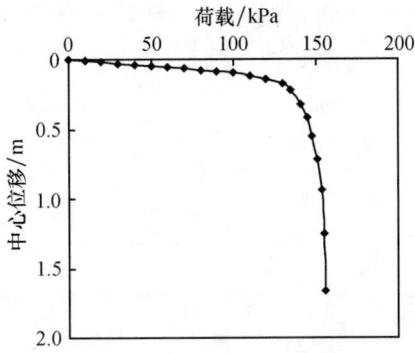

图 2.24　荷载-位移曲线

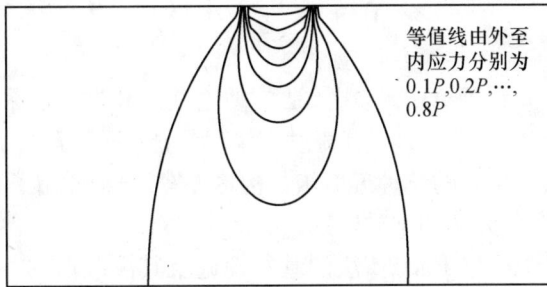

图 2.25　竖向应力等值线

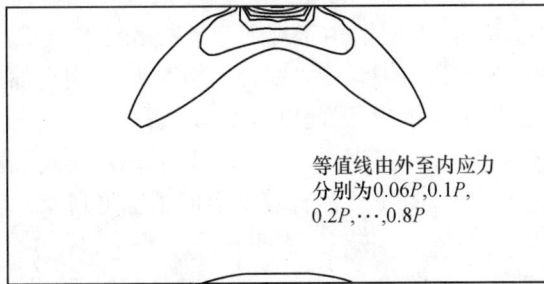

图 2.26　水平向应力等值线

图 2.27　剪应力等值线

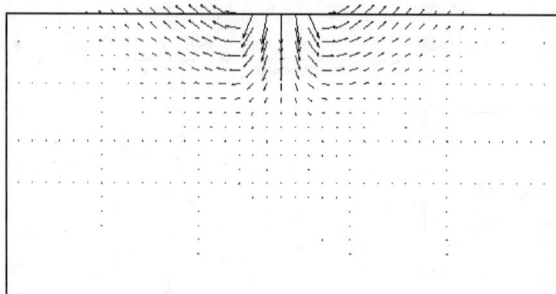

图 2.28　质点位移矢量

2.6　本章小结

本章首先简单介绍了 ALE 有限元法的理论基础和书中所采用大变形有限元程序的主要功能及特点，并以地基承载力计算为例验证了程序的正确性。其后简要回顾了无网格法中主要的几种近似函数构建方案，详细介绍了 RKPM 法的基本原理，阐述了其与有限元法的本质区别。

本章还介绍了无网格 RKPM 法的基本理论及其离散形式。由于无网格法的形函数一般不是真正的插值函数，因此对位移边界条件需要做特殊处理，本章对主要的施加位移边界条件的方法进行了总结。同时通过开孔板算例，讨论了背景积分网格和核函数的选取，结果表明，由于规则背景网格与求解域边界相交的格子不好处理，所得结果误差比采用有限元背景积分网格时大；另外与幂核函数相比，采用三次样条函数所得结果更为精确，因此以后本书中采用无网格法计算采用 RKPM 进行问题求解时，核函数均采用三次样条函数，积分采用有限元背景网格。悬臂梁算例表明，与有限元法相比，RKPM 法计算结果的精度更高。

第3章 边坡稳定分析方法及破坏判断准则

3.1 引 言

边坡是指具有倾斜或者垂直坡面的岩土体的堆砌(武亚军,2003),在岩土工程等领域涉及许多的边坡工程。从边坡成因来看,总体上可分为人工边坡与天然边坡两类;人工边坡是为满足人们的某种需要而修建的,它包括填筑边坡与开挖边坡,其中为避免对交通造成影响的挡土墙、堤坝等属于填筑边坡,而为建筑地基基础而开挖形成的基坑边坡、地下铁路开挖形成的边坡等则属于开挖边坡;自然形成的岩土体的堆砌则属于天然边坡。由于边坡表面倾斜,在岩土体自重及其他外力作用下,整个岩土体存在从高处向低处滑动的趋势,若边坡内部某个面上的滑动力超过岩土体本身和某些加固措施形成的抗滑合力,边坡就会发生破坏。因此,边坡的稳定分析是岩土工程或土木工程中的重要研究课题,几十年来,许多研究者致力于研究边坡的破坏及稳定工作。

总体上边坡稳定分析有定性分析和定量分析两种方法,如图3.1所示;定性分析主要是通过工程地质勘察,对影响边坡稳定性的主要因素、可能的变形破坏方式及失稳的力学机制等进行分析,对已变形地质体的成因及其演化史进行分析,从而给出被评价边坡的稳定性状况及其可能发展趋势的定性的说明及解释。定性分析的优点是能综合考虑影响边坡稳定性的多种因素,快速地对边坡的稳定状况及其

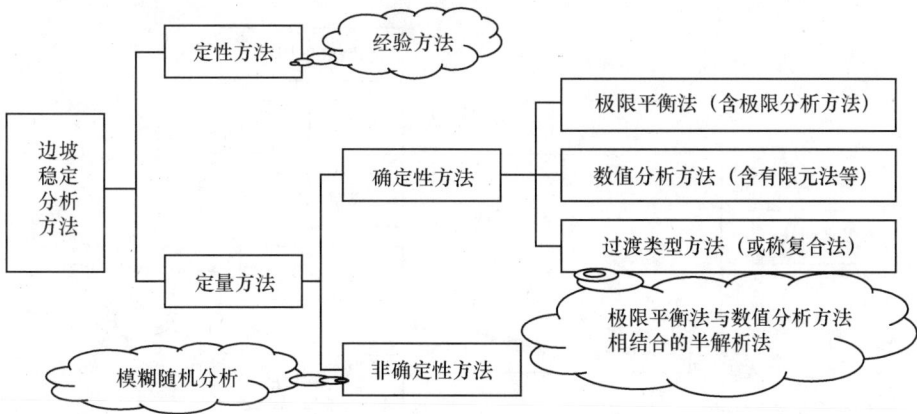

图3.1 边坡稳定分析方法分类

发展趋势作评价。当然,人们更关心的是如何定量的表示边坡的稳定性,即边坡稳定的计算分析方法。

　　分析边坡稳定性的计算方法有很多,如极限平衡法(极限分析方法)、数值分析方法(含有限元法等)、过渡类型方法(也称复合法)等确定性方法和在概率基础上发展起来的各种模糊随机分析等非确定性方法。极限平衡法采用条分的基本思想,假定边坡处于极限平衡状态来搜索最危险的潜在滑动面并计算相应的最小安全系数;数值分析方法是近年来随计算机科学的迅速发展和岩土力学的基本理论水平的不断提高而发展起来的一种新方法,它不仅可以计算出边坡内应力与变形情况,同时通过采用一定的技术还可分析边坡的稳定性,并在边坡稳定性分析中初步应用就显示出了突出的优点。过渡类型方法(复合法)则是介于极限平衡法与数值分析方法之间的一种半解析方法,它利用有限元的计算结果(目前常用的是应力),假定滑动面的位置,并结合极限平衡理论,对边坡稳定性进行评价。鉴于数值分析方法显示出的强大功能及近年来在工程领域应用技术的成熟,有限元数值分析方法正成为边坡稳定分析的热点,该方法的应用范围将会越来越广。

3.2　边坡极限平衡法及其研究进展

　　从库仑和朗肯两种不同的思路出发,极限平衡法逐渐形成以下两个独立的分支:①在假设土体内处处达到极限平衡状态的前提下,用特征线法求解应力场,在一定的简化条件下,获得问题的闭合解;②通过研究滑裂面上作用力的静力平衡和确定临界滑裂面求得问题的解,在此基础上导出了目前广泛采用的稳定分析的条分法,如图 3.2 所示。

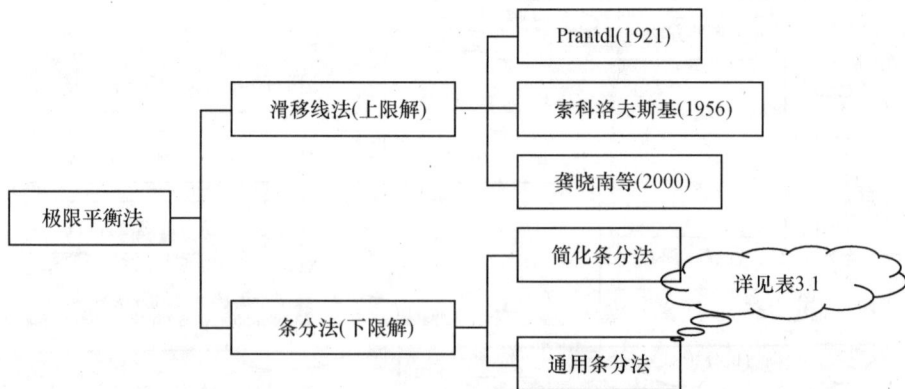

图 3.2　极限平衡法分类

3.2.1　滑移线法（上限解）

极限平衡的条分法获得的是一个满足静力平衡条件的应力场，同时要求滑裂面上每一点的应力状态均在莫尔圆上或以内，但并不要求滑体内的每一点的应力状态均在莫尔圆上，即处于极限平衡状态，因而所获得的解应小于或等于使边坡发生破坏的真实荷载，在塑性力学领域，属于下限解。而滑移线法是假定土的破坏区内各点均达到极限平衡条件，即在破坏区域的每一点，除了可以建立静力平衡条件外，还可增加一个 Mohr-Coulomb 破坏条件，在一定的边界条件下，用特征线法求解由此形成的方程组；在一些简化边界和土质条件下，可以获得闭合解，解得的特征线就是土力学中的滑移线，而其中的一组就是滑裂面（索科洛夫斯基，1956；龚晓南等，2000），朗肯理论便是在边界条件非常简单时的一个实例。Prandtl（1920）解得了地基承载力的闭合解。

滑移线法和条分法的主要区别就是前者假定土体的每一个单元都达到了极限平衡状态，而后者只假定土体沿滑裂面达到了极限平衡。严格的条分法通过合理性条件也对土条的应力状态作出限制，但仍允许一部分土体处于弹性状态，因而得到的通常是一个偏保守的解，属于下限解范畴。滑移线法由于假定破坏土体处处达到极限平衡，因而相应的解是一上限解。但目前在边坡稳定分析领域，普遍使用条分法，其原因如下：①滑坡时确实存在着一个明确的滑裂面；②天然边坡包含复杂的土质和边界条件，索科洛夫斯基的纯解析法很难使用（陈祖煜，2003a）。

3.2.2　极限平衡分析条分法

极限平衡法首先假定一个扰动因素，使土体从目前的稳定状态进入极限平衡状态。此时滑体内出现一假想的滑裂面，在该滑裂面上，每一点的法向应力和切向应力都满足 Mohr-Coulomb 强度准则；当滑裂面为一特定形状时，可通过求解静力平衡方程唯一确定相应滑裂面的上述扰动因素的量值。若滑裂面为任意形状，为确定滑裂面的应力分布，需要将滑体分为若干土条，通过分析土条上的力来建立平衡方程；为使问题静定可解，还需要对土条间作用力作一些假定，最终获得使该滑裂面处于极限平衡状态所需的扰动因素的量值（陈祖煜，2003a）。

基于极限平衡理论的条分法，主要包括以下两个基本问题：①对于某一给定的潜在破坏面（如平面、折线形楔体、圆弧滑动面、对数螺线面），基于力学分析和物理上的合理性要求及条间相互作用力的模式或假定及约束条件的不同，建立了对稳定安全系数的求解的简化极限平衡法和严密极限平衡法等各种具体的计算方法，各种计算方法的精度取决于所采用假定的合理性。②对可能存在的所有滑动面，确定临界破坏机构及其相应的安全系数；这类方法仅考虑了土的强度特性（大多采用 Mohr-Coulomb 强度准则），不能考虑土的实际应力-应变关系，从而也就无法得到边坡内的应力、应变与变形的空间分布,同时也无法得知其在加载历史中的发展过程。但因这种方法概念清晰,使用简单方便,故而得到了不断发展并在实际工程中得到了广泛应用。

条分法假定滑面为圆柱形,计算中不考虑土条间的作用力,假设土坡处于极限平衡状态并沿某一假定的滑动面(严格应称滑动带)发生滑动,土坡内各土条满足某种力矩平衡条件,定义安全系数为滑面上全部抗滑力矩与滑动力矩的比值(即力矩定义的安全系数法),通过该平衡条件计算出总的抗滑力矩和滑动力矩,进而计算出安全系数 F_s。

$$F_s^i = \frac{M_f^i}{M^i}, \quad i = 1, 2, 3, \cdots, n \tag{3.1}$$

式中,F_s^i 表示与第 i 个假定滑动面对应的安全系数;M_f^i 表示第 i 条假定滑动面下方土体对上方滑体可能提供的最大抗滑力矩;M^i 为对应的假定滑动面上方的滑体产生的实际滑动力矩,从中选出一个最小值作为边坡的整体安全系数。

Bishop(1955)定义安全系数为整个滑动面上的抗剪强度与实际荷载所产生的剪应力之比。

$$F_s^i = \frac{\tau_f^i}{\tau^i}, \quad i = 1, 2, 3, \cdots, n \tag{3.2}$$

式中,τ_f 为抗剪强度;τ 为剪应力;i 具有式(3.1)相同的含义。从形式上看,该定义除了用力代替了力矩外与式(3.1)没有不同,但是它使安全系数具有更加明确的物理意义:不管滑动面为何种情况,只要将滑动面上的剪应力沿滑动曲面积分即可算出实际的滑动力,将滑动面上的抗剪强度沿滑动曲面积分就可以得到抗滑力,使用范围变得更为广泛,为以后非圆弧滑动分析及土条界面上条间力的各种考虑方式提供了有利条件;同时也使得安全系数具有强度储备的性质。

Duncan(1996)指出边坡安全系数可以定义为使边坡刚好达到临界破坏状态时,土剪切强度的折减程度,即定义安全系数是土的实际剪切强度与临界破坏时的剪切强度的比值。Duncan 关于抗剪强度折减的定义实质上与用剪应力定义是一致的,但它为土坡稳定性分析的数值实施提供了理论依据,利用这个定义可通过数值计算得到边坡的整体安全系数。

目前被广泛使用的方法有瑞典圆弧法(Fellenius,1936)、简化 Bishop 法(Bishop,1955)、Janbu 法(Janbu, 1957)、Morgenstern-Price 法(Morgenstern et al., 1965)、Spencer 法(Spencer, 1967)、陆军工程师团法(US Army Corps of Engineers,1967)、Sarma 法(Sarma,1973)、Fredlund-Krahn 法(Fredlund et al.,1977)等。一般将部分满足力和力矩平衡的方法称为简化条分法,同时满足力和力矩平衡的方法称为通用(或严格)条分法,表 3.1 中列出了几种不同假定条件下的条分法。

表 3.1　几种极限平衡条分法(陈祖煜，2003a)

分类	条分法名称	简化假定	力平衡	力矩平衡	作者及时间
简化条分法	瑞典条分法	假定条间无任何作用力	部分满足	满足	Fellenius(1936)
	简化 Bishop 法	假定条块间只有水平作用力	部分满足	满足	Bishop(1955)
	简化 Janbu 法	假定土条间只有水平作用力	全部满足	不满足	Janbu(1954)
	传递系数法	假定了条间作用力的方向	满足	部分满足	潘家铮(1980)
	陆军工程师团法	假定土条间作用力有一倾角	全部满足	不满足	US Army Corps of Engineers(1967)
通用条分法	Sarma 法	条块间满足极限平衡条件	全部满足	满足	Sarma(1973；1979)
	Janbu 法	假定条间作用力的位置(土条中部偏下各土条形成作用线)	全部满足	满足	Janbu(1973)
	Spencer 法	假定条块间水平与垂直作用力之比为常数(即作用力方向)	全部满足	满足	Spencer(1967)
	Morgenstern-Price 法	条间切向力和法向力之比与水平向坐标间存在函数关系	全部满足	满足	Morgenstern 等(1965)
	Leshchinsky 法	条底法向力的分布及大小	全部满足	满足	Leshchinsky 等(1992)

对于简化条分法，瑞典圆弧法完全没有考虑条间力的作用，理论上存在明显的缺陷，计算结果与其他方法相差较大，因而在应用上已逐渐淘汰；简化 Bishop 法虽然不完全满足滑体整体平衡条件，但其适合圆弧滑面，且迭代求解简单，因此应用广泛，其计算结果也得到工程上的认可。Morgenstern 等(1965)首次提出通用条分法以来，对该方法的研究一直是边坡稳定分析条分法的热点；Baker 等(1978；1977)在假定了作用于滑面的法向力基础上，引入变分法原理，得到滑面是对数螺旋线的结论，但是受到质疑(Castillo et al.，1982；Luceno et al.，1980)；Chen 和 Morgenstern(1983)建立了土条的力和力矩平衡的微分方程，采用 Newton-Raphson 迭代法进行求解，该方法是在滑面的形状、静力平衡要求、多余未知参数的选定等方面不做假定的严格方法。然而，这些方法计算过程相对复杂，需要烦琐的迭代求解，同时有时收敛性得不到保证，因此工程应用受到限制。Morgenstern(1992)认为，在通用条分法的计算理论方面进行更多的研究工作，不会对深化这一领域的认识带来实质性的影响；但仍有相关研究成果(Leshchinsky et al.，1992；Leshchinsky，1990)。

Whitman 等(1967)认为，简化 Bishop 法、简化 Janbu 法、Morgenstern-Price 法和 Spencer 法等方法的计算安全系数相差不大，而瑞典圆弧法和这些方法相差是比较明显的，甚至可达 60％以上。Janbu(1980)等从理论的角度分析了各种方法计算的安全系数的关系。Fredlund 等(1981)分析了边坡力平衡的安全系数及力矩平衡的安全系数的关系，简明地给出了不同计算方法的安全系数之间的关系。Duncan(1996)对边坡稳定分析的条分法和有限元法的进展做了综述报告，对于各种条分法的计算精度和适用范围，得出以下几点经典的结论：①在边坡几何形状、容重、强度指标和孔压可简化的情况下,边坡稳定分析的图表法可得到有用的结果。②传统的瑞典圆弧法在平缓边坡和高孔隙水压情况下进行有效应力法分析时是非常不准确的。该法的安全系数在 $\varphi=0$ 分析中是完全精确的,对于圆弧滑面的总应力法可得出基本正确的结果,此法的数值分析不存在问题。③简化 Bishop 法在所有情况下都是精确的(除了遇到数值分析困难情况外),其局限性表现在仅适用于圆弧滑面及有时会遇到数值分析问题。如果使用简化 Bishop 法计算获得的安全系数反而比瑞典法小,那么可认为 Bishop 法中存在数值分析问题。基于这个原因,同时计算瑞典法和 Bishop 法,比较其结果,是一个较好的选择。④仅使用力的平衡方法计算的安全系数对所假定的条间力方向极为敏感,条间力假定不合适将导致安全系数严重偏离正确值;与其他考虑条间作用力方向的方法一样,此方法存在数值分析问题。⑤满足全部平衡条件的方法(如 Janbu 法、Morgenstern-Price 法和 Spencer 法)在任何情况下都是精确的(除非遇到数值分析问题);这些方法计算的成果相互误差不超过 12%,一般认为相对于正确答案的误差不会超过 6%,所有这些方法也都有数值分析问题。

20 世纪 70 年代,国内潘家铮提出了滑坡极限分析的两条基本原理——极大和极小值原理,即边坡有可能沿许多滑动面滑动,则失稳时它将沿抵抗力最小的那一个滑动面破坏(极小值原理);滑坡体的滑动面确定后,则滑动面上的反力及滑坡体内的内力皆能自行调整,以发挥最大的抗滑能力(极大值原理);并在 1980 年指出了国外有些文献中将极大改为极小的错误,所提出的这两条原理是相辅相成的,是边坡极限分析的重要理论,也是对边坡稳定分析力学原理精辟的总结和重要的发展(潘家铮,1980)。张天宝(1980;1978)通过对简单和复合边坡稳定系数函数的数值分析,全面归纳了简单边坡的最危险滑弧的变化规律和复合边坡最危险滑动面分析的多极值规律,对于简单边坡制成了可供查用的数表和曲线;对于复合边坡认为:①只有对滑出点相同的滑弧,在 k 等值曲线图中研究极值区个数才具有实际意义;②滑出点相同时,滑弧穿越不同的土层的组合数,一般就是理论上安全系数 k 的极小值个数。阎中华(1983)也开展了这方面的研究工作,得出了类似的结论。孙君实(1984)在 Morgenstern-Price 和潘家铮工作的基础上,利用虚功原理,根据 Drucker 公设,证明了潘家铮的极大值定理;利用模糊数学工具,建立了边坡稳定安全系数的模糊函数和模糊约束条件,并与传统的安全系数和最小安全系数相对应,提出了安全系数的模糊解集和最小模糊解集的概念。

Espinoza 等(1994;1992)给出了边坡稳定极限平衡条分法的统一理论框架及计算公式;朱大勇(1997)认为边坡临界滑动面不是孤立的,而是共生于一簇危险滑动面中,因此引入临界滑动场概念,通过数值方法求解临界滑动场,进而获得临界滑动面及其对应的最小安全系数;该方法能将所有可能的危险滑动范围同时显现,且由临界滑动场能快速定出边坡临界滑动面。陈祖煜(1998b)在建筑物的抗滑稳定性分析中进一步证明了潘家铮的极大和极小值原理。Timothy 等(1998)、陈祖煜等(2001)等将二维 Spencer 法推广到三维,同时满足了静力平衡条件与整体力矩平衡条件,取得了较好的效果。郑颖人等(2001)对边坡稳定性的发展做了较全面系统的概括和总结,给出了单阶斜坡、多阶斜坡的安全系数定义,并对瑞典条分法、Bishop 法和 Spencer 法三种方法的精度进行了比较,认为瑞典条分法计算出的安全系数最低,Bishop 法、Spencer 法分别比其高出 6%～7%和 8%～10%。杨明成等(2002)根据极限平衡原理和 Mohr-Coulomb 破坏准则,应用最优控制理论思想,充分考虑运动许可条件,建立了能同时确定边坡临界滑动面和最小安全系数的局部最小安全系数法。朱禄娟等(2002)探讨了二维边坡稳定性分析方法的各种统一计算公式研究,丰富了边坡稳定分析方法。陈祖煜(2003a)通过大量的算例和工程实例讨论了条分法数值计算中存在的问题及简化方法的精度和局限性。

极限平衡条分法简单易用并积累了丰富的工程使用经验,对于简单边坡计算精度比较高,通过一些假定能处理比较复杂的边坡,但是极限平衡条分法具有其自身的局限性:它需要事先假定一滑动面,对于均质边坡比较容易假定出可能的滑动面,而对于成层土、土层性质差异较大的非均质地层,以及存在节理裂隙的岩体边坡,其潜在滑动面并非圆弧形,很难通过假设确定,因此极限平衡条分法受到了限制,同时极限平衡条分法本身对条间力或作用方向作了较大的人为假定,特别是极限平衡条分法只能给出边坡的安全系数及相应的滑动面位置、形状,无法考虑边坡内部岩土体的应力-应变关系,也不能求得滑体内部或滑动面上的真实内力或反力,因此采用可以考虑岩土体应力-应变关系的有限元法成为发展趋势。

3.3　边坡稳定有限元分析的发展

自 Clough 等(1967)发表关于坝基边坡方面的有限元分析论文以来,国内外学者把有限单元法几乎运用到了岩土工程领域的各个方面。分析国外四十多年来研究边坡变形和破坏的有限元分析成果,发现根据几何方程的不同,将其分为小变形有限单元法(几何方程是线性的,边坡荷载引起的边坡位移和应变都是很小的)和大变形有限单元法(几何方程是非线性的,边坡荷载引起的边坡位移或应变不可忽略,不能忽略变形前后边坡构形的变化),如图 3.3 所示。

基于滑面上应力分析的有限元分析方法首先进行有限元计算,得到边坡的应力场,插值得到给定的某种形式的滑面上的应力,计算安全系数用优化方法搜索全局最小安全系数。这类方法在计算滑面上的应力时在滑面上给定的点所处的单元内进行插值,它们的差别主要体现在滑面的形状及其相应的优化方法上,所以该类方法的实质是研究如何对一个无显式表达式的变量寻找最小值的问题,即优化方法的研究。Naylor(1982)定义圆弧滑面上的安全系数为整个滑面上抗滑力的和与

```
                                    ┌──────────────────────────────────────────────┐
                   ┌─────────┐      │ 线弹性有限元分析, Kulhawy 等(1972)、Palmerton(1972)、│
                   │ 小变形   │──────│ Raymond (1972)、Cavounidis 等(1977)等          │
                   │ 有限元分析│      └──────────────────────────────────────────────┘
          ┌────────│         │
          │        │         │      ┌──────────────────────────────────────────────┐
          │        └─────────┘      │ 非线弹性有限元分析,Clough 等(1967)、Eisenstein(1975)、│
          │                  └──────│ Snitbhan 等(1976)、Eisenstein 等(1979)、Peirce 等(1984)、│
┌─────────┐                         │ Kohgo 等(1988)、Borja 等(1990)等               │
│ 边坡     │                         └──────────────────────────────────────────────┘
│ 有限     │
│ 元法     │                         ┌──────────────────────────────────────────────┐
│ 分析     │                         │ 完全拉格朗日法,Hibbitt 等(1970)等               │
└─────────┘                         └──────────────────────────────────────────────┘
          │        ┌─────────┐
          │        │ 大变形   │      ┌──────────────────────────────────────────────┐
          └────────│ 有限     │──────│ 欧拉方法,Osias 等(1974)、Wiberg 等(1990)等       │
                   │ 元分析   │      └──────────────────────────────────────────────┘
                   └─────────┘
                                    ┌──────────────────────────────────────────────┐
                                    │ 更新拉格朗日法,Memeeking 等(1975)、Chai 等(1995)、│
                                    │ Meroi 等(1995)等                               │
                                    └──────────────────────────────────────────────┘
```

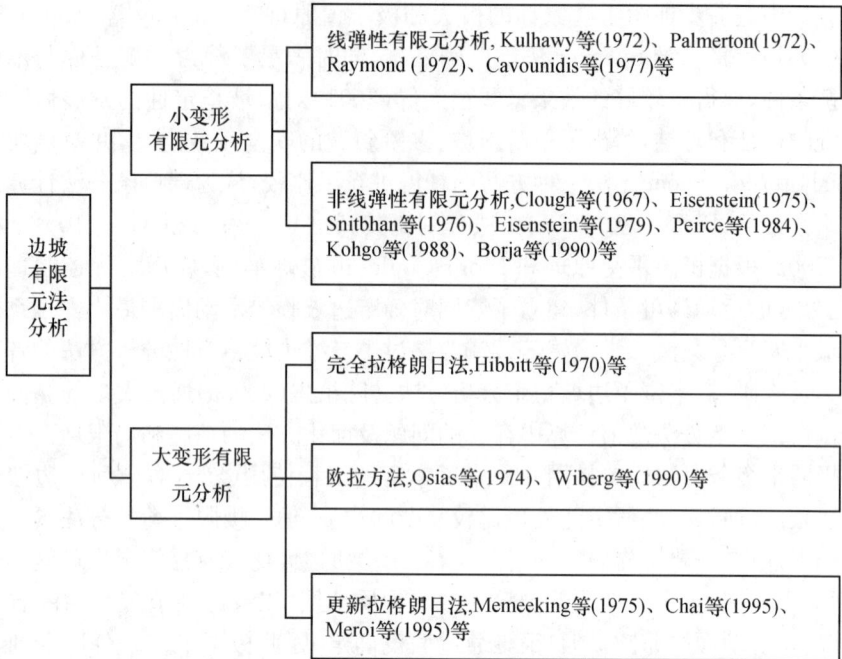

图 3.3　边坡有限元法分析的发展

滑力的和之比,按照条分法对滑面分段,得到滑面上的计算点,滑面上点的应力由该点所处单元的有限元计算应力插值得到,用滑面和有限元网格的交点对圆弧分段,计算这些线段滑力和抗滑力,同时对一个单元内的线段上应力的插值进行了优化。Kim 等(1997)用滑弧和单元的交点对滑弧分段,在应力插值时对一个单元内弧段上的应力进行了优化。圆弧滑面的最小安全系数及其潜在危险滑面的确定比较简单,有很多优化的数值方法可以应用,但对复杂土层必须避免陷入局部极小值。

　　非圆弧滑面同圆弧滑面的边坡分析相比较,前者及其安全系数的搜索比较复杂,是一个多自由度的约束优化问题。Giam 等(1988)年提出了一种由有限元计算得到的应力场来确定临界滑裂面及最小安全系数的模式方法,称为 CRISS 法。Kim 等(1997)根据有限元的计算结果选择一个初始的圆弧滑面,然后将初始滑面分为 n 段(开始 n 可以很小以减少自由度),用非线性规划的单点定向移动法寻找新的滑面;用每个线段的中点,将新的滑面分为 $2n$ 段,重新寻优,直到滑面光滑为止,选择新的初始滑面重新开始,直到找到最小安全系数及其相对应的滑面。Yamagami 等(1988)将动态规划法中的阶段和状态点与应力分析所采用的单元网格相同,但为了求得土体表面处单元节点间可能存在的滑动面起始点和终止点,在实际土坡范围外设置虚拟计算单元。Zou 等(1995)和 Pham 等(2003)通过另外建立一套搜索网格来构造动态规划模型,不是利用已有单元网格而是运用动态规划法对临界滑动面进行搜索并计算相应的最小安全系数,得出了比较理想的结果。邵龙潭等(2002)对该类方法也进行了研究。这些方法都是有限元法及其他方法联合求解安全系数的方法(复合方法),可参见陈祖煜(2003a)及吕擎峰(2005)的介绍。

因极限平衡法及过渡类型方法存在很大的局限性(图 3.4),故而克服其局限性的有限元强度折减法是近年来有限元边坡稳定研究的热点,这将在 3.4 节中详述。

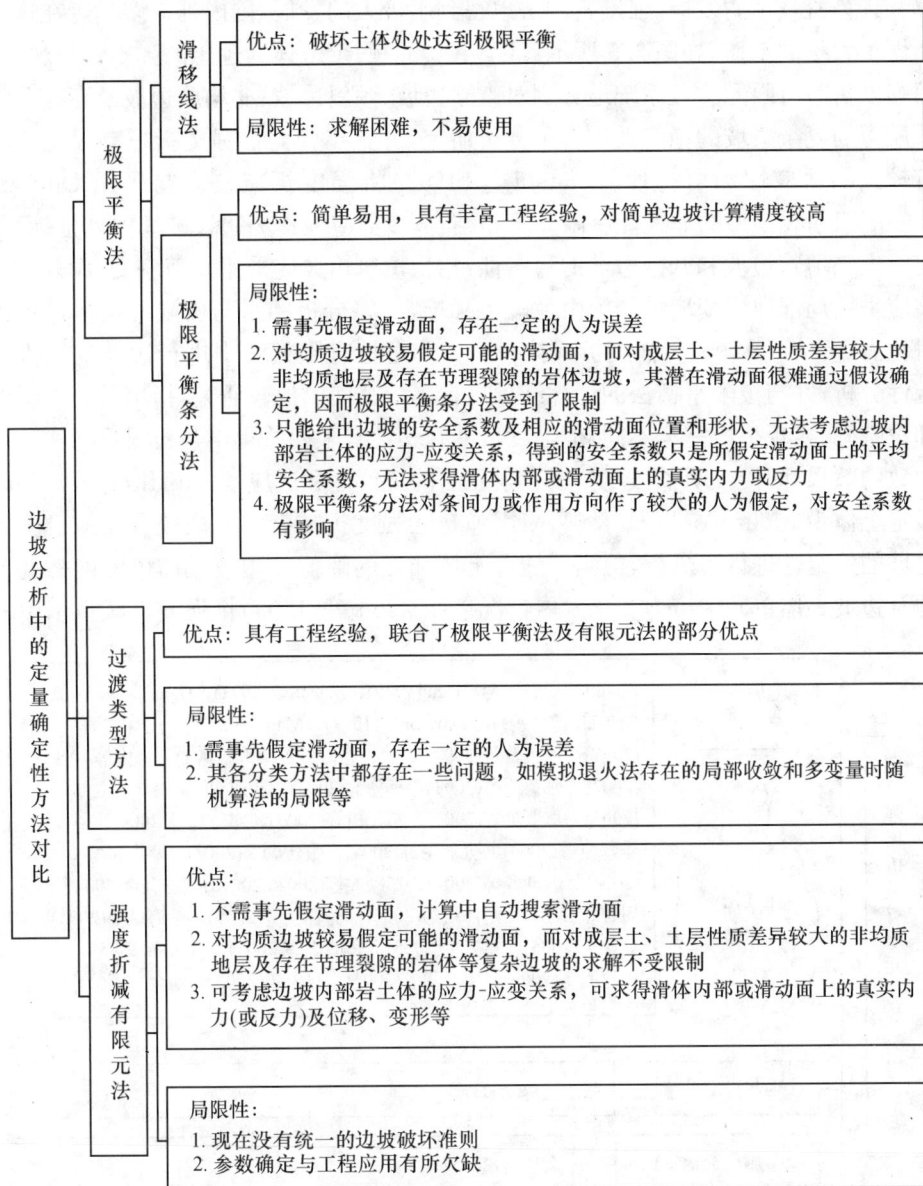

图 3.4　边坡分析中的定量确定性方法对比

3.4　强度折减法发展及研究现状

　　强度折减概念由 Zienkiewicz 等(1975)最早提出并用于边坡的稳定性分析,限于当时数值计算和计算机水平而未能得到大的发展,直到近十几年来,随着数值计算和计算机技术的发展,强度折减法也得到了极大的发展,国内外许多学者在这方面做了大量的工作,如图 3.5 所示。Ugai(1989)假定土体为理想的弹塑性材料,采用强度折减有限元法较系统地分别对直立边坡、倾斜边坡、非均质边坡及存在孔隙水压力的复杂边坡的稳定性进行了分析研究,并指出弹塑性强度折减有限元法具有较强的适应性和可行性。Matsui 等(1992)将强度折减技术与采用 Duncan-Chang 双曲线模型的非线性有限元法相结合,以剪应变作为边坡破坏评判指标,研究了人工填筑边坡和开挖边坡的稳定性,指出填筑边坡应采用总剪应变,而开挖边坡应采用局部剪应变增量作为失稳破坏标准,并将分析结果与极限平衡法进行了对比。Ugai 等(1995)将强度折减技术引入弹塑性有限元法中进行边坡的三维稳定性分析,并与极限平衡法的计算结果进行了较全面的比较研究,指出尽管二者的理论基础、实现手段完全不同,但强度折减弹塑性有限元法得出与极限平衡法几乎一致的效果,间接说明了强度折减有限元法的可信性和适应性;Griffiths 等(1999)假定土体为 Mohr-Coulomb 材料,采用弹塑性强度折减有限元法较全面地对多个边坡的稳定性进行了分析,得到了随着土体强度的降低的边坡土体单元网格变形图及边坡土体单元中应力变化发展情况。Dawson 等(1999)将强度折减技术引入

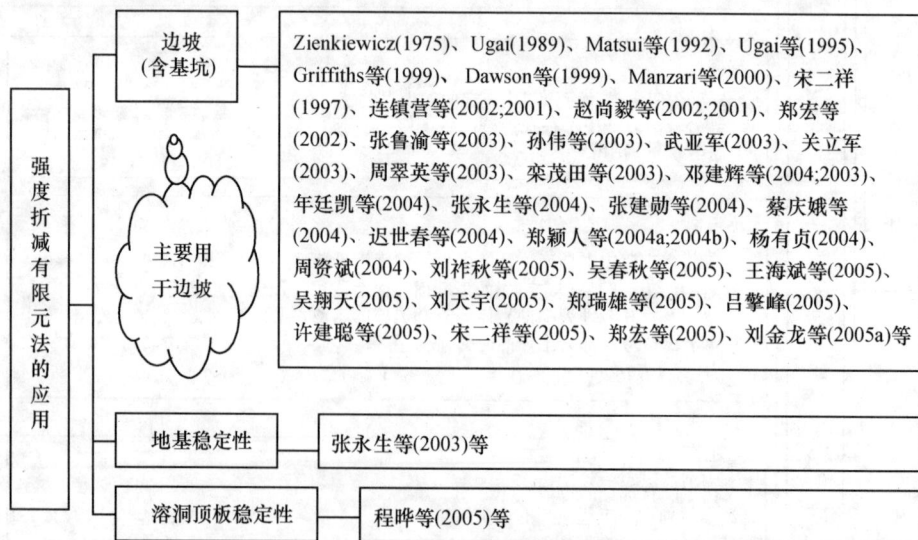

图 3.5　强度折减有限元法的应用

FLAC 法中进行堤坝边坡的稳定性分析；Manzari 等(2000)采用强度折减有限元法,对土的剪胀性对边坡稳定性的影响进行了研究。

宋二祥(1997)采用强度折减法(文中关于安全系数的定义:结构所具有的承载力与承受荷载所需要的承载力之比,其定义与强度折减法一致)对边坡的稳定性进行分析,并以边坡中某一部位的位移变化作为收敛指标。连镇营等(2001)用强度折减有限元方法对开挖边坡的稳定性进行研究,当折减系数达到某一数值时,边坡内一定幅值的广义剪应变自坡底向坡顶贯通时边坡破坏,此前定义的折减系数为安全系数,并认为:与强度指标相比,弹性模量、泊松比、剪胀角和侧压力系数对边坡的安全系数影响不大,开挖边坡与天然边坡具有相似的破坏形式。赵尚毅等(2001)将强度折减有限元法应用到边坡稳定分析中,并结合工程算例,对边坡加锚杆前后的稳定性进行了分析,并与传统的求稳定系数的方法进行了比较。连镇营等(2002)采用三维弹塑性有限元法,对土钉支护进行了边开挖、边安装土钉、喷射混凝土面层的施工过程进行了数值模拟分析,通过强度折减技术探讨了土钉支护的稳定性。赵尚毅等(2002)认为通过强度折减,使系统达到不稳定状态时,有限元计算将不收敛,此时的折减系数就是安全系数,同时认为安全系数的大小与所采用的屈服准则有关,并对几种常用的屈服准则进行了比较,导出了各种准则互相代换的关系。郑颖人等(2002)通过对边坡非线性有限元模型进行强度折减,使边坡达到不稳定状态时,非线性有限元静力计算将不收敛,可得到边坡破坏时的滑动面及传统条分法无法获得的岩质边坡的滑动面与稳定安全系数;同时对该方法的计算精度及影响因素进行了分析,结果表明采用 Mohr-Coulomb 等面积圆屈服准则求得的稳定安全系数与简化 Bishop 法的误差为 3%~8%,与 Spencer 法的误差为 1%~4%。

郑宏等(2002)分析讨论了目前在利用弹塑性有限元法求解安全系数时所存在的一些问题,指出在对强度参数折扣的同时,必需满足 φ 和 μ 不等式:$\sin\varphi \geqslant 1-2\mu$,才能使所求得的安全系数接近于经典的极限平衡法。张鲁渝等(2003)较全面地分析了土体屈服准则的种类、有限元法自身计算精度及 H(坡高)、β(坡角)、c(黏聚力)、φ(摩擦角)对折减系数法计算精度的影响,给出了提高计算精度的具体措施。赵尚毅等(2003)通过对节理岩质边坡非线性有限元模型进行强度折减,得到了边坡破坏时的滑动面及边坡的破坏过程,并得到了传统条分法无法获得的节理岩质边坡的稳定安全系数,并通过算例表明了此法的可行性。孙伟(2003a)通过抗剪强度折减弹塑性有限元法研究土坡的总体安全系数及相应的变形状态,通过与传统极限平衡法的对比分析,对强度折减有限元法分析土坡稳定问题的优缺点和适用性进行了评价。

周翠英等(2003)引入计算大变形问题的更新的拉格朗日方法,推导了边坡大变形弹塑性有限元分析的方程式,采用边坡某一幅值的等效塑性剪应变区,从坡脚到坡顶贯通前的折减系数作为边坡安全系数,采用弹塑性大变形有限元分析软件计算了均质土坡不同坡角的安全系数,将与小变形分析的结果进行了对比分析。栾茂田等(2003)将抗剪强度折减法基本概念、弹塑性有限元分析原理与计算结果图形实时显示技术相结合,提出了以广义塑性应变及塑性开展区作为边坡失稳的评判依据,并与以非线性迭代收敛条件作为失稳评判指标的强度折减有限元法进行了对比。武亚军(2003)对强度折减有限元法分析边坡稳定性进行了较为详细的讨论,并对破坏准则的选择进行了对比,同时分析了几种情况下边坡的稳定性。张永生等(2003)论述了用强度折减系数弹塑性有限元法进行水闸地基整体稳定性分析的必要性及具体实施方法,对屈服准则、安全系数、地基荷载及非线性方程组求解做了一般论述,通过与 Prandtl 解对比说明了用理想弹塑性有限元进行水闸地基稳定分析是可行的,并对一般荷载作用下的闸基稳定进行了分析。

邓建辉等(2003)建议了一种基于强度折减概念的滑带土抗剪强度反分析方法,即通过逐步折减滑动面的强度参数,使滑动面的塑性区完全贯通,此时的塌滑体处于极限状态,所用强度参数即为滑带土的平均抗剪强度参数,并对洪家渡水电站 1# 塌滑体进行反演计算。邓建辉等(2004)结合乌江洪家渡 1# 塌滑体加固设计工程,探讨了滑动面已知的条件下滑坡稳定性的三维分析方法,并模拟了塌滑体在天然状态下处于极限平衡状态时的滑动方向,同时还使用其应力成果计算了塌滑体的三维安全系数,建议了基于强度折减概念的三维加固安全系数计算方法。年廷凯等(2004)从极限分析机动学方法出发,利用土的抗剪强度折减系数概念,建立了土坡的极限平衡状态方程,由此确定土坡的临界稳定安全系数及其相应的潜在破坏模式,对于典型问题,通过与现有极限平衡解和有限元数值解的对比分析,验证了这种上限解法的合理性。周资斌(2004)基于有限元法,通过对边坡岩土体材料参数的折减和判断有限元计算收敛性,直接获得边坡稳定安全系数值;并且利用有限元的计算成果,根据塑性区塑性应变等值线分布情况来确定边坡最危险滑面位置。

张永生等(2004)采用了抗剪强度折减法弹塑性有限元研究渗流作用下土质渠道边坡的稳定性问题,采用 Mohr-Coulomb 准则,同时考虑了土体拉伸屈服及拉伸屈服后强度软化对土体稳定性的影响,完善了屈服准则,编制了相应的计算程序;其程序的适应性算例所得的稳定安全系数比简化 Bishop 法小 1.2%~5.8%。张建勋等(2004)采用土工有限元软件 Plaxis 8.1 研究了强度折减法有限元分析土坡稳定的若干问题,着重讨论了土体参数选用及计算域范围和土体本构参数对该法求土坡安全系数的影响。蔡庆娥等(2004)应用有限元强度折减系数法,对公路边坡的变形与稳定性进行了运算分析,得到了 3 种工况下的边坡稳定安全系数,分析论证了锚索、索间土体、挡墙背后填土对边坡稳定性的影响。关立军(2003)、迟世春等(2004)运用连续介质显式拉格朗日有限差分方法,通过逐步折减土体的抗剪强度来分析土坡稳定的安全系数,并根据计算结果提出了界定土坡破坏的坡顶位移增量标准。杨有贞(2004)利用强度折减弹塑性大变形有限元法对边坡进行了分析,同时对边坡在天然情况下的位移场、应力场、稳定塑性区的发展进行了分析,将计算结果与弹塑性小变形有限元法、极限平衡法及滑移线场理论进行了比较。

郑颖人等(2004b)认为采用力和位移的收敛标准作为边坡破坏的判据是合理的,并对有限元强度折减法的计算精度和影响因素(屈服准则、流动法则、有限元模型本身及计算参数)进行了详细分析,给出了提高计算精度的具体措施,采用徐干成等(1990)提出的 Mohr-Coulomb 等面积圆屈服准则求得的稳定安全系数与传统 Spencer 法的误差在 5% 左右,并认为平面应变条件下可采用 Mohr-Coulomb 模型匹配 Drucker-Prager 准则,还将此法应用于岩质边坡的稳定分析。郑颖人等(2004a)。采用有限元强度折减法来考虑岩土介质与支挡结构的共同作用时,也应要求作用在支挡结构上的岩土侧压力与传统方法计算得到的岩土侧压力大体相当,以此根据岩土介质与支挡结构的共同作用来确定支挡结构的内力,并采用有限元强度折减法得到了滑坡推力的大小和分布,且通过有限元桩-土共同作用模型计算得到了抗滑桩的弯矩和剪力,并与传统方法进行了比较。

刘祚秋等(2005)将强度折减法应用于土质边坡稳定及加固边坡的弹塑性有限元分析中,提出了以某一幅值的总等效塑性应变区,从坡脚到坡顶贯通时为边坡破坏的标准,且根据边坡临界破坏时的等效塑性应变区确定滑动面位置。吴春秋等(2005)针对目前用有限单元法分析边坡稳定时对临界状态判别存在的一些问题和不足,提出了边坡稳定临界破坏状态的动力学评判方法,以加速度是否为零作为边坡是否稳定的判据,在分析滑动本质的基础上,提出通过搜索剪应变最大的点以确定临界滑裂面的方法。王海斌等(2005)认为在不同计算区域采用不同的本构模型进行边坡稳定性分析,能有效地消除有限元分析中的边界效应,真实地反映出边坡的受力状态,并应用强度折减系数法求得边坡的稳定安全系数,并与极限平衡法的结果进行比较,同时也分析了高边坡和带有软弱夹层的边坡。

吴翔天(2005)运用强度折减法分析边坡加固前后的稳定性,认为计算程序不收敛,塑性区贯通坡体,则边坡失稳;同时揭示降水引起边坡土体强度降低,坡体重量增加,是导致边坡破坏的主要因素,并分析了一个公路边坡实例。程晔等(2005)综合运用强度折减技术、弹塑性有限元和二分法探讨基桩下溶洞顶板稳定性的评价方法。郑颖人等(2005a)指出经典岩土工程极限分析方法一般采用解析方法,有些还要对滑动面作假设,且不适用于非均质材料,尤其是强度不均的岩石工程,从而使极限分析法的应用受到限制;而极限分析有限元法能通过强度降低或者荷载增加直接算得岩土工程的安全系数和滑动面。吕擎峰(2005)利用对强度折减有限元法分析边坡破坏的准则进行了讨论,并利用强度折减有限元法对边坡进行稳定性分析。刘天宇(2005)对边坡稳定进行有限元数值分析,以广义塑性应变作为边坡失稳指标,依据广义塑性应变分布区的产生、发展乃至相互连通作为边坡失稳的判据,计算了垂直边坡和两例天然边坡的稳定安全系数,并与采用三轴压缩条件下土的强度参数的计算结果进行对比分析。

郑瑞雄等(2005)根据抗剪强度折减系数理论,并结合 FLAC3D 三维动态仿真模拟,分析了基坑土钉墙在开挖与支护作用下的应力场与位移场分布形态特征,据此得出其发生扰动后的综合强度参数,以此计算基坑坡体的安全系数。许建聪等(2005)认为有限元强度折减法可以作为极限平衡分析方法的一种逆过程,并根据已有文献报道和工程实践,建立有限元强度折减法与极限平衡法计算稳定性系数的数理统计相关式,确定有限元强度折减法中滑体(包括滑带)的强度参数和重度、精确划分网格和收敛准则等原则;通过工程实例分析认为采用不分离接触弹塑性有限元强度折减法分析高度非线性问题的风化岩质顺层滑坡稳定性,可反映滑坡变形、破坏的实际情况。宋二祥等(2005)针对基坑土钉支护讨论其安全系数的强度参数折减有限元计算方法,包括土钉支护体系的三维有限元模型安全系数的折减强度参数、计算极限状态的确定及极限状态下的计算方法等,并给出算例展示了所建议计算模型和方法的有效可靠性。

郑宏等(2005)证明了关联流动条件下的弹塑性矩阵在硬化、理想塑性和软化情况下分别为正定、半正定(亏一秩)和非正定矩阵,然后利用理想弹塑性矩阵的奇异性证明当边坡达到极限平衡状态时,坡内必存在一个由坡底贯通到坡顶的单元层,该单元层内的所有单元全都进入塑性状态,为利用等效塑性应变或塑性功的等值线图来判别边坡的极限状态找到了力学依据;还定性分析了利用强度折减系数有限元法在分析边坡问题时塑性区往往被夸大的本质原因。刘金龙等(2005a)认为,在边坡稳定性分析中采用强度折减弹塑性有限元方法时所得到的总体安全系数在一定程度上依赖于所采用的失稳评判标准,有限元计算的数值收敛性受多种因素的影响,经计算分析建议在边坡稳定性分析的强度折减有限元方法中联合采用特征部位位移的突变性和塑性区的贯通性作为边坡的失稳判据。

3.5　有限元方法分析边坡失稳的破坏判断准则

边坡滑动破坏是边坡最常见的一种破坏形式,而滑动是由于剪应变和位移造成的一种运动(Huang,1988)。Leroueil(2001)指出,即使是连续的各向同性材料的简单边坡,其性状也是复杂的;为简化分析,将边坡的运动分为四个阶段(图 3.6):①破坏前,此阶段包括引起破坏的所有变形过程,主要由应力改变、蠕变及渐进破坏等引起的变形控制;②破坏点,此点反映了已经形成通过所有土体的连续剪切面;③破坏后,包括从刚刚破坏到滑坡停止运动因滑坡引起的土体的运动,通常由随变形速率减少而变形率增加反映;④重新活动阶段,土体沿先前形成的一个或数个剪切面重新滑动。

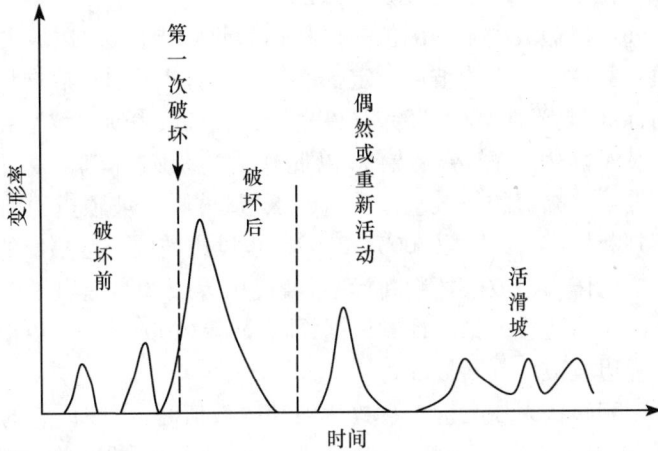

图 3.6　边坡运动的不同阶段图(Leroueil et al. ,1996;Vaunat et al. ,1994;Leroueil,2001)

　　随着边坡各种环境因素的变化,边坡的稳定性也随着变化,位移速率(位移增量与时间增量之比)也随之变化,当边坡达到临滑状态时,边坡稳定安全系数降低到 1.0,位移速率会突然急剧增加,并很快导致边坡失稳破坏,由此可得出边坡稳定性与位移速率变化趋势间存在比较密切的关系,因此,人们通常利用实测位移来判断边坡稳定性;利用有限元分析边坡稳定时,通过降低边坡岩土体的抗剪强度,改变边坡稳定性,分析计算过程中不同强度折减系数时的边坡内各点水平位移的变化趋势,滑坡体内各点的水平位移增量会随着边坡的抗剪强度的折减不断增加,出现与滑坡发生前现场位移速率监测资料相似的规律,当边坡的抗剪强度折减到一定程度后,水平位移增量的增长程度突然急剧增大,而当边坡的抗剪强度继续折减,边坡坡顶水平位移增量的增长程度将会在达到顶点后逐步降低,但此后变化规律不太明显。

　　Zienkiewicz 等(1975)以最大节点位移作为边坡失稳的指标;Donald 等(1985)用某个节点的位移和折减系数的关系曲线处理为两段直线,用两直线的交点对应折减系数作为安全系数;Ugai(1989)指定迭代上限为 500 次,有限元计算的残差位移的收敛标准为 10^{-5},如果迭代次数达到 500 次而残差位移仍小于 10^{-5},则判定边坡失稳。Matsui 等(1992)以剪应变作为边坡破坏评判指标,并指出填筑边坡应采用总剪应变,而开挖边坡应采用局部剪应变增量作为失稳破坏标准,Griffiths 等(1999)则认为有限元计算残差力与外力比值超过某一限值(如 10^{-3})时边坡失稳,或指定有限元计算的迭代次数达到 1000 次,若残差力与外力比值仍未收敛于 10^{-3} 内,也认为边坡失稳,或者以一无量纲位移 $E\delta_{max}/\gamma H^2$(其中 E 为土体的变形模量,δ_{max}为收敛点的最大节点位移,γ为边坡土体重度,H为边坡高度)有一个突然增加时,边坡失稳。Dawson 等(1999)也以迭代次数及节点不平衡力(残差力)与节点外荷载的比值(10^{-3})作为边坡失稳条件。

宋二祥(1997)以边坡中某一部位的位移作为收敛指标(即边坡失稳的破坏判断标准);连镇营等(2001)以边坡内一定幅值的广义剪应变自坡底向坡顶贯通作为边坡破坏判断标准;赵尚毅等(2002)、张鲁渝等(2003)认为使边坡达到不稳定状态时,非线性有限元静力计算将不收敛,以此作为边坡破坏判断标准;周翠英等(2003)采用边坡某一幅值的等效塑性剪应变区,从坡脚到坡顶贯通前的折减系数作为边坡破坏判断标准;孙伟等(2003a;2003b)也以边坡内一定幅值的广义剪应变自坡底向坡顶贯通作为边坡破坏判断标准;栾茂田等(2003)提出了以广义塑性应变及塑性开展区作为边坡失稳的评判依据;邓建辉等(2004;2003)以滑动面的塑性区完全贯通作为边坡破坏判断标准。

迟世春等(2004)认为强度折减系数达到某一数值时,土坡顶点的水平位移会快速增加,据此提出了界定土坡破坏的坡顶位移增量标准,即坡顶位移增量与折减系数增量之比大于系数 s_c 为土坡破坏;郑颖人等(2004b)认为采用力和位移的收敛标准作为边坡破坏的判据是合理的;刘祚秋等(2005)提出了以某一幅值的总等效塑性应变区,从坡脚到坡顶贯通时为边坡破坏的标准;吴春秋等(2005)提出了边坡稳定临界破坏状态的动力学评判方法,以加速度是否为零作为边坡是否稳定的判据;吴翔天(2005)认为计算程序不收敛,塑性区贯通坡体,则边坡失稳;郑颖人等(2005a)认为塑性区从坡脚到坡顶贯通并不一定意味着边坡破坏,塑性区贯通是破坏的必要条件,而非充分条件,需看是否产生很大的且无限发展的塑性变形和位移,有限元计算中表现为塑性应变和位移产生突变。在突变前计算收敛,突变之后计算不收敛,表征滑面上土体无限流动,因此可把有限元静力平衡方程组是否有解,有限元计算是否收敛作为边坡破坏的依据。

郑宏等(2005)认为坡内必存在一个由坡底贯通到坡顶的单元层,该单元层内的所有单元全都进入塑性状态,并以等效塑性应变或塑性功的贯通作为边坡破坏判断标准,刘金龙等(2005a)认为,在边坡稳定性分析中采用强度折减弹塑性有限元方法时,所得到的总体安全系数在一定程度上依赖于所采用的失稳评判标准;有限元计算的数值收敛性受多种因素的影响,通常以数值计算的收敛性作为边坡失稳判据,由此所得到的安全系数的合理性及其唯一性受到了质疑,并建议在边坡稳定性分析的强度折减有限元方法中联合采用特征部位位移的突变性和塑性区的贯通性作为边坡的失稳判据。郑颖人等(2005c)认为有限元计算是否收敛或滑面上节点塑性应变和位移突变作为边坡失稳的判断准则。

综上所述,采用有限元法计算边坡稳定时判断边坡失稳的判据有以下几种类型。

（1）以有限元计算不收敛为标准。其认为当边坡处于极限平衡状态时，非线性有限元方程组的迭代过程将不收敛（内含迭代次数或残差力与外力比值）。

（2）以广义剪应变标准或广义塑性应变标准为标准。其认为当边坡达到极限平衡态时，广义剪应变或广义塑性应变的等值线图中，必有一条等值线，通常是数值较小的那条等值线，由坡底贯通到坡顶。

（3）以位移为标准。如坡顶位移增量与折减系数增量之比、残差位移、无量纲位移、特征部位位移或位移的突变等。

（4）以塑性区的贯通为标准，可由塑性应变及塑性功表示。

（5）联合使用（1）～（4）标准中的某几条。

边坡整体失稳将发生于强度软弱带或应力集中区，该部位土体单元将产生不同程度的不可恢复的塑性变形，因而土体的塑性破坏主要与塑性区出现、开展及其重分布紧密相关，若发生塑性变形的软弱带或应力集中区相互贯通，则边坡将在相互贯通的剪切破坏面发生整体失稳。我们认为边坡的破坏是渐进破坏，其破坏发展的过程是塑性区逐步扩展并贯通的过程，也是边坡内各点的水平位移及其水平位移增量发生变化的过程，因此综合边坡破坏、滑动运动等有限元计算及现实中边坡破坏的现场观测结果等资料，认为特征位置水平位移增量的突变及塑性区贯通时边坡发生失稳破坏，具体判别可如图 3.7 所示，为明确边坡破坏时的性状及明确边坡的稳定安全系数，将破坏点的强度折减系数取为边坡的稳定安全系数，以消除有限元计算精度等引起的计算误差；具体计算时则利用图形可视化技术绘制边坡的塑性区分布图，以特征位置水平位移增量发生突变且塑性区贯通判断边坡的稳定性及确定其稳定安全系数。

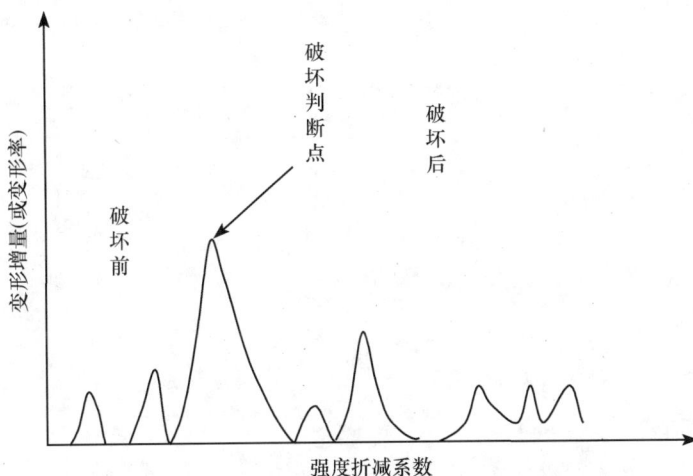

图 3.7　有限元计算判断边坡破坏判断点示意图

3.6 本章小结

本章介绍了边坡稳定性及边坡破坏的研究进展,主要集中于极限平衡法及边坡有限元法的研究进展等,并重点分析了强度折减法的应用现状,同时对边坡破坏的判断准则进行了总结并提出了一个判断准则,本章的主要内容及结论如下。

(1)首先对极限平衡法的研究进展进行了总结,并对边坡有限元法的研究进展及应用分类进行了总结。

(2)重点对强度折减法的应用及在边坡稳定分析中的研究进展进行了综述,并对强度折减法中存在的问题进行了简单分析。

(3)对边坡破坏的判断准则进行了总结,并在研究边坡破坏判断准则基础上结合边坡工程破坏过程中的实际情况提出了一个判断准则。

(4)边坡的破坏是渐进破坏过程,其破坏发展的过程是塑性区逐步扩展并贯通的过程,也是边坡内各点的水平位移及其水平位移增量发生变化的过程,因此综合边坡破坏、滑动等现场观测结果及有限元计算结果等资料,提出采用有限元方法分析边坡失稳的判断准则如下:特征位置水平位移增量发生突变且塑性区贯通,则边坡发生失稳破坏。

第4章 土质边坡稳定 ALE 有限元法分析

4.1 引　言

边坡稳定性问题是土力学的一个重要分支,各种工程建设中,涉及边坡问题也有很多,如各地高速公路等的建设工程中的边坡开挖、防护等问题,自然边坡破坏问题等;因而对边坡的渐进破坏及其稳定问题进行研究具有重要的实际意义。

边坡问题的分析中,其稳定分析是一个十分重要的问题,它对工程的经济性和安全性有着重要的影响,稳定安全系数作为衡量稳定性的安全度指标,其计算结果受到诸多因素的影响,因而正确选择边坡稳定所要求的安全系数,对正确评价工程的稳定性具有十分重要的作用;边坡的渐进破坏分析及破坏时边坡性状也是边坡分析的重要内容,其对边坡处理的经济性及可行性具有重要的意义。

目前,工程设计中常用的边坡稳定分析方法有以下几种:极限平衡法、滑移线场法、上下限分析法及变分法等。这几种方法都有各自的优点,但也有各自的缺点,特别是有些方法还需要作一定的假定,如极限平衡、上限法、滑移线场法等都要对临界滑动面作假定,并且它们不适用于非均质材料,尤其是强度不均时,因而以上方法的应用受到一定的限制(郑颖人等,2005a),同时还无法得到边坡内岩土体的应力、应变、变形等;而有限元法则克服了以上缺点,它不但考虑了变形,还可以对施工过程进行动态模拟,同时在分析边坡稳定过程中不需要假定滑移面的位置和形状,也不需要对岩土体进行分块,通过计算可直接求得边坡的稳定安全系数及其滑移面,同时还可以考虑岩土体的应力-应变关系、剪胀性及支护结构与岩土体的共同作用,能够较准确地满足设计等的要求,也可分析边坡的破坏机理,因而具有很大的优越性。

将有限元法引入边坡稳定性分析中已有四十多年的发展历程,但是到目前为止,这种边坡稳定性的分析方法并未在工程界得到广泛的认可,郑颖人等(2002)认为主要原因如下:①对有限元法中边坡破坏的力学机理不甚清楚,对边坡达到极限破坏状态的判据没有统一的认识;②对于有限元法的具体操作技巧掌握不够。特别是对于影响计算精度的坡体和滑带的计算参数取值、土体的屈服准则的选择、网格划分密度等问题没有统一的标准,导致计算得到的安全系数误差太大,结果可信度低。虽然目前利用有限元等数值方法分析边坡稳定性问题仍没有达到实用阶段,但无可置疑,相比传统的极限平衡法,数值方法具有以下优势。

（1）不需要预先假定破坏面的形状和位置，随着强度参数的折减和数值迭代计算，边坡自然地在土体抗剪强度不能抵抗剪应力的位置发生破坏；同时由于有限元法或无网格法不用条分的概念，因此亦不用假定土条之间的作用力。

（2）可以考虑土体的各种本构关系，且引入变形协调条件，保证了比较严密的理论体系，能得到结构中任意点的应力、应变等全部信息。

（3）可以真实直观地反映塑性区的开展过程及边坡失稳变形的状态和形式。

当前有限元法虽然在边坡分析中得到了一定的应用，但分析过程中的影响因素及边坡破坏判断等都还没有得到明确的结论，因而有必要对边坡破坏及其稳定安全系数进行较系统的讨论；边坡的破坏是一个渐进破坏的过程，其破坏过程中的变形、应变较大（周翠英等，2003），小变形假定不适用，采用小变形的分析必然存在一定的误差，不能客观反映其真实的破坏性状，因而有必要采用大变形分析方法分析其破坏性状；当前对边坡破坏的机理还不是十分明确，因而书中也对边坡的渐进破坏等进行讨论，以便能够及时地、正确地处理边坡工程中的问题。

本章采用大变形 ALE 有限元程序对边坡进行稳定分析，对均质土质边坡、双层地基土质边坡、含软弱夹层边坡及边坡的渐进破坏分别进行讨论，最后对一个边坡工程实例进行分析。

4.2　分岔理论局部化判断标准及土质边坡渐进破坏分析

岩土体、混凝土等岩土类介质都属于非均质材料，承受荷载时，内部存在的微裂纹、微孔洞及颗粒边界都会产生局部的应力集中；当应力集中值超过此区域的材料强度时，这些微小裂隙和孔洞便会不断地扩展与相互连接，导致结构有效承载面积变小，强度降低，最终从宏观上形成一条或数条发生剧烈变形的带状区域，此区域被称为剪切带，这种现象则称为应变局部化现象。自 20 世纪 80 年代，岩土体的应变局部化问题一直是岩土工程界研究的焦点问题之一；在一些材料及结构渐进破坏的过程中往往伴随着应变局部化现象的发生，如边坡的滑移等；局部化带的形成是材料或结构破坏的先兆，是造成破坏的起因。在堤防、基坑开挖、边坡处理等方面都涉及破坏问题，因而对其开展局部化研究进行稳定分析具有重要意义。

4.2.1　常用的应变局部化分析方法

对岩土类介质中结构及其破坏机理的常用的研究方法主要有两类：极限平衡法和有限元法。现在常用的是极限平衡法，虽然其使用简单，但有着很多假定，且不能描述边坡内部的应力应变分布，因而常常局限于简单结构的稳定分析。有限元法作为比较成熟的数值分析方法，已被广泛应用于连续变形问题中，同样也被引入到局部化问题的研究。

普通的有限元法则无法解决应变局部化问题,缺陷之一在于当应变局部化产生时,在静力荷载或动力荷载的作用下,控制方程将分别失去椭圆性或双曲线性,这一缺陷使得数值分析结果病态地依赖于有限元单元尺寸,即网格的依赖性,因而无法得到客观的结果。近十几年来,应变局部化的理论和数值模型的研究越来越受到国内外研究者的重视,并逐渐成为一个热点,对其开展了大量研究且取得了如下成果:

(1) 高阶连续结构的 Cosserat 连续体理论。de Borst(1991a)、de Borst 和 Sluys(1991b)引入内部特征长度参数的 Cosserat 连续模型,在 Cosserat 连续体理论中引入高阶连续结构,即引入偶应力影响的屈服准则;de Borst 提出在 Cosserat 连续模型中加入旋转自由度,也能够克服局部化变形带来的困难。但该模型的主要缺点是作为正则化机制而引入的对偶应力在纯拉压荷载下将不起作用,从而退化为经典的连续体理论。

(2) 梯度塑性理论。这种方法的基本思想是以不同方式引入了梯度项,同经典塑性理论的主要区别是将软化参数的梯度引入到材料的屈服模式,从而使一点的屈服极限不仅仅与该点的软化参数有关,还受到相邻区域的软化参数影响,任一点的影响域的尺度将由所给定的材料内部特征长度决定;Larsy 等(1988)在应变-位移关系中引入了位移的高阶梯度项;宋二祥(1995)提出将塑性变形的梯度用相应的积分来替代;李锡夔等(1996)则利用塑性梯度理论提出了一个考虑有限应变和应用混合应变元的梯度弹塑性连续体有限元方法。

(3) 含剪切带土体平均力学特性的复合体理论。这种复合体理论首先是由 Pietruszczak 等(1993)提出,之后又进一步推广到不排水饱和土体中(Pietruszczak,1995),此理论可用于描述剪切带出现后带内土体和带外土体的平均力学性质,其理论是建立在局部坐标体系而不是整体坐标体系上的,基于局部坐标体系上的本构理论在推广到三维问题时会带来一些困难。黄茂松等(2002)在其基础上给出一种基于整体坐标的应变局部化的复合体理论,通过对剪切带内外土体力学特性进行均一化处理来描述含剪切带土体的宏观力学特性。

(4) 广义孔隙压力理论。沈珠江(2000;1997)认为采用广义孔隙压力理论能够解释应变局部化的物理机制,并认为所有软化都可以解释为广义孔隙压力升高引起的减压软化,按照这一理论,应变局部化问题可以应用常规有限元方法进行分析。

(5) 采用黏弹塑性本构关系。Needleman(1988)认为,尽管在经典连续的本构方程中没有一个尺度参数,但对于黏塑性材料,它的本构模型中隐含一个内部尺度,即黏性流动参数,这样也避免了数值结果对于网格尺寸的病态依赖。

(6) 非局部应变理论。Bazant 等(1988)提出的非局部连续模型是通过在屈服函数上引入应变梯度项,相应地也加入了作为正则化机制的内部长度参数来解决局部化带的模拟。在破坏后期,模型引入内部尺度,得到不均匀的应变场,其边值问题不出现病态。

(7) 弱不连续法。这种方法是基于假定计算域内位移场连续及应变场不连续的有限元方法,剪切带内的应变场可以表示为带外均匀应变场加上一个能描述应变场跳跃的附加应变场,此方法预先就给局部化带宽度设定尺寸,再根据带内外的整体力学性质建立模型,其主要问题在于如何设置局部化带宽度的尺寸及确定局部化带在单元中的位置。Ortiz 等(1987)利用不连续形函数技术解决应力闭锁的方法,提出通过附加局部应变场来模拟不连续性应变,这种附加的应变模式要求在模拟局部化剪切带时,两条应变不连续线需分别穿过相邻的两个单元,使形状在分析过程中保持不变;显然这个模型在应用中存在一定的局限,局部化带的宽度必然依赖于单元尺寸。

(8) 强不连续法。这种方法是基于位移场不连续的假定,即不连续位移法,并假定局部化带的宽度为零,不再预先给定参数,故而与弱不连续法相比大大简化了模型。Simo 等(1993)在引入不协调单元的基础上提出虚应变的概念,在连续模型的框架内,引入不连续函数,从而建立不连续位移场的强不连续模型。

(9) 分岔理论。工程中的变形问题无论是几何非线性问题还是材料非线性问题都可能存在分岔现象,如在加荷过程中材料内部一些点的变形失去连续性且会出现剪胀,在强度峰值后会有软化行为发生,从数学的观点看,分岔对应于控制方程失去唯一解;所谓分岔理论,即若存在一个基本解 u_0 和分岔解 $u_0 + \Delta u$ 均满足控制方程:$Ku = F$,则 $K\Delta u = 0$,式中 Δu 为均匀解和分岔解间的差值;若存在分岔,则 $K\Delta u = 0$ 系数矩阵的行列式为零,即 $\det(K) = 0$,这就是分岔理论的基本思想;Rice 等(1980)、Ottosen 等(1991)分别对局部化及弹塑性的不连续分岔理论进行了研究;此方法便于有限元程序实现。

4.2.2 应变局部化的产生条件

应变局部化的产生是由多种因素造成的,如材料的不均匀性、初始缺陷、不均衡加载等,但其中很多都是在现阶段无法量测的,因此也不会在数值模型中考虑。现在对于弹塑性介质一般都采用分岔理论作为产生应变局部化的判断准则,也就是把局部化问题当做材料不稳定的问题来考虑(刘金龙等,2005b)。

由于分岔现象的出现,结构产生不连续变形,从而产生局部化剪切带。设带内产生附加速度场 v^{loc},并在带内产生相应的附加应力率场 $\dot{\sigma}_{ij}$,在局部化剪切带的边界处应满足静力平衡条件,而带外没有附加应力率,所以局部化剪切带的静力边界方程为

$$\dot{\sigma}_{ij} n_j = 0 \tag{4.1}$$

式中，$\dot{\sigma}_{ij}$ 为 Cauchy 应力率；n_j 表示剪切带外法线方向。

考虑到在有限变形的条件下，弹塑性增量型本构采用客观的 Jaumann 应力率 $\hat{\sigma}_{ij}$ 形式，即

$$\hat{\sigma}_{ij} = D_{ijkl}\dot{\varepsilon}_{kl} = \frac{1}{2}D_{ijkl}(v_{k,l}^{\mathrm{loc}} + v_{l,k}^{\mathrm{loc}}) \tag{4.2}$$

式中，D_{ijkl} 为弹塑性模量张量；$\dot{\varepsilon}_{kl}$ 为附加速度场 v^{loc} 在带内产生相应的附加应变率场 $\dot{\varepsilon}_{kl} = \frac{1}{2}(v_{k,l}^{\mathrm{loc}} + v_{l,k}^{\mathrm{loc}})$。

根据连续介质力学的有限变形理论，Cauchy 应力率 $\dot{\sigma}_{ij}$ 与 Jaumann 应力率 $\hat{\sigma}_{ij}$ 有如下关系：

$$\begin{aligned}
\dot{\sigma}_{ij} &= \hat{\sigma}_{ij} - \frac{1}{2}\sigma_{ik}(v_{k,j}^{\mathrm{loc}} - v_{j,k}^{\mathrm{loc}}) - \frac{1}{2}\sigma_{jk}(v_{k,i}^{\mathrm{loc}} - v_{i,k}^{\mathrm{loc}}) \\
&= \frac{1}{2}D_{ijkl}(v_{k,l}^{\mathrm{loc}} + v_{l,k}^{\mathrm{loc}}) - \frac{1}{2}\sigma_{ik}(v_{k,j}^{\mathrm{loc}} - v_{j,k}^{\mathrm{loc}}) - \frac{1}{2}\sigma_{jk}(v_{k,i}^{\mathrm{loc}} - v_{i,k}^{\mathrm{loc}})
\end{aligned} \tag{4.3}$$

将附加变形梯度场表示为

$$v_{i,j}^{\mathrm{loc}} = g_i n_j \tag{4.4}$$

式中，n_j 表示剪切带外法线方向；g_i 为附加变形梯度的各分量。由式(4.1)、式(4.3)和式(4.4)可得

$$\left[n_j D_{ijkl} n_l + \sigma_{ij} n_j n_k - \frac{1}{2}(\sigma_{ik} + \sigma_{jk} n_j n_i - \sigma_{ij} n_j n_k - \sigma_{jl}\delta_{ik} n_j n_l) \right] g_k = 0 \tag{4.5}$$

式中，δ_{ik} 为 Kronecker 函数。

要保证方程式(4.5)存在非零解，即 $g_k \neq 0$，显然需要

$$\det\left[n_j D_{ijkl} n_l + \sigma_{ij} n_j n_k - \frac{1}{2}(\sigma_{ik} + \sigma_{jk} n_j n_i - \sigma_{ij} n_j n_k - \sigma_{jl}\delta_{ik} n_j n_l) \right] = 0 \tag{4.6}$$

即式(4.6)为局部化产生的必要条件，同时也可作为检验局部化的判断准则。

4.2.3　分岔理论局部化判断准则在土质边坡渐进破坏中的应用

采用大变形的关联流动 Drucker-Prager 准则，其屈服函数(Belytschko et al.，2000a)为

$$f = \bar{\sigma} - \alpha\boldsymbol{\sigma}:\boldsymbol{I} - k = 0 \tag{4.7}$$

式中，$\bar{\sigma}$ 为等效 Cauchy 应力；采用 Mohr-Coulomb 屈服外角外接圆的形式，参数 α 和 k 可以用土的黏聚力 c 和内摩擦角 φ 表示如下(Belytschko et al.，2000a)：

$$\alpha = \frac{2\sin\varphi}{3 - \sin\varphi}, \quad k = \frac{6c\cos\varphi}{3 - \sin\varphi} \tag{4.8}$$

　　土质边坡安全系数的确定采用强度折减系数法,计算中为了使边坡达到破坏,将原来的剪切强度参数折减,定义名义强度参数

$$c'_{F_{tria}} = \frac{c}{F_{tria}}, \quad \varphi'_{F_{tria}} = \arctan\left(\frac{\tan\varphi}{F_{tria}}\right) \tag{4.9}$$

　　每一个强度折减系数 F_{tria} 对应一组 $c'_{F_{tria}}$、$\varphi'_{F_{tria}}$ 值,取不同的 F_{tria} 进行试算,随着 F_{tria} 的不断增大,使边坡刚好破坏时所对应的强度折减系数即为土坡的安全系数。

　　这里计算采用郑颖人等(2005c)的一个算例,并与之进行了对比,以便验证计算的可靠性。图 4.1 为计算边坡的几何尺寸,表 4.1 给出了土质边坡的材料性质,表 4.2 列出了几种边坡稳定分析方法的最小安全系数。

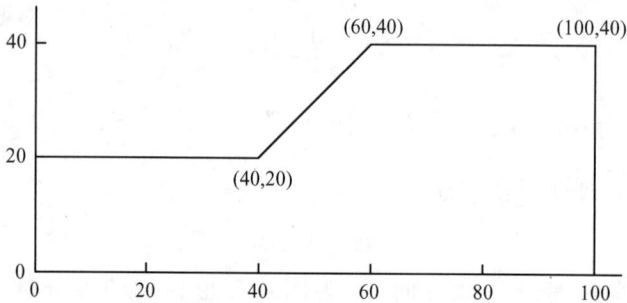

图 4.1　计算边坡的几何形状(单位:m)

表 4.1　土质边坡的材料性质

材料编号	黏聚力/kPa	内摩擦角/(°)	土体重度/(kN/m³)
0	42	17	20

表 4.2　几种边坡稳定分析方法的最小安全系数

Spencer 法	郑颖人等(2005c)结果	ALE 方法
1.20	1.50	1.49

　　图 4.2(a)～(h)是在强度折减系数 F_{tria} 取不同值时边坡局部化带的扩展图。随着强度折减系数 F_{tria} 的增大,土体的抗剪强度逐渐减小,土坡也由自然状态向失稳破坏状态逐渐发展。从图中可以看出,边坡在滑坡坡面底部土体最先进入塑性状态(即局部化剪切带出现),随着 F_{tria} 值的增大(抗剪强度的减小),部分土体达到塑性状态后,引起周围土体应力的重分布,进而引起周围土体的强度发挥,并逐步达到塑性状态,塑性区(或局部化剪切带)的范围也就逐渐扩展,在 $F_{tria} = 1.12$ 时,塑性区开始分岔,并逐步形成两条局部化剪切带,随着强度折减系数 F_{tria} 的增大(抗剪强度的减小),土坡中的局部化剪切带进而发展扩大,但随着强度折减系数

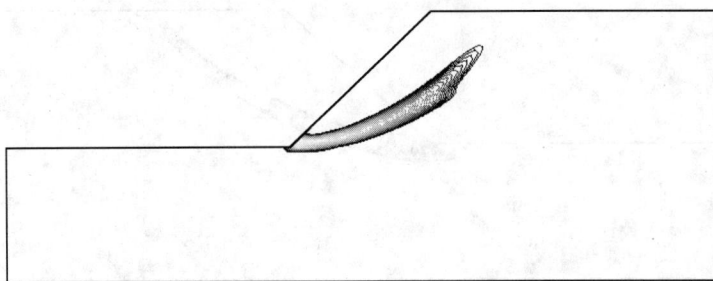

(a) F_{tria}=1.12

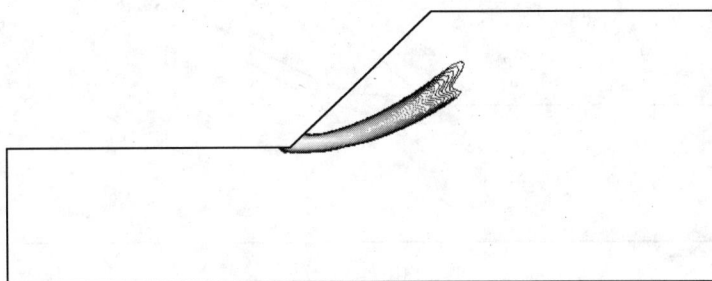

(b) F_{tria}=1.25

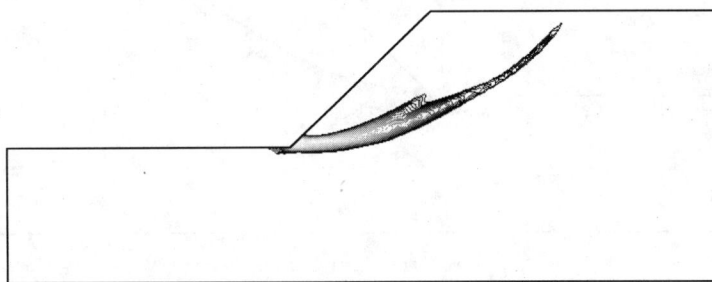

(c) F_{tria}=1.36

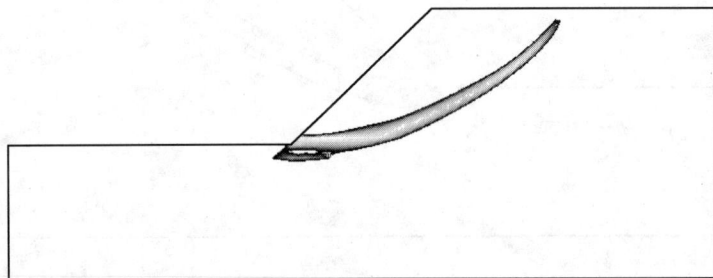

(d) F_{tria}=1.41

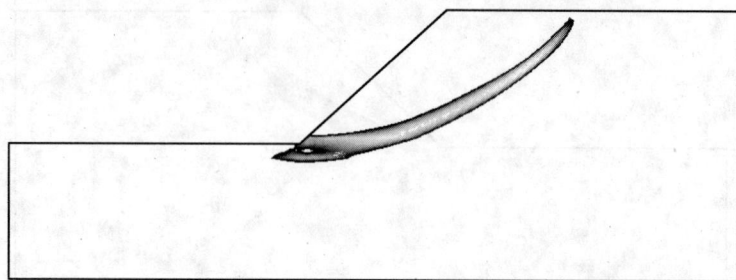

(e) F_{tria}=1.45

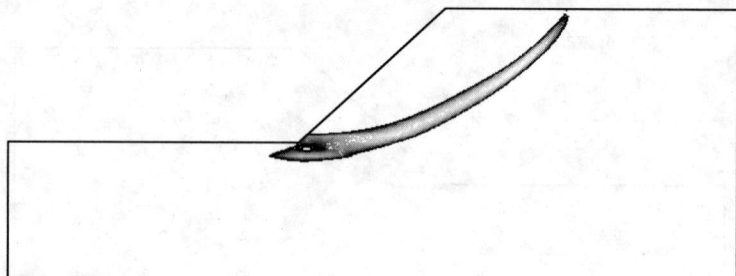

(f) F_{tria}=1.47

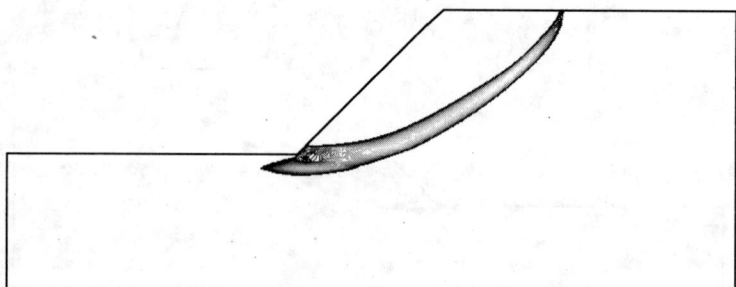

(g) F_{tria}=1.48

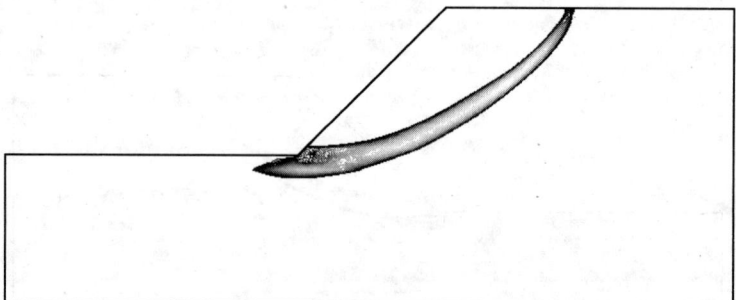

(h) F_{tria}=1.49

图 4.2　边坡局部化带的扩展图

F_{tria} 的进一步增大(抗剪强度的减小),靠近坡面的局部化剪切带开始缩小,其周围土体应力开始卸载,其应力逐步传递到周围土体导致另外一条局部化剪切带的进一步扩展,并于 $F_{tria}=1.41$ 时两条局部化剪切带开始形成了一块连续的局部化剪切带分布区,随强度折减系数 F_{tria} 的增大(抗剪强度的减小),当 $F_{tria}=1.49$ 时,局部化剪切带完全贯通,说明边坡出现滑动,结构呈现不稳定状态,因而此时的强度折减系数 F_{tria} 值可取为该边坡安全系数。从局部化剪切带的扩展看,边坡的局部化带的位置与一般方法得到的边坡滑动面基本相吻合,安全系数差别不大,这也说明了 ALE 方法的合理性。

针对边坡的应变局部化问题,采用弹塑性模型,以分岔理论为判断准则对边坡局部化剪切带的开展进行了研究,捕捉到了边坡中局部化剪切带的位置及扩展情况,并从局部化剪切带的开展过程得到了边坡的安全系数,通过一个土质边坡稳定分析的算例验证了该方法的合理性及先进性。这是基于大变形分岔理论的局部化研究的初步成果,关于大、小变形条件下局部化剪切带扩展的结果对比、网格密度对局部化剪切带扩展的影响等,将有待进一步深入研究。

4.3 均质土质边坡的渐进破坏及稳定分析

自然边坡大量存在于自然界中,因而验证其稳定性具有重要的意义。为便于对比分析,仍采用郑颖人等(2005c)的均质边坡算例进行分析,以对边坡稳定分析有限元计算因素及其影响因素进行比较。该均质边坡高 20m,边坡的材料性质见表 4.3。因该均质边坡为天然边坡,故而不存在开挖荷载等问题,外荷载只有重力,边坡的两侧计算边界设为只有竖向位移的水平约束,底部计算边界设为固定约束,顶面不作约束,为自由运动的边界条件;分别对有限元计算因素及其影响因素进行分析,最后对算例边坡的渐进破坏及其稳定性进行分析。

表 4.3 算例土质边坡的材料性质

材料编号	黏聚力/kPa	内摩擦角/(°)	土体重度/(kN/m³)
0	42	17	20

4.3.1 有限元计算因素及影响因素分析

对边坡稳定分析的计算结果有影响的因素如下:有限元计算范围、网格密度、剪胀角、弹性模量、泊松比、屈服准则、黏聚力、内摩擦角等;根据关立军(2003)对剪胀角、弹性模量和泊松比等参数的敏感性研究,剪胀角、弹性模量和泊松比对安全系数计算结果都有影响,但其中剪胀角对安全系数的影响最大,弹性模量和泊松比相对小一些,因此,这里将不对弹性模量和泊松比对边坡稳定的影响进行分析。下面仅分别针对有限元计算范围、网格密度、剪胀角、屈服准则等的影响进行分析,同时简单列出了其他研究者研究黏聚力及内摩擦角影响的结论。

1. 有限元计算范围大小的影响

边坡稳定分析方法中,采用极限平衡法分析时只要所求滑移面在边界之内就不会对计算结果有影响,安全系数只与划分的土条有关,而与划分的土条外区域无关(张鲁渝等,2003;关立军,2003),而有限元法中计算范围大小的影响则不同于极限平衡法的影响,其范围的大小将直接影响到应力应变的分布,选取的计算范围较小时,由于边界条件的约束,使得边界附近的计算结果失真,将影响计算精度,严重时更会影响边坡安全系数的计算结果;因而计算选取范围的大小在采用有限元法分析边坡稳定时对计算结果的影响比采用传统极限平衡法对计算结果的影响更为敏感;为了提高计算精度,计算范围应该取的越大越好,可减小边界条件的影响,但有限元计算范围大小对有限元计算的工作量影响较大,选取较大的计算范围将会增加工作量,故而需要对有限元计算范围大小进行分析,以便选取合适的计算范围,以益于有限元法的分析。

Griffiths 等(1999)的有限元计算采用的计算范围(对应坡顶的边界)为边坡高度的 2 倍;Dawson 等(1999)采用的有限元计算范围(对应坡顶的边界)为边坡高度的 0.75~1 倍;Manzari 等(2000)采用的有限元计算范围(对应坡顶的边界)为 1~3倍;郑颖人等(2002)认为当坡角到左端边界距离为坡高的 1.5 倍,坡顶到右端边界的距离为坡高的 2.5 倍,且上下边界总高不低于 2 倍坡高时,计算精度最为理想;张鲁渝等(2003)也对有限元计算范围对计算结果的影响进行了研究,其研究结果认为边坡的左边界(对应于坡角的边界)对计算结果的影响最不敏感,不同的取值相差不到 1%,底端边界次之,最大相差在 1% 左右,右端边界(对应于坡顶的边界)对计算精度的影响最大,达到 5%。

关立军(2003)也对有限元计算范围进行了研究,分别对其算例 1~3 倍边坡宽度边界范围(对应于坡顶的边界)进行了分析,得出了边坡的稳定安全系数,见表 4.4。其研究结果表明,选取的计算范围越大计算结果越可靠,一般认为在 2~2.5 倍的计算范围可以得到理想结果。吕擎峰(2005)在强度折减有限元分析中采用的有限元计算范围为边坡高度的 2 倍,刘天宇(2005)采用的有限元计算范围也为边坡高度的 2 倍,其结果与极限平衡法得到的结果相差较小。

表 4.4　不同计算范围对应的稳定安全系数(关立军,2003)

计算范围(边坡宽度倍数)	3	2.5	2	1.5	1
稳定安全系数	1.32	1.31	1.31	1.30	1.29

基于以上分析,这里对影响有限元计算精度影响较大的问题,即对应于坡顶的

上部右边界计算范围进行分析,分别对 2 倍、2.5 倍、3 倍边坡高度的有限元计算范围进行了对比分析,有限元网格选取郑颖人等(2005c)中坡度比为 1∶1,高度 20m 的土质边坡分别对其稳定安全系数及滑动面进行了研究,采用四边形四节点单元进行剖分,计算采用 Mohr-Coulomb 准则(其棱角奇异点处数值计算采用修正的 Matsuoka-Nakai 准则),其余参数皆相同;其对应的有限元网格如图 4.3~图 4.5 所示,用塑性应变剪切带表示的滑动面如图 4.6~图 4.8 所示,边坡稳定安全系数对比见表 4.5。

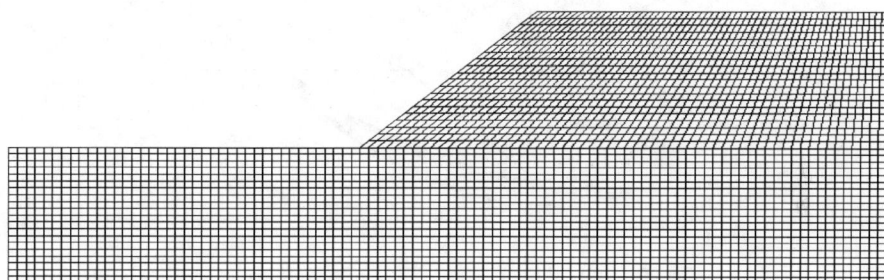

图 4.3　有限元网格(上部边界计算范围 2 倍边坡高度)

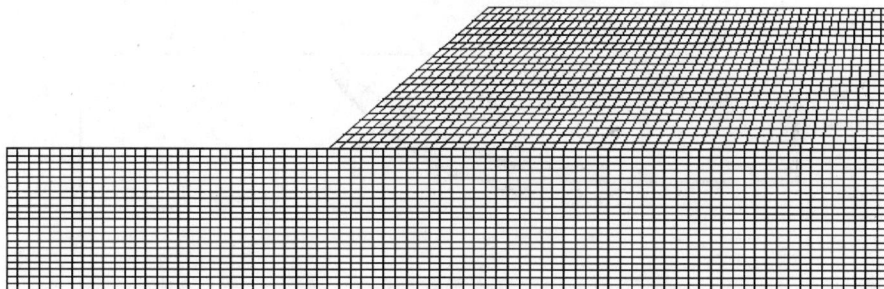

图 4.4　有限元网格(上部边界计算范围 2.5 倍边坡高度)

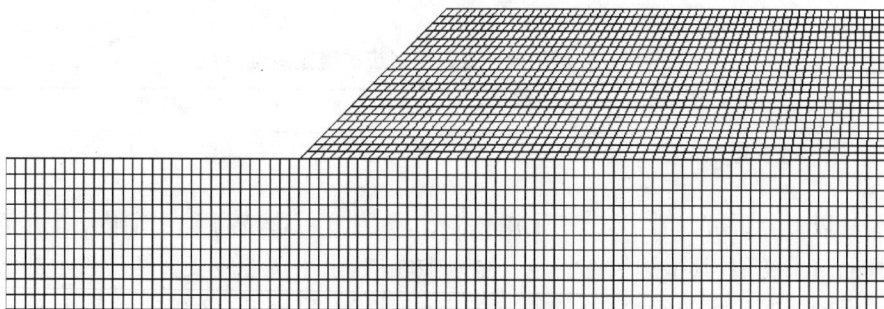

图 4.5　有限元网格(上部边界计算范围 3 倍边坡高度)

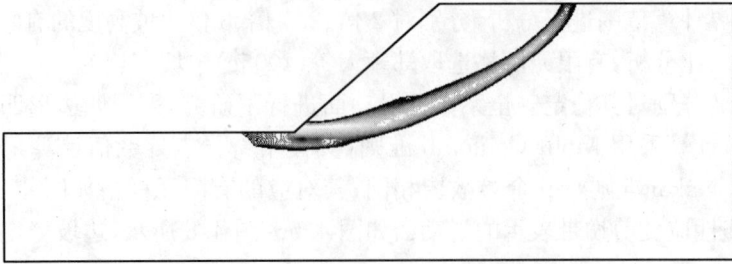

图 4.6　塑性应变剪切带表示的滑动面(上部边界计算范围 2 倍边坡高度)

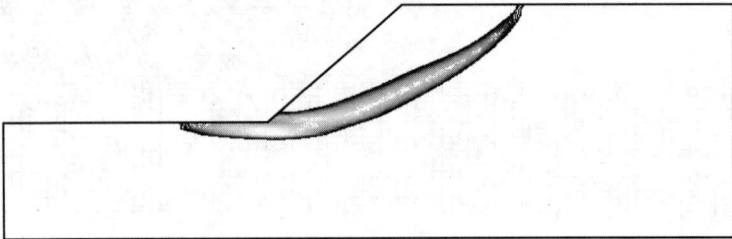

图 4.7　塑性应变剪切带表示的滑动面(上部边界计算范围 2.5 倍边坡高度)

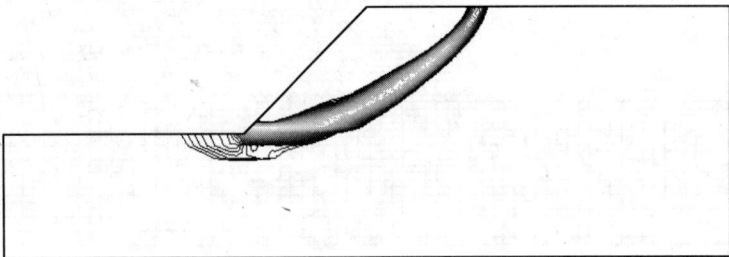

图 4.8　塑性应变剪切带表示的滑动面(上部边界计算范围 3 倍边坡高度)

表 4.5　算例不同计算范围对应的稳定安全系数

计算范围(边坡高度倍数)	3	2.5	2
稳定安全系数	1.39	1.39	1.39

从以上分析可以看出,分别采用 2 倍、2.5 倍、3 倍边坡高度的有限元计算范围计算的结果类似,其中边坡的稳定安全系数相同,采用塑性应变剪切带表示的滑动面的滑动范围也相差很少,这表明有限元计算范围采用 2~3 倍边坡高度是可行的,但为取得更高的计算精度,可采用 2.5~3 倍边坡高度进行计算。

2. 网格密度的影响

有限元分析中,网格密度对计算结果的影响较大,有些研究者对网格密度的影响进行了研究,认为合适的网格密度在计算工作量可以承受的条件下可得到更为准确的计算结果。

利用有限元分析边坡稳定时,Griffiths 等(1999)采用的网格为较为稀疏,但选用了精度较好的网格单元类型;Dawson 等(1999)采用的网格宽度和高度各为 20 个网格单元,采用线性的 Mohr-Coulomb 屈服准则进行计算分析,因而对计算结果影响不大;Manzari 等(2000)采用的网格为 6400 个八节点四边形网格;以上的计算结果与极限平衡法或极限分析法进行了对比,边坡分析的计算结果较好。Zienkiewicz 等(2000b)在边坡分析中采用自适应有限元法对网格密度进行了对比分析,其研究结果表明,采用较多的网格或较密的网格划分对边坡分析的结果更为准确。

张鲁渝等(2003)认为网格疏密对单元精度的影响甚至大于单元类型的影响,对于精度较低的单元,可通过加密网格来达到较高的精度,并列表(表 4.6)对比分析了不同疏密网格对计算结果的影响,从对比分析得出对折减系数法有限元网格不能太稀,否则结果不够准确,对于 4 节点矩形单元,当单元密度达到每 $10m^2$ 不少于 3 个节点时,计算精度较为理想,若再增加节点,计算精度应还能提高,但此时耗费的机时也将成倍增长。武亚军(2003)对天然边坡分析时采用的网格为四节点四边形单元,共计 1189 个节点,1120 个单元。

表 4.6　网格疏密对计算结果的影响(张鲁渝等,2003)

计算方法	节点数		
	577	1111	2250
等面积圆 DP 法(屈服准则)	0.661	0.618	0.593
简化 Bishop 法	0.583	0.583	0.583
(DP4-Bishop)/Bishop	0.134	0.060	0.017

继续对坡度为 45°,高度为 20m 的土质边坡进行对比分析,采用 3 倍边坡高度的有限元计算范围(对应于坡顶位置的边界范围)。采用计算参数见表 4.3,计算模型也同本节有限元计算范围大小的影响中计算模型(图 4.4)相同,其网格、节点数及稳定安全系数见表 4.7。计算结果表明,网格密度对计算结果有明显的影响,但网格密度达到一定程度,其对结果的影响将不再显著,因此,在一定的网格密度范围内,其计算结果变化不大。从以上分析可认为,在一定的计算精度下,如算例分析中,可采用 2000~3000 个的网格单元或单元密度每 $10m^2$ 不少于 3.5 个节点时进行计算,此时对边坡分析的结果影响可忽略。

表 4.7　　网格疏密对边坡稳定安全系数计算结果的影响

节点数	599	1181	2221
网格数	540	1100	2100
算例 MC-MN 稳定安全系数	1.43	1.40	1.40
算例等面积圆 DP 准则安全系数	1.24	1.22	1.22
Spencer 法	1.20	1.20	1.20
(MC-MN−Spencer)/Spencer	0.192 *	0.167 *	0.167 *
(等面积圆 DP−Spencer)/Spencer	0.033 *	0.0167 *	0.0167 *

* 表示算例分析结果与 Spencer 法的结果差别,部分由选取的屈服准则引起。

3. 剪胀角(或流动法则)的影响

对于超固结黏土,在剪切过程中会表现出剪胀性;由于剪胀性反映了土体剪切屈服过程中的体积变松现象,土体变松必然影响土的抗剪强度,因此剪胀性对土坡稳定计算有重要影响。基于弹塑性理论的土坡稳定分析方法中,不考虑剪胀性则意味着采用相关联的流动法则,即土体的剪胀角等于内摩擦角,实际上是高估了土的剪胀性。在分析土工建筑物的极限荷载问题中,相关联流动法则与不相关联的流动法则之间进行对比的主要结论如下:相关联的流动法则高估了土的承载能力(Griffiths et al. ,1999;Hicks et al. ,1998;Griffiths,1982;Molenkamp,1981)。

剪胀角对计算结果的影响主要是因为剪胀角同内摩擦角的关系影响塑性流动法则,当剪胀角同内摩擦角相等时为相关联的流动法则,当不相等时则为非关联的流动法则;另外,剪胀角影响土体屈服时的体积变化,若剪胀角为 0 时则在剪切过程中体积不变,塑性应变增量只与偏应力分量有关,若剪胀角大于 0 时则塑性应变增量不仅与偏应力分量有关,还与体应力分量有关;因而不同的剪胀角影响流动法则,并进而影响计算结果。

边坡稳定分析中,特别是强度折减有限元分析中,Hicks 等(1998)、Griffiths 等(1999)对剪胀角的影响进行了分析,认为考虑剪胀角的影响将导致岩土体模型不能够完全匹配不相关联塑性,但是有必要对其进行分析;Potts 等(2001;1999)认为,剪胀角对边坡的稳定分析有影响,并采用内摩擦角的一半作为剪胀角对边坡稳定性进行了有限元分析;Manzari 等(2000)认为剪胀角对边坡的稳定安全系数有明显的影响,并随着土体内摩擦角的增大更为显著地影响边坡的稳定安全系数;关立军(2003)认为在各种边坡的几何形式中边坡安全系数随剪胀角的增大而增大,采用非关联流动法则的结果比采用关联流动法则的要小,剪胀角对土坡的安全系数有影响;张鲁渝等(2003)对同一边坡,不论采用关联流动法则还是非关联流动法则,计算结果相差不大;因为它们只与坡体的体积变形有关,而在边坡稳定分析中,坡体常常为无约束天然坡体,体积变形对坡体稳定影响并不明显;然而从破坏时位移大小及塑性区分布来看存在差异,有时并不能简单地忽略该差异(Zienkiewicz et al.,1975);并认为当剪胀角均取 0 时,即满足非关联流动法则,算例结果显示出较好的精度。

　　下面基于以上分析,就剪胀角的大小对边坡稳定系数的影响进行了分析,剪胀角的大小采用了三种,剪胀角分别等于:0、内摩擦角的一半、内摩擦角(强度折减时,内摩擦角是变化的)。坡度比为 1∶2 的边坡,高度为 20m,其材料性质见表 4.3,其有限元网格如图 4.9 所示;剪胀角对边坡稳定安全系数的影响见表 4.8。

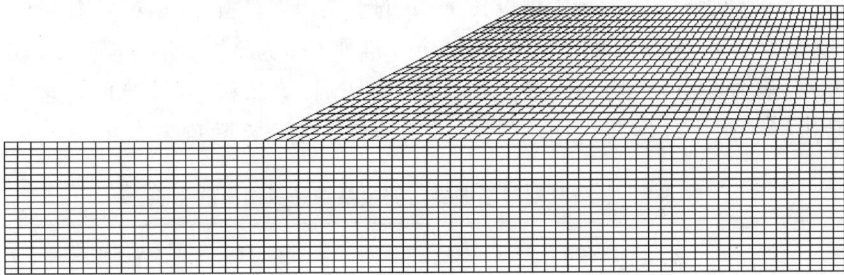

图 4.9　1∶2 边坡的有限元网格

表 4.8　剪胀角对边坡稳定安全系数计算结果的影响(1∶2 边坡)

剪胀角	0	内摩擦角的一半	内摩擦角
MC-MN 稳定安全系数	1.62	1.63	1.64

　　从以上分析可以看出,采用非相关联的流动法则的稳定安全系数计算结果要比采用相关联流动法则的计算结果要小,但是计算结果相差不大(约 1%),这可能与算例采用的内摩擦角较小有关(强度折减过程中,内摩擦角的最大值只有 17°)。因而,对土质边坡进行破坏及稳定分析时,内摩擦角较小时可采用剪胀角为 0 进行计算,其计算结果可满足边坡有限元分析的要求。

　　4. 屈服准则的影响

　　有限元计算中,采用不同的本构模型和不同的屈服准则求得的结果是各不相同的;采用强度折减法求解边坡稳定问题时,通常将土体假定为理想弹塑性体,土体的本构模型常选用 Mohr-Coulomb 准则、Drucker-Prager 准则等;Mohr-Coulomb 准则较为可靠,且应用很多(张永生等,2004;连镇营等,2002;Manzari et al.,2000;Griffiths et al.,1999),它的缺点在于三维应力空间中的屈服面存在尖顶和棱角的不连续点,将会导致数值计算不收敛,但可对不连续点进行修正,以便更好地利用

Mohr-Coulomb 准则[如 Zienkiewicz 等(1977)的修正及这里采用的修正 Matsuo-ka-Nakai 模型修正等];Drucker-Prager 准则在 π 平面上是一个圆,非常适合数值计算,通常取 Mohr-Coulomb 准则的外角点外接圆、内接点外接圆、内切圆作为屈服准则,以利数值计算,其各准则的参数换算关系参见郑颖人(2005c)中介绍。同时由徐干成等(1990)提出的 Mohr-Coulomb 等面积圆准则实际上是将 Mohr-Coulomb 准则转化成近似等效的 Drucker-Prager 准则形式,该准则实际上是要求偏平面上的 Mohr-Coulomb 不等边六角形与 Drucker-Prager 圆面积相等,它也适用于边坡稳定分析,且与极限平衡法分析的结果非常接近。

　　基于本节剪胀角的影响分析,本节采用非相关联的流动法则(剪胀角为 0)进行计算,结合本节剪胀角的影响中坡度比 1∶2 的土质边坡算例,分别对采用 Matsuoka-Naka 模型修正不连续点的 Mohr-Coulomb 准则(称为 MC-MN 准则)、Drucker-Prager 准则(外角点外接圆、内接点外接圆、内切圆、等面积圆)计算的边坡稳定安全系数进行了对比,以上屈服准则对应的边坡稳定安全系数见表 4.9。

表 4.9　屈服准则对边坡稳定安全系数计算结果的影响

屈服准则	Mohr-Coulomb 准则	外角点外接圆 Drucker-Prager 准则	内接点外接圆 Drucker-Prager 准则	内切圆 Drucker-Prager 准则	等面积圆 Drucker-Prager 准则	Spencer 法
边坡稳定安全系数	1.62	1.80	1.48	1.41	1.57	1.55

　　从以上边坡稳定安全系数的对比可以看出,采用等面积圆 Drucker-Prager 准则与极限平衡法中 Spencer 法的计算结果非常接近,这与郑颖人等(2005c)的结论类似,采用修正的 Matsuoka-Nakai 模型修正不连续点的 Mohr-Coulomb 准则的计算结果也与 Spencer 法的结论接近(相差只有 4.5%),采用外角点外接圆 Drucker-Prager 准则的计算结果与 Spencer 法相差较大(相差达 16.1%),采用内接点外接圆 Drucker-Prager 准则及内切圆 Drucker-Prager 准则的计算结果与 Spencer 法相差也较大(分别相差 -4.5%、-9.0%),因而采用有限元法分析边坡稳定安全系数时,应尽量采用 Mohr-Coulomb 准则或等面积圆 Drucker-Prager 准则进行计算。

　　计算结果表明,不同的屈服准则得到的塑性区形状相似,而得到的边坡稳定安全系数不同,其原因是由于在 π 平面上屈服准则圆的半径越大,在相同的折减系数下计算得到的塑性区会越小,塑性区贯通所需要的折减系数会更大(即边坡稳定安全系数较大)。

　　5. 黏聚力、内摩擦角的影响

　　黏聚力、内摩擦角是边坡稳定分析中最主要的两个变量,但对某个具体的边坡其值变化范围较小。对于土质边坡的稳定分析来讲,黏聚力、内摩擦角的变化对计算精度有较大的影响。

张鲁渝等(2003)、郑颖人等(2004b)的研究认为,内摩擦角的大小对计算精度的影响是明显的,内摩擦角增大,误差也呈增大的趋势,与简化 Bishop 法比较,采用等面积圆 Drucker-Prager 准则的计算结果的误差相对较小(约为 5.7%),黏聚力对计算精度的影响不明显,关立军(2003)的研究也证实了以上分析。

4.3.2　均质土质边坡的渐进破坏及稳定分析算例

本节计算中边坡条件同郑颖人等(2005c)中的条件,其中边坡稳定分析的破坏判断采用 3.5 节中推荐的判断准则。土质边坡的材料性质见表 4.10,边坡高 20m;考虑自然边坡在重力作用下的破坏(无其他外力作用),假定边坡的两侧计算边界设为只有竖向位移的水平约束,底部计算边界设为固定约束,顶面不作约束,设为自由运动的边界条件;边坡有限元网格划分如图 4.3 所示(采用 2 倍边坡高度的右边界计算范围),整个计算区域划分为 3200 个四边形单元,共计 3341 个节点,采用平面应变模型,计算模型采用修正的 Matsuoka-Nakai 模型。本节分别选取边坡的坡角点、坡中点及坡顶点为破坏分析特征位置。

表 4.10　土质边坡的材料性质

土体重度/(kN/m³)	黏聚力/kPa	内摩擦角/(°)	剪胀角/(°)
20	42	17	0

采用强度折减的大变形有限元法对边坡破坏进行了分析,并通过图形化方法绘制了强度折减过程中的边坡采用塑性应变剪切带表示的塑性区的发展变化及其破坏时的网格图;其中采用塑性应变剪切带表示的塑性区的发展变化如图 4.10～图 4.14 所示,破坏时的网格变形图如图 4.15 所示。

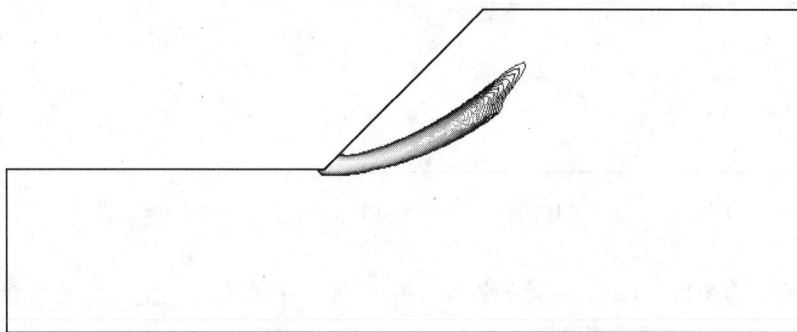

图 4.10　边坡破坏前塑性应变剪切带表示的塑性区(F_{tria} = 1.12)

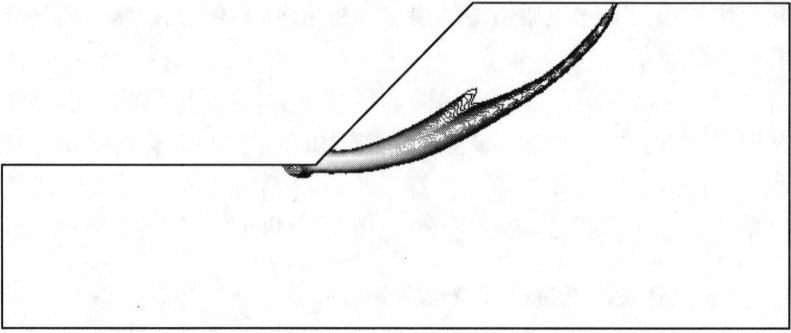

图 4.11　边坡破坏前塑性应变剪切带表示的塑性区($F_{tria}=1.36$)

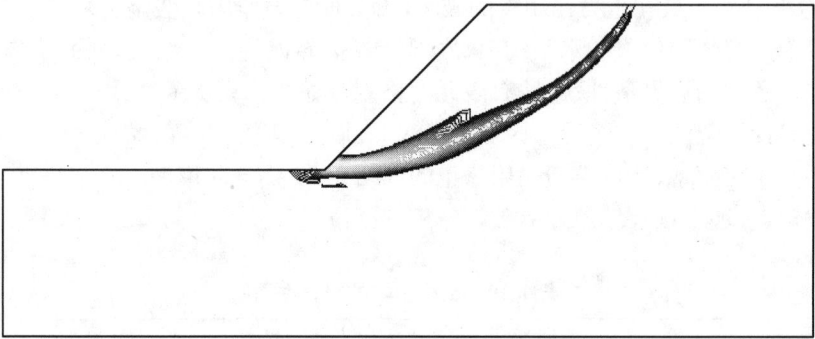

图 4.12　边坡破坏前塑性应变剪切带表示的塑性区($F_{tria}=1.38$)

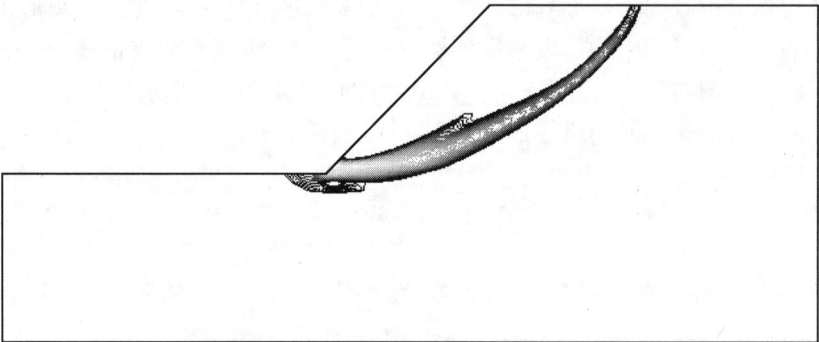

图 4.13　边坡破坏前塑性应变剪切带表示的塑性区($F_{tria}=1.39$)

随着抗剪强度的降低(强度折减系数的增加),土坡首先发生局部破坏,并随着土体应力的转移,土坡逐渐破坏,直至最后失稳,边坡特征位置的水平位移增量随着强度折减系数的变化如图 4.16 所示,其水平位移增量随着强度折减系数的增大

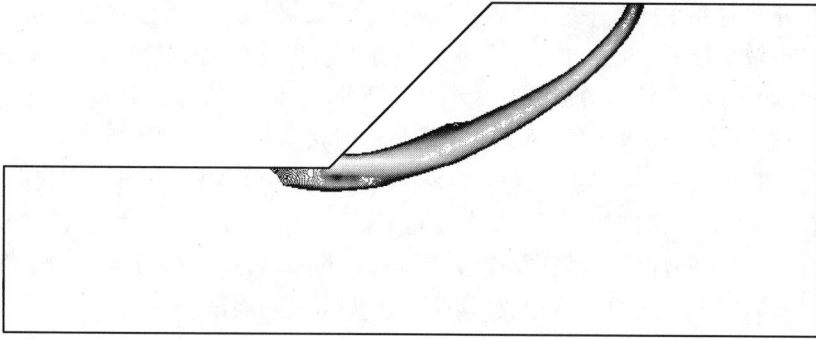

图 4.14　边坡破坏时塑性应变剪切带表示的塑性区($F_{\text{tria}}=1.40$)

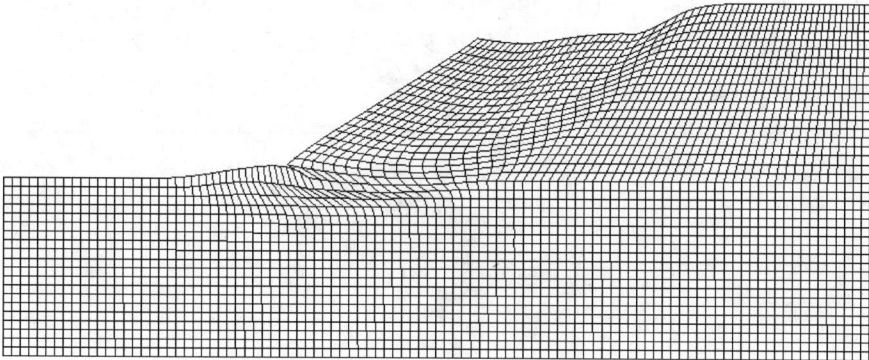

图 4.15　边坡失稳破坏时的有限元网格图

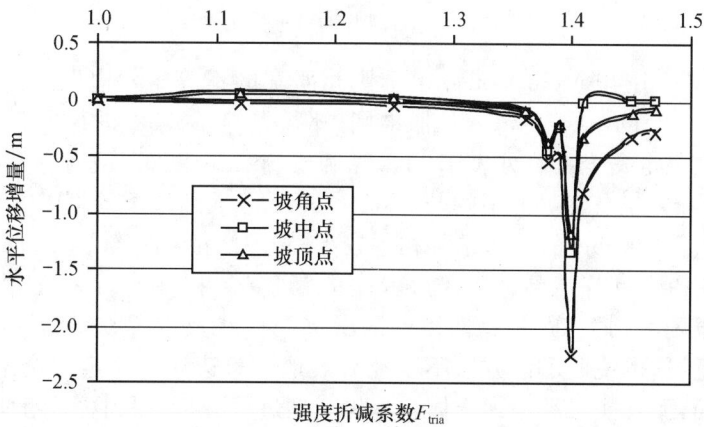

图 4.16　特征位置水平位移增量随强度折减系数的变化曲线

而变化,开始时变化比较平缓,随着强度折减系数的增大,水平位移增量也逐渐增大,强度折减系数 F_{tria} 增至 1.40 时,水平位移增量出现较大的突变,其后随着强度折减系数增加,水平位移增量急剧减小并趋于平缓;同时随着抗剪强度的降低,土坡的坡角处首先出现塑性区,部分土体达到塑性状态后,引起周围土体应力的重分布,进而引起周围土体的强度发挥,并逐步达到塑性状态,塑性区的范围也就逐渐扩展,在 $F_{tria}=1.12$ 时,塑性区开始分岔(图 4.10),随着强度折减系数 F_{tria} 的增大,塑性区进一步扩展,但随着强度折减系数 F_{tria} 的进一步增大,靠近坡面的塑性区开始缩小,其周围土体应力开始卸载,其应力逐步传递到周围土体,并导致另一塑性区进一步的扩展(图 4.11),当强度折减系数 $F_{tria}=1.36$ 时,此塑性区贯通,至 $F_{tria}=1.40$ 时,靠近坡面的塑性区消失;根据边坡破坏判断准则,该土质边坡完全破坏,其破坏前及破坏时的塑性区如图 4.13 和图 4.14 所示,破坏时的单元网格如图 4.15 所示,速度矢量如图 4.17 所示;同时由图 4.15 和图 4.16 网格变形图及特征位置水平位移增量可以发现,边坡在失稳破坏时变形较大,所以采用大变形有限元分析是必须的,若采用小变形有限元分析则不符合边坡破坏发展的实际情况。

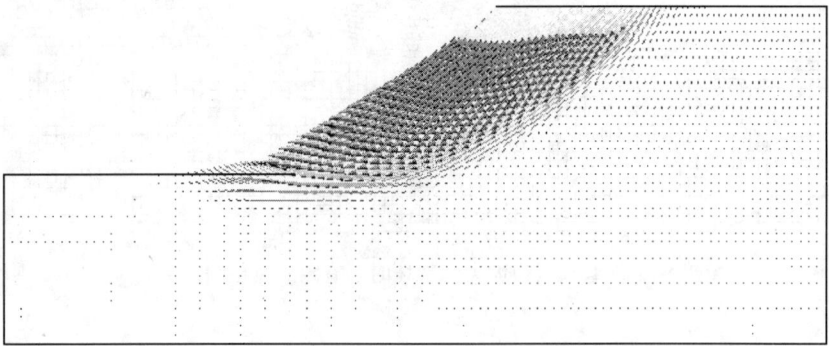

图 4.17　边坡破坏时的速度矢量图

另外,还采用与 Mohr-Coulomb 准则相匹配的不等角六边形外接圆(DP1)、等面积圆(DP3)Drucker-Prager 屈服准则(郑颖人等,2005c)进行了有限元分析,得到的边坡稳定安全系数见表 4.11。算例与 Spencer 法、郑颖人等(2005c)的结果进行了对比,结果表明采用的与 Mohr-Coulomb 准则匹配的 DP1、DP3 计算结果与郑颖人等(2005c)的计算结果相差较小,采用修正 Matsuoka-Nakai 准则的计算结果介于以上计算结果之间,与 Spencer 法的结果相差 15.7%,这都与计算所选取的屈服函数相关,同时算例得到的滑移面形状及位置与 Spencer 法得到的也十分接近,这也说明了该方法不仅能有效地求解边坡的稳定安全系数及确定临界滑动面,而且能灵活考虑土体的本构模型进行分析,得到更接近实际情况的结果。

表 4.11　边坡稳定安全系数

Spencer 法	算例 DP1 结果	郑颖人等(2005c)DP1 结果
1.20	1.49	1.50
算例 MC-MN 结果	算例 DP3 结果	郑颖人等(2005c)DP3 结果
1.40	1.22	1.21

由以上分析可以看出,土质边坡的渐进破坏过程中,首先在土坡内局部发生破坏,并随之出现土体应力的重分布,导致周围土体强度的发挥,并逐步达到塑性状态,土坡局部失稳,当抗剪强度降低到一定值时,出现分岔的塑性区,但随着抗剪强度的进一步降低,土体塑性区发生进一步的扩展,最终分岔现象消失且塑性区贯通,在这个过程中,土体特征点水平位移增量也随之发生变化,当土体塑性区开展贯通,且水平位移增量发生突变时,可判断边坡发生失稳破坏。

下面还研究了不同坡度比对边坡稳定安全系数的影响。土质边坡高 20m,土体材料性质同表 4.10,计算所得的边坡稳定安全系数见表 4.12;从表中可以看出,随着边坡变缓,边坡稳定安全系数增大,但是增大的幅度变化逐渐减小,这在自然边坡的治理中应该引起重视。

表 4.12　不同坡度比时的边坡稳定安全系数

计算方法	坡度比		
	1:1	1:1.5	1:2
FEM(MC-MN)	1.40	1.58	1.62
FEM(等面积圆 DP)	1.22	1.47	1.56
Spencer 法	1.20	1.45	1.55

4.4　双层及含软弱夹层地基的土质边坡破坏及稳定分析

4.3 节分析了均质边坡的破坏性状,本节分析将针对双层及多层地基土质边坡,根据双层地基上下两层地基性状(强度等)及含软弱夹层地基性状(强度等)的不同,对其破坏性状进行分析,并讨论其稳定性。

4.4.1　双层地基边坡的破坏性状及稳定分析

为便于对比,本节分析边坡条件与 Griffiths 等(1999)的算例一致;分析采用的边坡高度为 20m,坡度比为 1:2,坡度为 30°。假定外荷载只有重力,因为不排水条件,故而黏土的剪切强度为常量,采用总应力分析,使用 Tresca 破坏准则(φ=0)计算;计算时边坡的两侧计算边界设为只有竖向位移的水平约束,底部计算边界设为固定约束,顶面不作约束,设为自由运动的边界条件。

考虑到一些有限元计算因素的影响,将对应于边坡坡顶边界的计算范围设为

2.5 倍高度(Griffiths 和 Lane 采用的为 2 倍高度),采用的网格个数为 2400,边坡形状如图 4.18 所示,图中 c_{u1}、c_{u2} 为土体的黏聚力(或剪切强度),其中取 $c_{u1}=100$kPa,其有限元网格如图 4.19 所示,采用的边坡破坏的判断准则参见 3.5 节。下面分别对其破坏性状及其稳定性进行分析,并对比了不同强度时的破坏性状及稳定性。

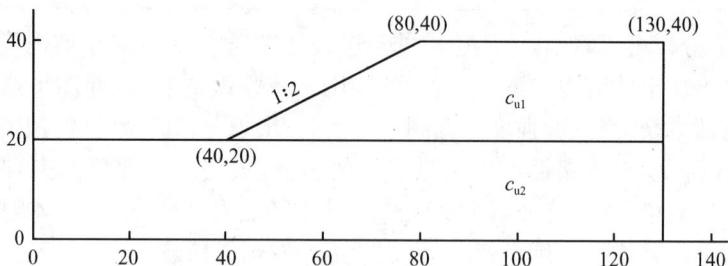

图 4.18　边坡形状示意图(单位:m)

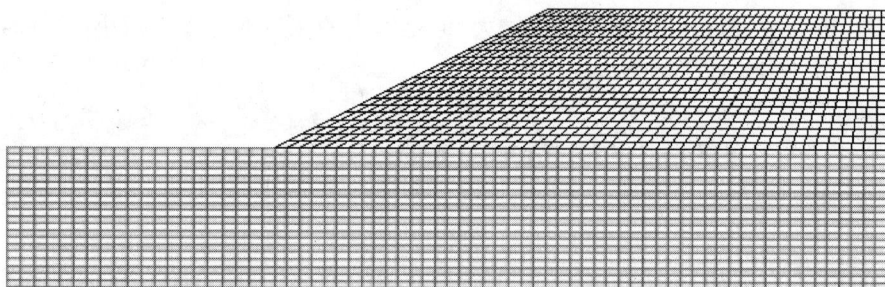

图 4.19　双层土质边坡的有限元网格

有限元计算中 c_{u2}/c_{u1} 分别为 0.4、0.6、0.8、1.0(均质边坡)、1.2、1.4、1.5、2.0、2.5,得到的边坡稳定安全系数如图 4.20 所示,其有限元网格变形图如图 4.21~图 4.29 所示,变形速度矢量图如图 4.30~图 4.38 所示。

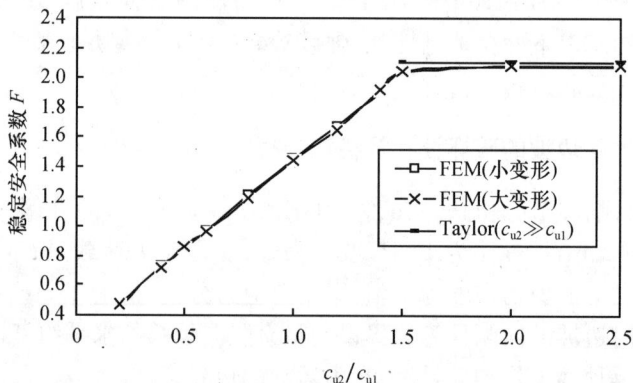

图 4.20　不同 c_{u2}/c_{u1} 条件下的边坡稳定安全系数

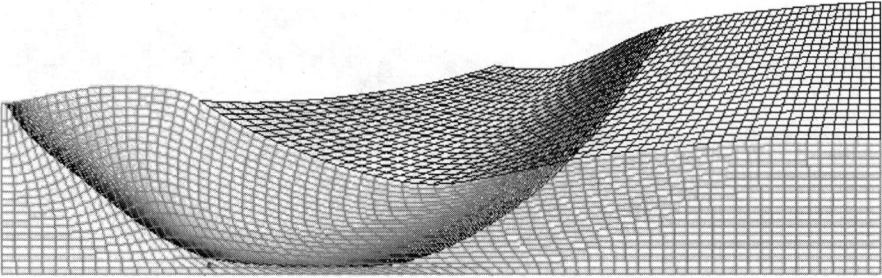

图 4.21　c_{u2}/c_{u1}＝0.4 时边坡有限元网格变形图

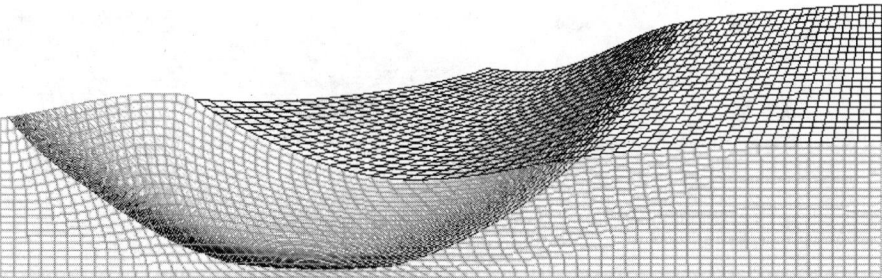

图 4.22　c_{u2}/c_{u1}＝0.6 时边坡有限元网格变形图

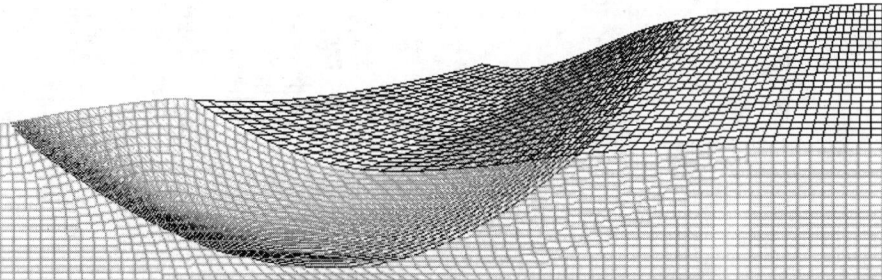

图 4.23　c_{u2}/c_{u1}＝0.8 时边坡有限元网格变形图

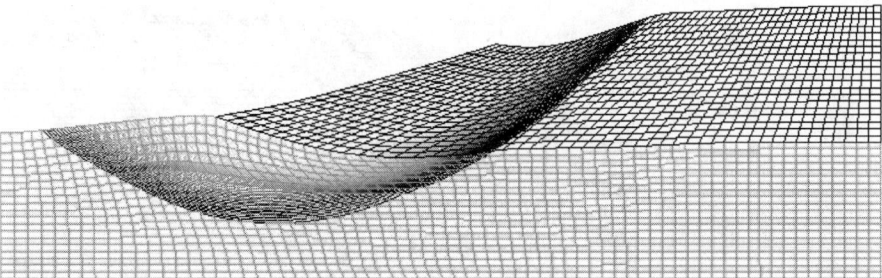

图 4.24　c_{u2}/c_{u1}＝1.0 时边坡有限元网格变形图

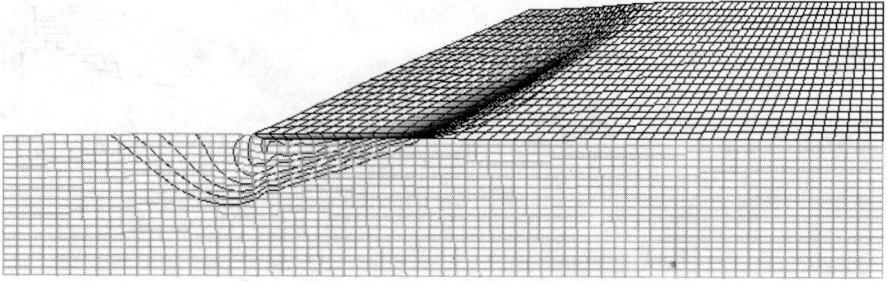

图 4.25　$c_{u2}/c_{u1} = 1.2$ 时边坡有限元网格变形图

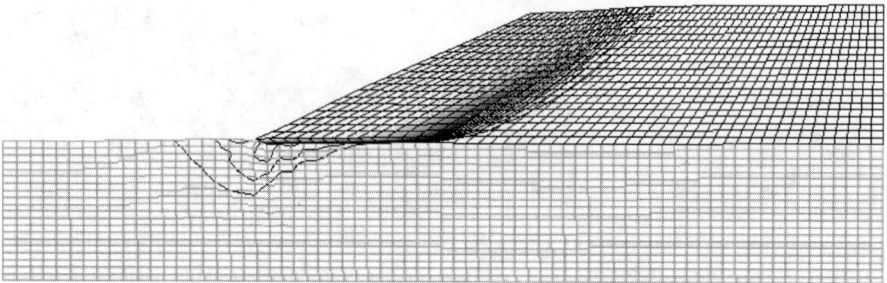

图 4.26　$c_{u2}/c_{u1} = 1.4$ 时边坡有限元网格变形图

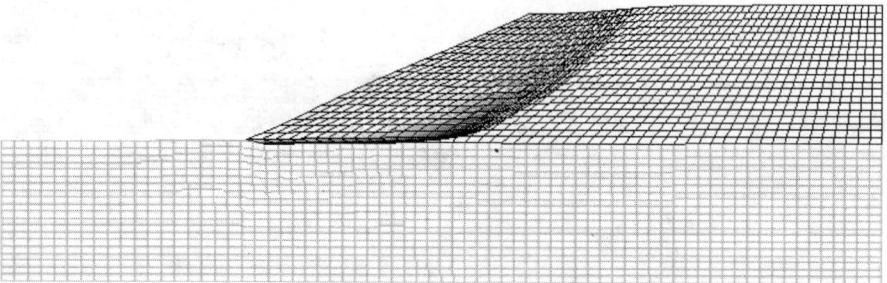

图 4.27　$c_{u2}/c_{u1} = 1.5$ 时边坡有限元网格变形图

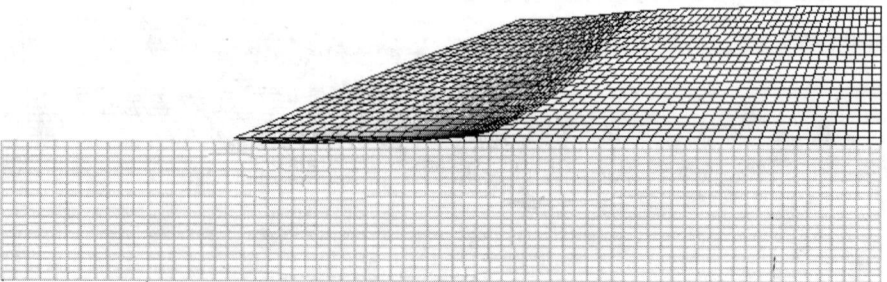

图 4.28　$c_{u2}/c_{u1} = 2.0$ 时边坡有限元网格变形图

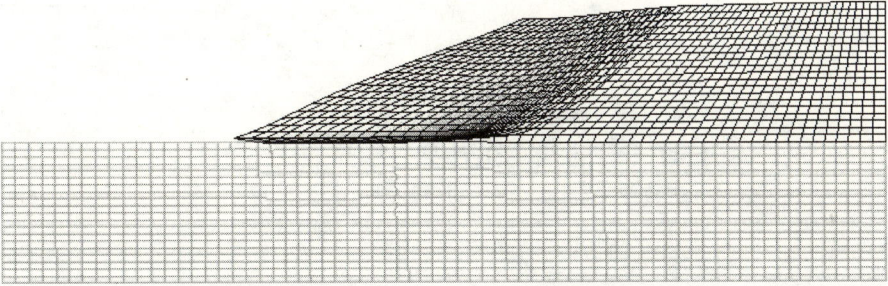

图 4.29　$c_{u2}/c_{u1}=2.5$ 时边坡有限元网格变形图

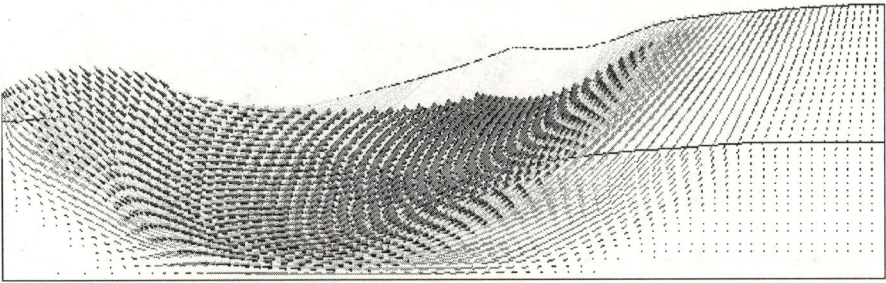

图 4.30　$c_{u2}/c_{u1}=0.4$ 时边坡的变形及变形速度矢量图

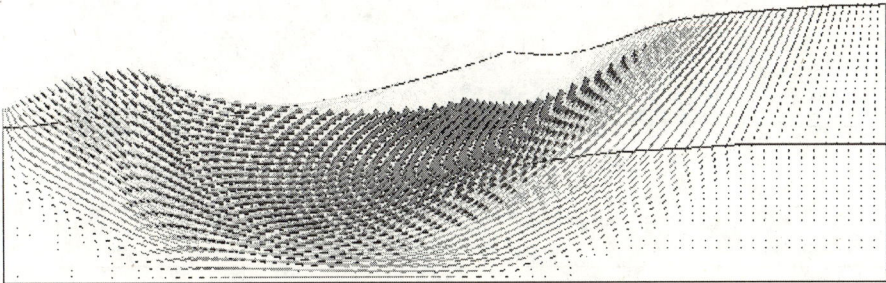

图 4.31　$c_{u2}/c_{u1}=0.6$ 时边坡的变形及变形速度矢量图

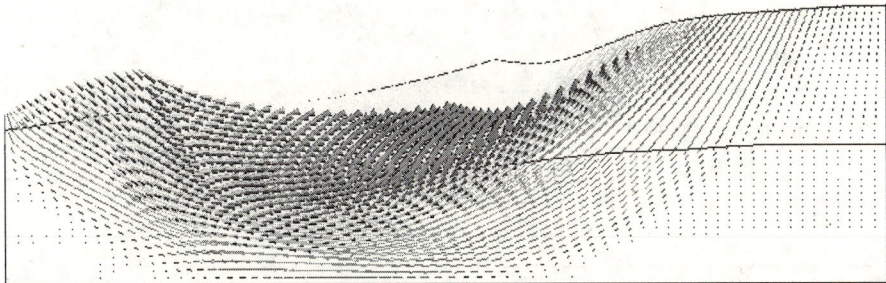

图 4.32　$c_{u2}/c_{u1}=0.8$ 时边坡的变形及变形速度矢量图

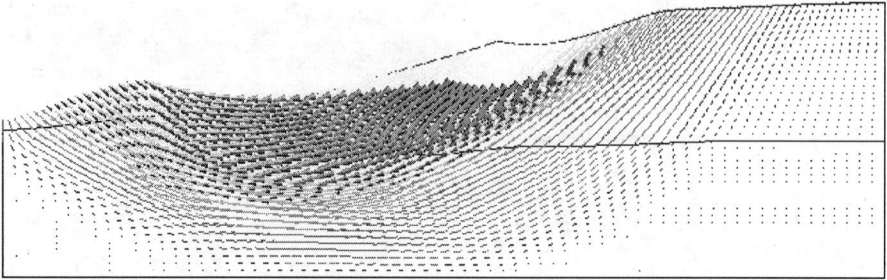

图 4.33　$c_{u2}/c_{u1}=1.0$ 时边坡的变形及变形速度矢量图

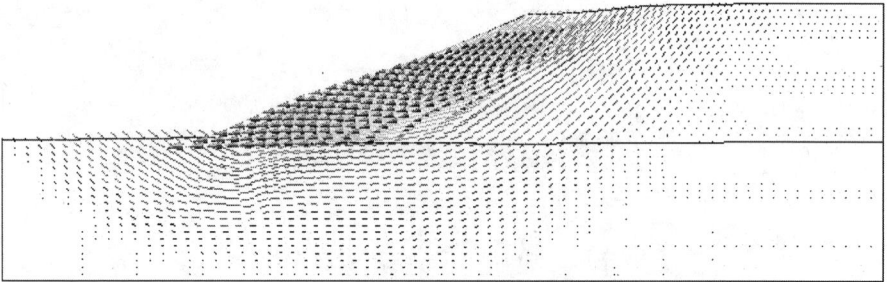

图 4.34　$c_{u2}/c_{u1}=1.2$ 时边坡的变形及变形速度矢量图

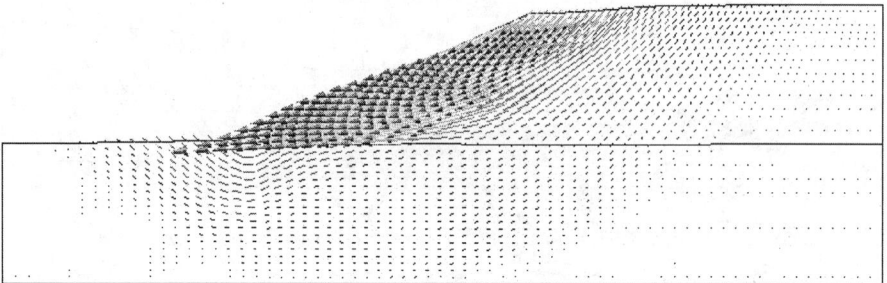

图 4.35　$c_{u2}/c_{u1}=1.4$ 时边坡的变形及变形速度矢量图

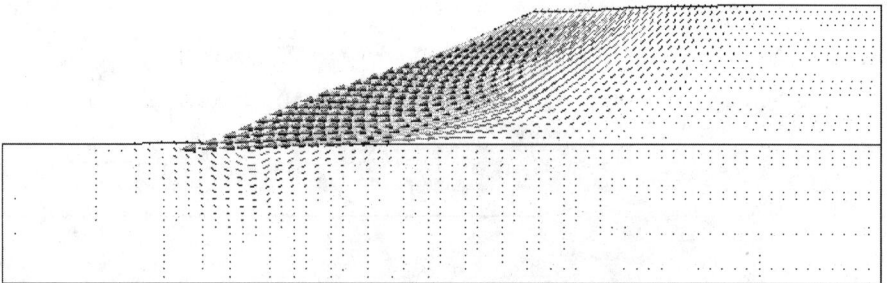

图 4.36　$c_{u2}/c_{u1}=1.5$ 时边坡的变形及变形速度矢量图

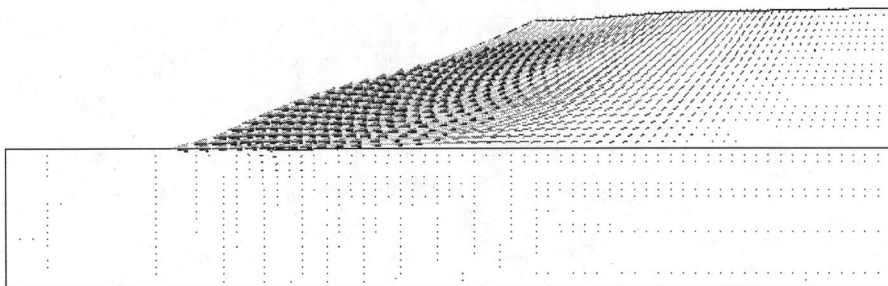

图 4.37　$c_{u2}/c_{u1} = 2.0$ 时边坡的变形及变形速度矢量图

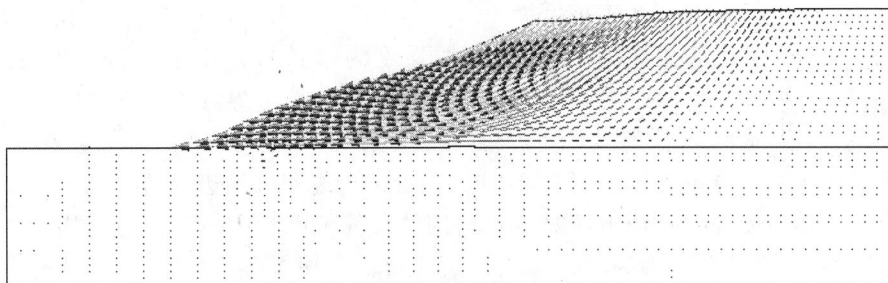

图 4.38　$c_{u2}/c_{u1} = 2.5$ 时边坡的变形及变形速度矢量图

　　从边坡有限元网格变形图及其速度矢量图中可以看出,随着上下两层地基抗剪强度 c_{u2}/c_{u1} 的变化,边坡的变形机制及破坏机制会发生明显的变化。当 $c_{u2}/c_{u1} \leqslant$ 1.0 时,其破坏机制为明显的圆弧滑动破坏,并随着 c_{u2}/c_{u1} 的减小,滑动面向深处发展;随着 c_{u2}/c_{u1} 增大(即下层地基强度的增大),其破坏机制逐渐发生变化,由圆弧滑动破坏向沿坡角滑动破坏发展,当 $c_{u2}/c_{u1} = 1.4$(当下层土强度为上层土强度的 140%)时,边坡破坏机制发生明显的变化,圆弧滑动破坏趋于消失,沿坡角的滑动破坏成为主要破坏机制;至 $c_{u2}/c_{u1} = 1.5$ 时,边坡破坏完全按沿坡角滑动的破坏,随着 c_{u2}/c_{u1} 继续增大(即下层地基强度的继续增大),边坡的破坏机制不会发生明显变化,即 $c_{u2} \gg c_{u1}$ 时,边坡将按沿坡角的滑动破坏机制发生破坏。

　　算例采用大变形有限元分析得到的边坡稳定安全系数同 Griffiths 等(1999)采用小变形有限元分析得到的相差不多,其安全系数基本相同。当 $c_{u2} \gg c_{u1}$ 时(即下层地基土强度远远大于上层地基土强度时),采用大变形分析得到的边坡稳定安全系数将不发生明显变化,并趋于一个稳定值;这同 Taylor(1937)、Griffiths 等(1999)的研究结果类似。但大变形分析得到的边坡破坏机制发生的转折点与小变形分析得到的不同,大变形分析得到的转折点 $c_{u2}/c_{u1} = 1.4$,小变形分析得到的为 $c_{u2}/c_{u1} = 1.5$(Griffiths et al. ,1999),即采用大变形分析边坡破坏时,破坏机制发生明显变化的 c_{u2}/c_{u1} 值比采用小变形分析破坏时破坏机制发生明显变化的 c_{u2}/c_{u1} 值要小一些。

从图 4.20 可以看出,随着 c_{u2} 的减小(即随着下层地基土强度的降低),边坡将逐渐趋于不稳定,其稳定安全系数随下层地基土强度的降低而明显降低;从图 4.21~图 4.38 可以看出,边坡的破坏区域也随着下层地基土强度的降低而逐渐扩大(沿深度方向及对应于坡角处平面扩大明显,而对应于坡顶处平面扩大不明显);而当 $c_{u2}/c_{u1} \geq 1.5$ 时(即下层土强度高于上层土强度 50%时),上层土的破坏区域会随下层土强度的增大发生变化,但是破坏区域变化较小。

4.4.2　带有软弱夹层黏土边坡的破坏性状及稳定分析

Griffiths 等(1999)的算例采用无量纲化分析,为便于比较,算例所采用的边坡高度为 10m,坡度比为 1 : 2,坡度为 30°,土体重度为 20kN/m³,并假定外荷载只有重力(因为不排水条件,故而黏土的剪切强度为常量);采用总应力分析,使用 Tresca 破坏准则($\varphi = 0$)计算;计算时,边坡的两侧计算边界设为只有竖向位移的水平约束,底部计算边界设为固定约束,顶面不作约束,设为自由运动的边界条件;考虑到边坡稳定分析的计算结果的对比,将对应于边坡坡顶边界的有限元计算范围设为 2 倍高度(同 Griffiths 和 Lane 采用的计算范围相同),其几何形状及边坡的部分性质如图 4.39 所示,图中 c_{u1}、c_{u2} 为土体的黏聚力(或剪切强度),其有限元网格如图 4.40 所示,采用的边坡破坏的判断准则参见 3.5 节。下面对其破坏性状及其稳定性进行研究,并比较分析了不同强度时的破坏性状及稳定性。

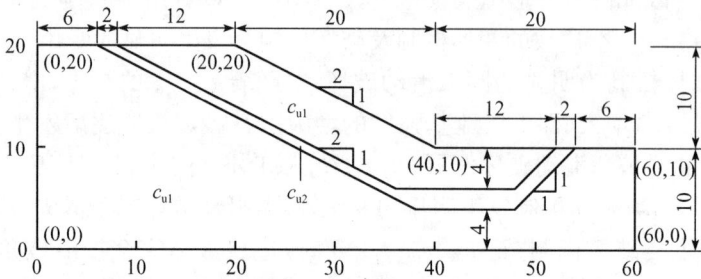

图 4.39　带有软弱夹层的不排水黏土边坡形状及材料性质示意图(单位:m)

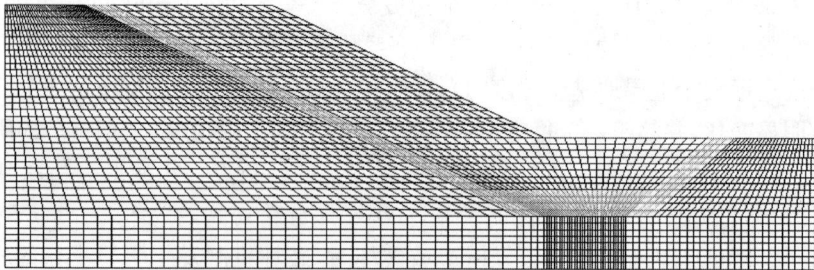

图 4.40　带有软弱夹层的不排水黏土边坡的有限元网格

算例中,此边坡包括一个软弱夹层,这个软弱夹层一部分与边坡平行,在地基中的部分为水平,最后出露地面的部分与坡踵呈45°的夹角;此例软弱夹层的设置类似于有软弱衬垫的废弃物填埋系统的情况;在分析边坡破坏及计算该边坡的稳定安全系数时,保持 $c_{u1}/\gamma H = 0.25$ 不变(即 $c_{u1} = 50$kPa),只改变软弱夹层部分的不排水抗剪强度 c_{u2}(陈祖煜,2003a)。

算例分析了 $c_{u2}/c_{u1} \leqslant 1.0$ 时的该黏土边坡的破坏性状,将得到的边坡稳定安全系数与小变形有限元计算的结果及极限平衡法中的 Janbu 法的结果进行了对比,如图 4.41 所示。

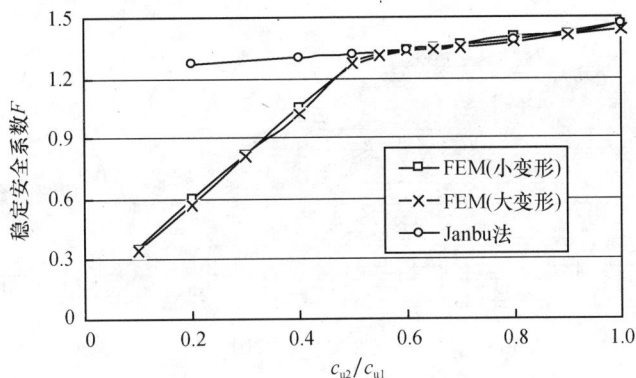

图 4.41 不同 c_{u2}/c_{u1} 条件下的边坡稳定安全系数

有限元分析的边坡稳定安全系数结果如图 4.41 所示,对于均质边坡($c_{u2}/c_{u1} = 1.0$),计算得到的稳定安全系数为 1.44,与 Griffiths 等(1999)、Taylor(1937)的 $F = 1.47$ 的解很接近,并得出了期望的圆弧基本破坏机制,其余的边坡稳定安全系数的计算结果与 Griffiths 等(1999)小变形计算得到的结果也相差不大,但网格变形有所不同;图 4.42~图 4.53 显示了不同的 c_{u2}/c_{u1} 比值下边坡破坏时的变形网格,图 4.54~图 4.65 显示了不同的 c_{u2}/c_{u1} 比值下边坡破坏时的变形及变形速度矢量图,图 4.42~图 4.53 很清楚地解释破坏模式及其发生的变化。随着软弱夹层强度的逐渐减小,$c_{u2}/c_{u1} = 0.7$ 时的网格变形结果与 $c_{u2}/c_{u1} > 0.7$ 时相比有明显的改变,此时网格变形由圆弧滑动破坏机制向沿软弱夹层滑动破坏的破坏机制转变,而 Griffiths 等(1999)的研究认为破坏机制发生转变时 $c_{u2}/c_{u1} = 0.6$。当 $c_{u2}/c_{u1} = 0.7$ 时,由圆弧滑动破坏机制向沿软弱夹层的非圆弧破坏机制的过渡,网格变形图及变形速度矢量图都清楚地显示了破坏机制的转变及其转变的连续性;$c_{u2}/c_{u1} > 0.7$ 时边坡破坏机制为圆弧滑动破坏机制所支配,稳定安全系数本质上不受软弱夹层强度的影响,而当 $c_{u2}/c_{u1} < 0.7$ 时,沿软弱夹层的非圆弧破坏机制占据了支配地位,稳定安全系数受软弱夹层强度的影响;随着软弱夹层强度的逐步降低,沿软弱夹层的非圆弧破坏机制占支配地位越加明显,稳定安全系数受软弱夹层强度的影响越大。

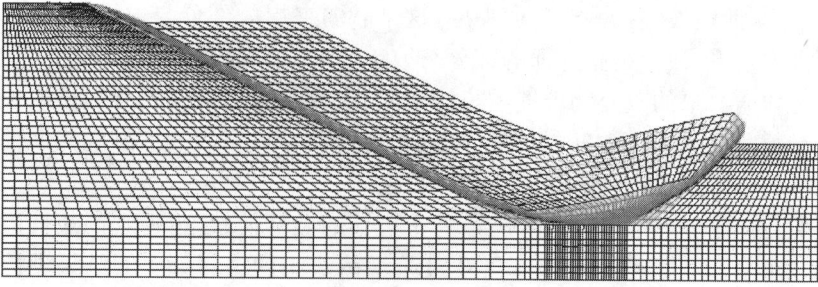

图 4.42　$c_{u2}/c_{u1}=0.1$ 时边坡有限元网格变形图

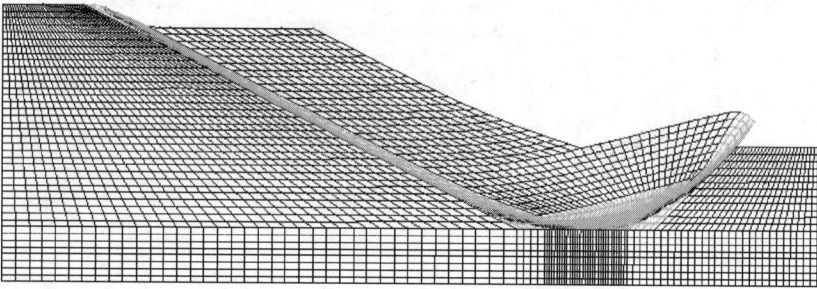

图 4.43　$c_{u2}/c_{u1}=0.2$ 时边坡有限元网格变形图

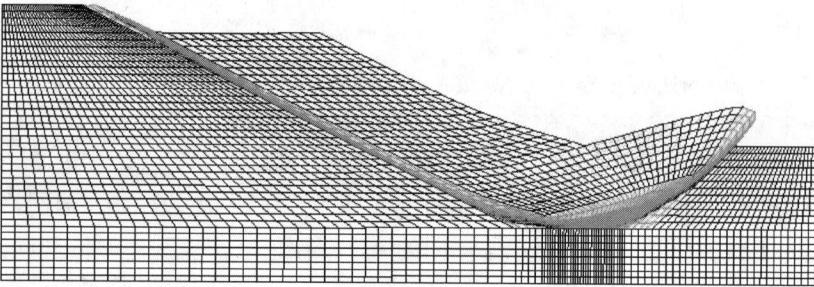

图 4.44　$c_{u2}/c_{u1}=0.3$ 时边坡有限元网格变形图

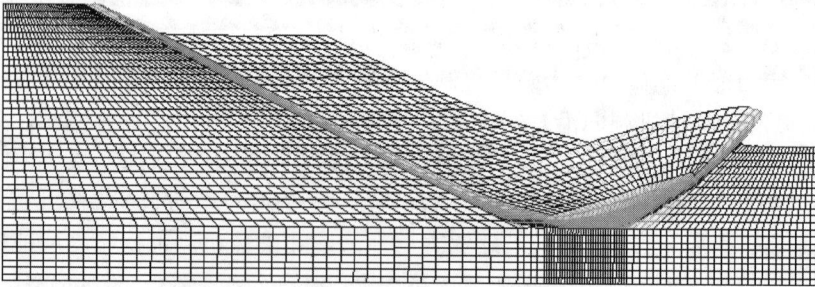

图 4.45　$c_{u2}/c_{u1}=0.4$ 时边坡有限元网格变形图

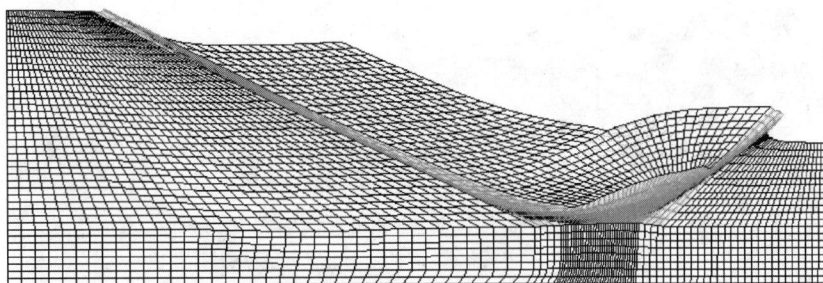

图 4.46　$c_{u2}/c_{u1}=0.5$ 时边坡有限元网格变形图

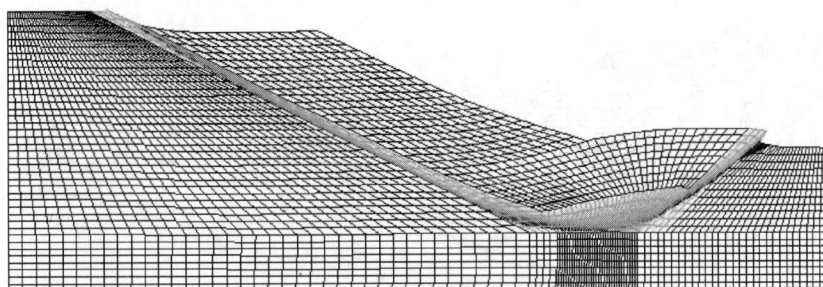

图 4.47　$c_{u2}/c_{u1}=0.6$ 时边坡有限元网格变形图

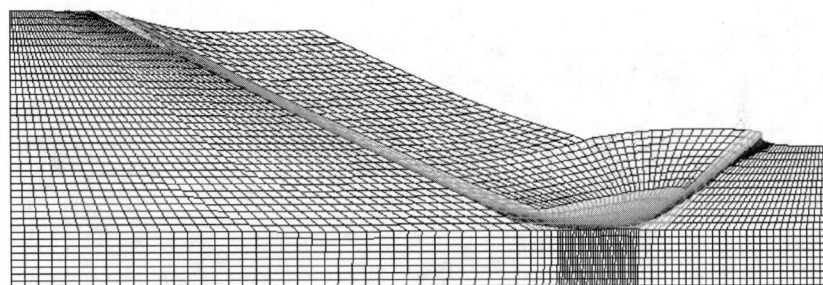

图 4.48　$c_{u2}/c_{u1}=0.7$ 时边坡有限元网格变形图

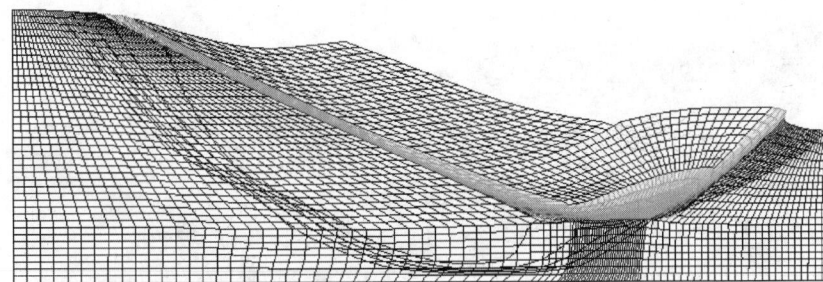

图 4.49　$c_{u2}/c_{u1}=0.75$ 时边坡有限元网格变形图

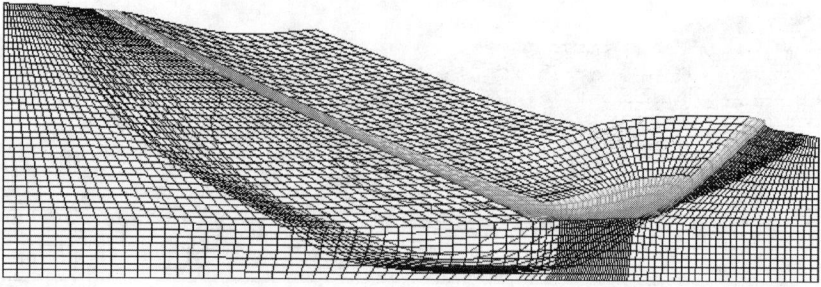

图 4.50 $c_{u2}/c_{u1}=0.8$ 时边坡有限元网格变形图

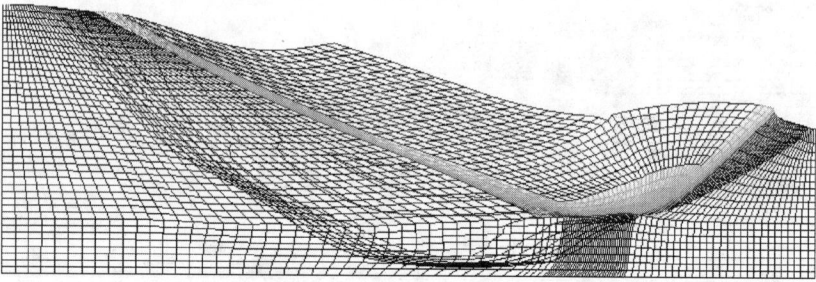

图 4.51 $c_{u2}/c_{u1}=0.85$ 时边坡有限元网格变形图

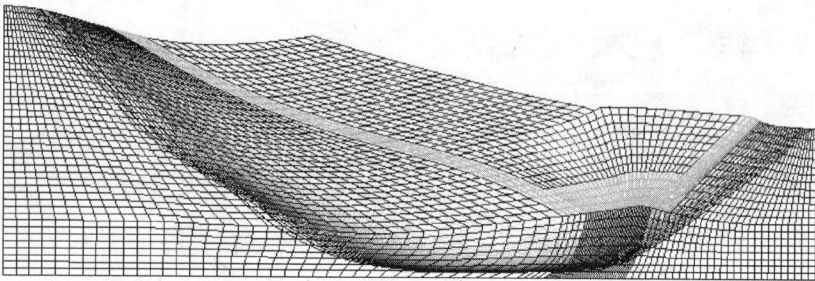

图 4.52 $c_{u2}/c_{u1}=0.9$ 时边坡有限元网格变形图

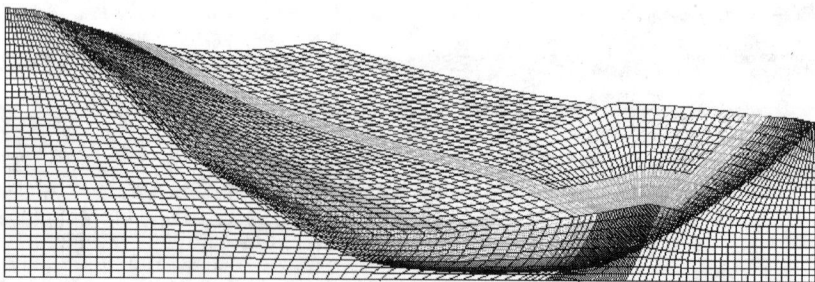

图 4.53 $c_{u2}/c_{u1}=1.0$ 时边坡有限元网格变形图

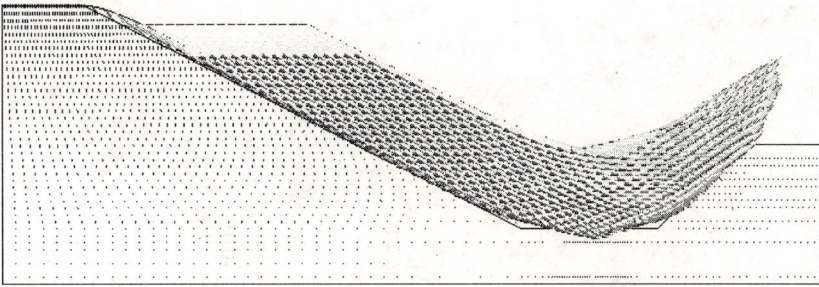

图 4.54　$c_{u2}/c_{u1}=0.1$ 时边坡的变形及变形速度矢量图

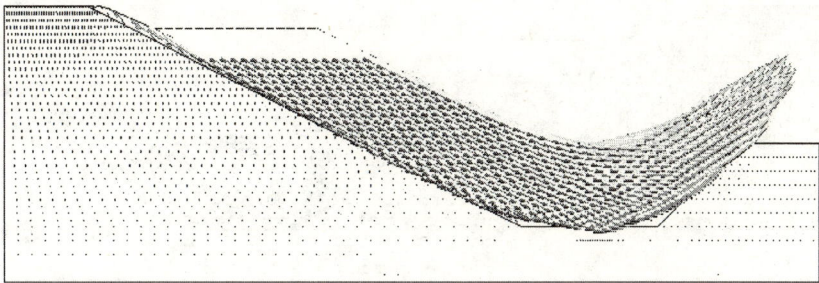

图 4.55　$c_{u2}/c_{u1}=0.2$ 时边坡的变形及变形速度矢量图

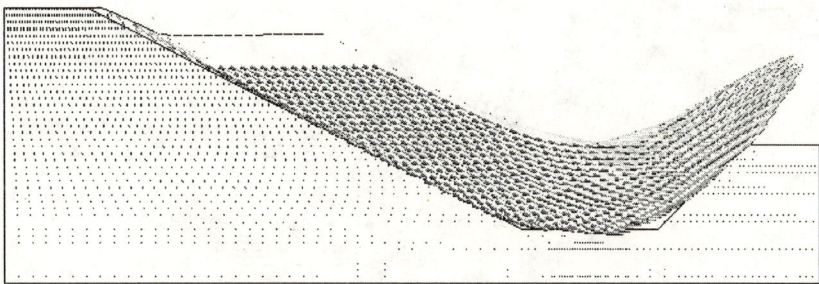

图 4.56　$c_{u2}/c_{u1}=0.3$ 时边坡的变形及变形速度矢量图

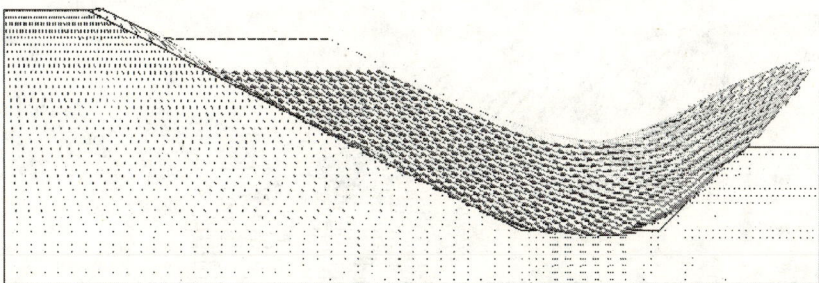

图 4.57　$c_{u2}/c_{u1}=0.4$ 时边坡的变形及变形速度矢量图

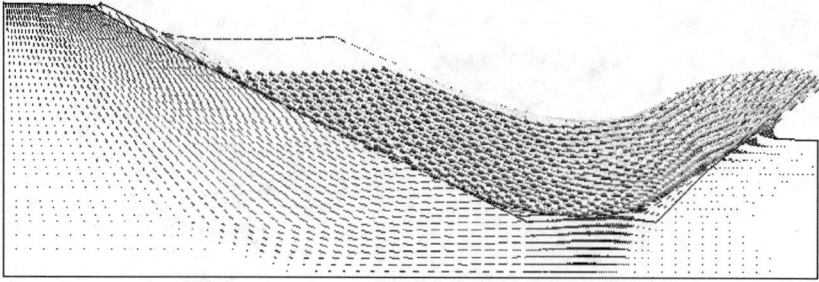

图 4.58　$c_{u2}/c_{u1}=0.5$ 时边坡的变形及变形速度矢量图

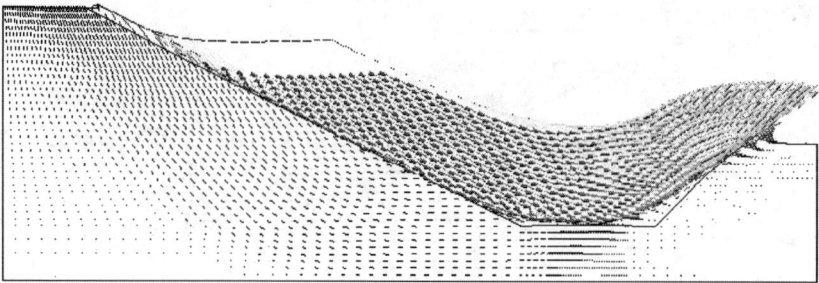

图 4.59　$c_{u2}/c_{u1}=0.6$ 时边坡的变形及变形速度矢量图

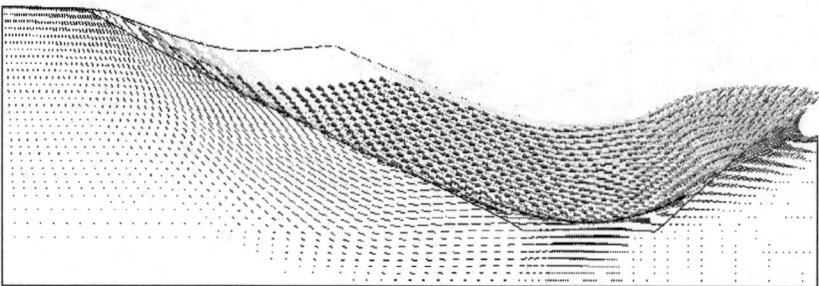

图 4.60　$c_{u2}/c_{u1}=0.7$ 时边坡的变形及变形速度矢量图

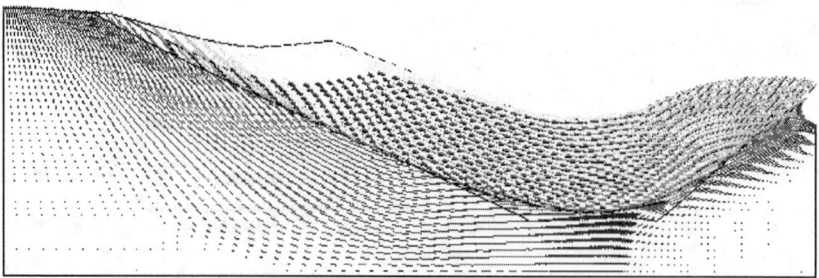

图 4.61　$c_{u2}/c_{u1}=0.75$ 时边坡的变形及变形速度矢量图

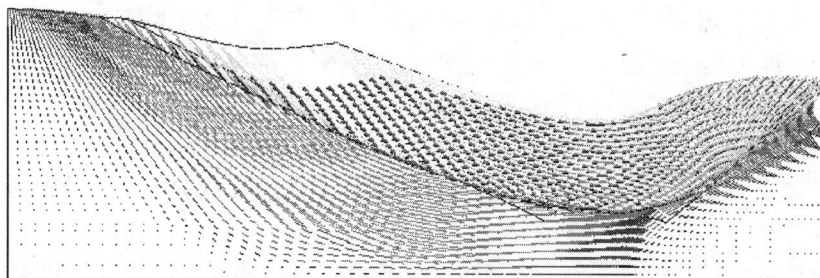

图 4.62　$c_{u2}/c_{u1} = 0.8$ 时边坡的变形及变形速度矢量图

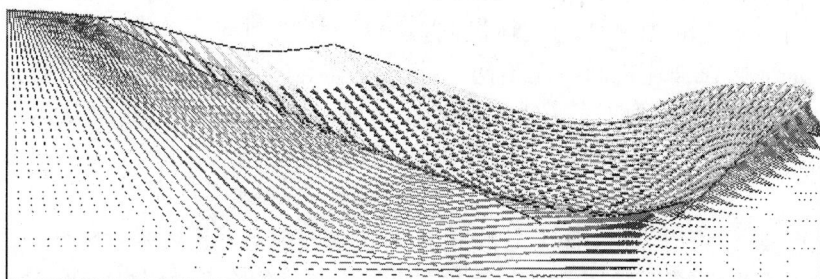

图 4.63　$c_{u2}/c_{u1} = 0.85$ 时边坡的变形及变形速度矢量图

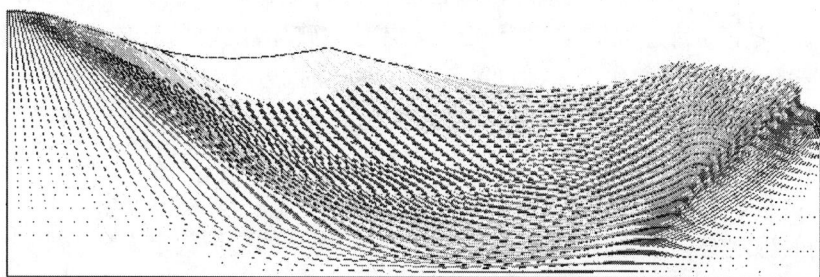

图 4.64　$c_{u2}/c_{u1} = 0.9$ 时边坡的变形及变形速度矢量图

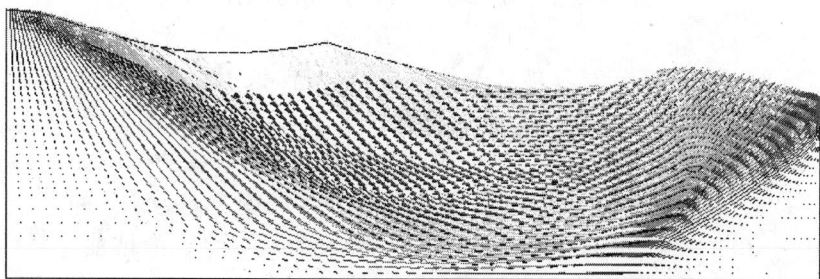

图 4.65　$c_{u2}/c_{u1} = 1.0$ 时边坡的变形及变形速度矢量图

图 4.42~图 4.53 显示了 c_{u2}/c_{u1} 从 0.1~1.0 变化时边坡的破坏性状,其相应的变形速度矢量图如图 4.54~图 4.65 所示。图 4.53 显示了均质情况($c_{u2}/c_{u1}=1.0$)时的圆弧滑动的破坏机制,而图 4.42 显示了夹层强度只有其周围土强度的 10%($c_{u2}/c_{u1}=0.1$)时的网格图,从图中可以看出,非圆弧滑动破坏机制与软弱夹层的路径几乎重合,图 4.48 和图 4.60 显示了夹层强度只有其周围土强度的 70%($c_{u2}/c_{u1}=0.7$)时的网格图及变形速度矢量图,图形与其他的大变形网格图及变形速度矢量图有所不同,其变形很明显地表现为两种滑动破坏的机制结合,一种是在软弱夹层出露地面处的沿软弱夹层的非圆弧滑动破坏机制,这种破坏机制与 $c_{u2}/c_{u1}>0.7$ 时的圆弧滑动破坏机制明显不同,另一种则是在软弱夹层坡顶处所表现出的圆弧滑动破坏机制,这种破坏机制与 $c_{u2}/c_{u1}<0.7$ 时的沿软弱夹层的非圆弧破坏机制明显不同。此外,当 $c_{u2}/c_{u1}>0.7$ 时的网格变形图及边坡变形速度矢量图明显受到边坡对应于坡角边界的影响,这也从另一个方面显示了此时边坡的破坏机制已发生变化,不再与 $c_{u2}/c_{u1}<0.7$ 时的破坏机制相同。

从图 4.41 可以看出,随着 c_{u2} 的减小(即随着软弱夹层土的强度降低),边坡将逐渐趋于不稳定,其稳定安全系数随软弱夹层土强度的降低而明显降低,边坡也逐渐发生破坏;从有限元的网格变形图及变形矢量图等也可发现其破坏的规律(图 4.42~图 4.65),边坡的破坏区域也随着软弱夹层土强度的降低而逐渐变化,当 $c_{u2}/c_{u1}<0.7$ 时,边坡的破坏沿软弱夹层滑动破坏,此时随软弱夹层强度的变化,边坡的破坏区域变化不大,但当 $c_{u2}/c_{u1}>0.7$ 时,边坡的破坏为圆弧滑动破坏,随软弱夹层强度的变化,边坡的破坏区域变化较大,此时受到有限元计算范围的影响。此外,若没有对含软弱夹层边坡破坏机制的了解,传统的极限平衡法搜索出的稳定安全系数可能会过高,如图 4.41 所示,例如,当 $c_{u2}/c_{u1}=0.2$ 时,圆弧破坏机制得到的稳定安全系数为 1.3,而采用有限元法得到的边坡稳定安全系数则为 0.6 左右(大变形计算时为 0.57,小变形时为 0.60)。

4.5　边坡工程实例分析

本节采用滑坡实例对其破坏及稳定进行分析,该滑坡为杜湖岭滑坡,位于慈溪市观海卫镇,属丘陵地貌,地形坡度一般为 $25°\sim40°$,部分地段达 $50°$ 左右,其特点为丘陵脊部较为平缓,两侧地势较陡,其滑坡体的范围如下:南北向长 230~260m,东西向宽 140~170m;滑坡体前缘坡度一般为 $10°\sim60°$,中部一般为 $10°\sim20°$,后缘坡度一般为 $20°\sim30°$;滑坡体从后缘到滑坡前缘滑体厚度 10~25m 不等,平均厚度 18m,最大厚度 36m,滑坡体积为 $6.0\times10^5 m^3$ 左右,属中型滑坡体。

　　滑坡体前缘为宽约 6m 的三皇公路,建造三皇公路时,进行的边坡开挖,对滑坡体变形产生了一定的影响。2005 年 5 月下旬至 6 月上旬,三皇公路南侧山坡上受到大范围的人工开挖,取土期间,勘察区东南侧山坡及沿山脊往南150m 左右,山体出现明显而且连续的裂缝,开挖区上方经常有残坡积物崩塌;其后,受"海棠"及"麦莎"两次台风带来的暴雨降水影响,开挖区及其西侧公路边坡滑坡较为严重,前缘塌下的残坡积物堵塞了三皇公路,滑坡周界在延伸,裂缝在增大,2005 年 7 月 10 日测得最大裂隙宽度 31cm,裂隙延伸长度约260m;野外施工结束时,测得最大裂缝宽度 50cm 左右,裂缝延伸长度约 530m,如图 4.66 所示。

图 4.66　破坏前杜湖岭滑坡后缘滑体形状图

　　根据现场观测结果,靠近后缘各观测点的位移以北东方向为主,滑移裂缝宽度在勘察进场时为 2~31cm,到 7 月 20 日受"海棠"台风带来的暴雨降水后,7 月 21日测得位移速率为 11~20mm/d;7 月 22 日~8 月 4 日连续晴天各观测点的位移速率逐渐减小至 0~7mm/d;8 月 5 日受"麦莎"台风带来的暴雨降水影响,8 月 7日测得最大位移速率为 91mm/d,显示出滑坡体的位移与天气变化密切相关。当雨水多时,地面位移速率就大,反之则小,降水与地面位移呈正比关系。从地面位移平面分布形态看,滑体中部及后部位移量较大,前部位移量较小,东西两侧下段受挤压;降水期地面位移速率为 21~91mm/d,旱期地面位移速率为 1~14mm/d;8 月 14 日测得裂缝宽度一般为 20~50cm,滑坡区内地形下沉,最大下沉量为

50cm左右;根据观测结果可得出滑坡体呈整体缓慢滑移,滑坡体处于滑动阶段;
2005年9月,杜湖岭滑坡发生破坏,其破坏后的形状如图4.67~图4.69所示,其
中图4.67所示为滑坡破坏后滑坡体后缘的形状,图4.68和图4.69为滑坡体及其
前缘的形状。

图4.67　杜湖岭滑坡失稳破坏后形状图(一)

图4.68　杜湖岭滑坡失稳破坏后形状图(二)

图 4.69　杜湖岭滑坡失稳破坏后形状图(三)

4.5.1　杜湖岭滑坡岩土体的工程地质性质

根据野外工程地质调查及钻探揭示,滑坡区共划分为 3 个工程地质层,各工程地质层的特征自上而下评述如下(其中某剖面的地质分层图如图 4.70 所示)。

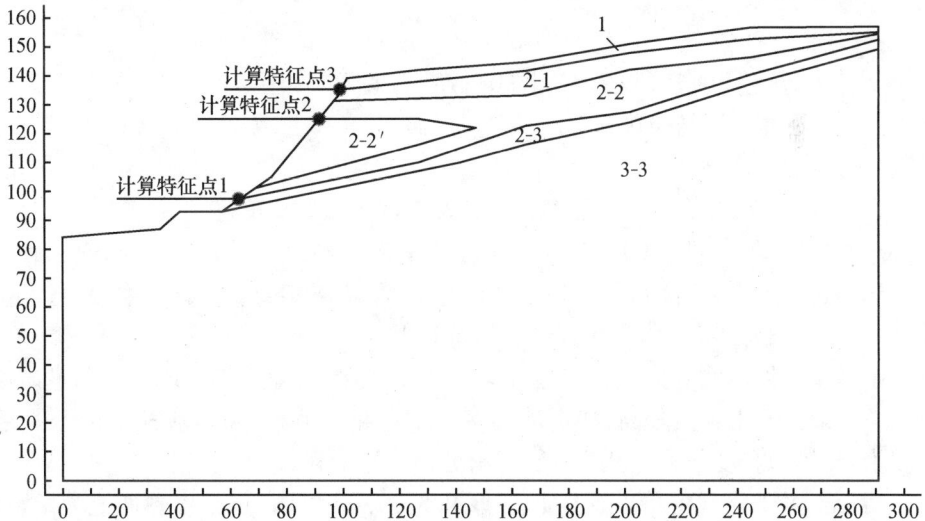

图 4.70　某剖面的工程地质图(单位:m)

1. 坡积堆积层

本层为粉质黏土或含砾砂(角砾)粉质黏土,其中粉质黏土为黄褐色,可塑,厚层状,含少量角砾及粗中砂,表层含植物根系。稍有光泽,无摇震反应,干强度中等,韧性中等,含砾砂(角砾)粉质黏土为灰色或浅黄色,硬可塑,厚层状,以粉质黏土为主,角砾含量10%～20%,砾径2～15mm,呈中风化、棱角状为主,成分为晶屑熔结凝灰岩,砂以粗中砂为主,含量20%左右,成分多为石英及长石。稍有光泽,无摇震反应,干强度中等,韧性中等。

本层土体分布于山脊及斜坡表部,从上到下颗粒逐渐变粗,层厚一般为1.9～6.5m。该层土遇水浸泡具软可塑性,易产生蠕动变形,对斜坡稳定性不利。

2. 残坡积堆积层

2-1层:含黏性土角砾。

灰黄色,褐黄色,稍-中密,碎石含量10%左右,粒径一般为20～70mm,角砾含量50%～70%,粒径一般为2～15mm,碎石及角砾呈中风化、棱角状为主,成分为晶屑熔结凝灰岩,黏性土含量20%～30%,局部为粉质黏土。

2-2层:含黏性土碎石。

灰色,褐灰色,中密-密实,碎石含量60%～70%,粒径一般为20～80mm,角砾含量10%～20%,粒径一般为2～15mm,偶含块石,直径为20～40cm,碎石及角砾呈强-中风化、棱角状,成分为晶屑熔结凝灰岩,黏性土含量20%～30%,局部黏性土含量较高。

2-2′层:块石。

灰色,褐灰色,中密,块石含量90%左右,粒径一般0.2～0.8m,大者大于1.0m,成分为晶屑熔结凝灰岩,分布不连续,碎石、角砾充填,含少量黏性土。

2-3层:含黏性土角砾。

浅灰色,浅灰绿色,浅灰白色,中密为主,部分地段稍密或密实,碎石含量30%～40%,粒径一般为20～60mm,角砾含量20%～40%,砾径2～15mm,碎石及角砾呈强-中风化、棱角及次棱角状,成分为晶屑熔结凝灰岩,黏性土含量20%～40%,大者达50%以上,局部为粉质黏土。

本层土滑坡体均有分布,是区内主要工程地质层,厚度0.5～31.0m,与基岩接触部位一般黏性土含量较高,特别是2-3层含黏性土角砾分布于基岩之上,长期受水浸泡,土体饱和度增大,强度降低,对斜坡稳定性不利。

滑带土主要分布在2-3层下部,层厚0.5～1.0m,其特点是以黏性土为主,有滑腻感,以软-可塑状态为主,颜色为浅灰色、浅灰白色。

3. 晶屑熔结凝灰岩

3-2层:强风化晶屑熔结凝灰岩。

灰黄-黄褐色,晶屑熔结凝灰结构,块状构造。岩石风化强烈,岩芯多呈碎块状,块径一般 5～15cm,手可掰碎,铁锰质渲染较强。

3-3 层:中风化晶屑熔结凝灰岩。

灰色,坚硬,熔结凝灰结构,块状构造,主要成分为石英、长石等,节理裂隙发育,视倾角及裂隙密度主要有:70°～80°,8～10 条/m,40°～45°,2～4 条/m,裂隙面矿物成分多风化变质。岩芯呈碎块状 3～5cm,短柱状 3～30cm,RQD 一般为 10%～50%。该层钻孔均有揭露,饱和抗压强度为 65.3MPa,干抗压强度为 86.6MPa,抗剪断强度为 $c=13.9$MPa,$\varphi=52.9°$,力学强度较高。

4.5.2　杜湖岭滑坡的地下水、滑坡体特征及滑坡破坏形成机制

1. 滑坡体地下水特征

滑坡体内地下水主要表现为孔隙潜水,赋存于坡积堆积层及残坡积堆积层第四系松散岩类中。坡积堆积层透水性弱,富水性差,直接接受大气降水地表水上坡潜水补给,排泄途径主要为顺坡下渗及蒸发;残坡积堆积层接受坡积堆积层垂直补给,富水性一般,排泄途径主要为顺坡下渗,向低洼处排泄,局部以泉水形式出露,滑坡体前后水位高差达 45m 左右;下坡水力坡度较大,松散土层与基岩接触带部位,因岩土渗透性的差异,往往形成地下水作用的活跃带,并发展成为斜坡破坏的潜在滑动面。

2. 滑坡体结构特征

将滑坡体的结构特征分别按照滑坡体及其构成分述如下。

滑坡体。由第四纪坡积粉质黏土、含砾砂(角砾)粉质黏土层及残坡积含黏性土碎石(角砾)、块石层组成。黏性土呈软可塑-硬可塑状,碎石类土呈稍-中密状,块石不连续。

滑坡前缘。根据对三皇公路的观测,该公路路面未见裂缝,公路挡墙未见变形迹象,公路内侧基岩直接出露。因而,确定滑坡前缘,靠近三皇公路。前缘遭受人工开挖,形成近 60°的临空面。

滑坡后缘。人工开挖区顶部沿山脊往南 150m 左右,边界裂缝分布明显而且连续。

滑动面。根据钻孔揭露,2-3 层较上覆土层土性差,结合地形地貌、地质结构综合确定,杜湖岭滑坡体的滑动面沿基岩面滑动。

滑移带。根据野外地质编录及室内土工试验成果,滑带土主要处于 2-3 层含黏性土角砾中,其特点如下:黏性土含量高,颜色局部为浅灰色、浅灰绿色,有滑腻感,长期受水浸泡,土体饱和度大,强度低。滑带土渗水饱和后,其土体强度显著降低。

3. 滑坡破坏形成机制

本次滑坡的形成是自然地质与人为工程活动因素综合作用的结果,滑坡形成

机制可归纳如下。

　　(1)山脊及山体斜坡上的第四纪堆积物结构较松散,透水性较好,有利于地下水的渗透。下部基岩强度较高,结构紧密,透水性弱,当地下水下渗后,在岩土接触面(易滑面)构成软弱滑动面,当含水量较大时,大大降低了该面的抗剪强度,上层土体易沿着下伏基岩顶面滑动。

　　(2)构造破碎带内组成物质结构较松散,透水性较好,当地下水下渗后,由于抗剪强度显著降低,构成软弱结构面,此结构面与滑坡体滑移方向基本一致,易沿此面发生滑坡。

　　(3)从地形上看,靠滑坡体前缘岩土体被取走后,导致抗滑阻力大大减少,促使滑坡体发生位移。

　　(4)本滑坡形成后经受"海棠"台风及"麦莎"台风的两次暴雨降水期,受地表水的下渗作用,山坡土体的含水量增加,使土体达到塑性状态,降低土体的稳定性,当水渗入基岩面时,使接触面湿润,减少摩擦力和黏聚力,使山坡失去稳定而滑移。

4.5.3　杜湖岭滑坡稳定及破坏的大变形有限元分析

　　为验证和说明杜湖岭滑坡的破坏性状与稳定性,同时为了更逼真地反映滑坡变形破坏的实际情况,这里采用大变形弹塑性有限元分析得到边坡的稳定安全系数。

　　该边坡土体的材料性质见表4.13和表4.14,算例中采用剖面的几何形状及工程地质分层如图4.70所示,考虑自然边坡在重力作用下的破坏(无其他外力作用),假定边坡的两侧计算边界设为只有竖向位移的水平约束,底部计算边界设为固定约束,顶面不作约束,设为自由运动的边界条件;边坡有限元网格划分如图4.71所示,整个计算区域划分为5841个三角形单元,共计3040个节点,采用平面应变分析,土体计算模型采用Mohr-Coulomb模型,剪胀角取为0°;计算时分别选取边坡中的三个点作为破坏分析的特征位置点(图4.70)。

表4.13　计算算例各土层的材料性质(旱季)

土层编号	天然重度 γ/ (kN/m³)	黏聚力 c/kPa	内摩擦角 φ/(°)
1	19.2	23.59	13.93
2-1	20.1	20.00	20.99
2-2	20.9	27.91	14.27
2-2′	21.9	27.91	20.75
2-3	20.2	21.13	17.29
3-3	24.0	13900	52.9

表 4.14　计算算例各土层的材料性质(雨季)

土层编号	天然重度 $\gamma/(kN/m^3)$	黏聚力 c/kPa	内摩擦角 $\varphi/(°)$
1	19.5	22.24	12.28
2-1	20.3	19.11	20.77
2-2	21.2	24.30	12.73
2-2′	22.0	24.30	20.25
2-3	20.4	18.09	14.80
3-3	24.0	13900	52.9

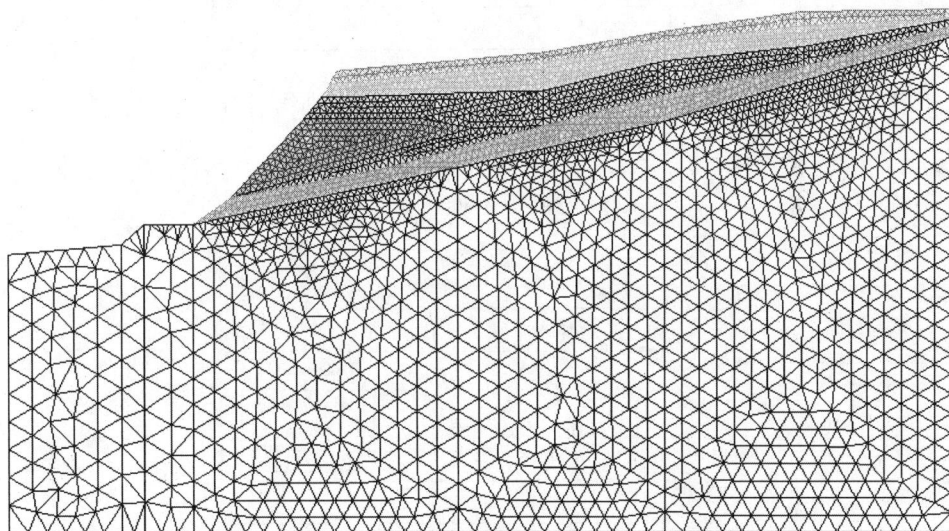

图 4.71　杜湖岭滑坡算例(某剖面)的有限元网格划分

分别采用旱季和雨季的土体性质指标对杜湖岭滑坡进行有限元分析,对于雨季以抗剪强度的降低来综合考虑雨水及地下水渗流的影响得到了其稳定安全系数及其破坏性状,图 4.72 和图 4.73 分别表示了土体处于非饱和与饱和状态时杜湖岭滑坡特征位置点位移增量随强度折减系数的变化规律,根据本章 4.3 节推荐的边坡判断准则得到杜湖岭滑坡的稳定安全系数土体处于非饱和状态(旱季)时 $F_{tria}=0.95$,土体处于饱和状态(雨季)为时 $F_{tria}=0.86$,与采用极限平衡法得到的结果一致(土体处于非饱和状态时 $F_{tria}=0.96$,土体处于饱和状态时 $F_{tria}=0.863$);采用塑性应变剪切带表示的塑性区的发展变化、破坏时的网格图及变形速度矢量图如图 4.74~图 4.85 所示,其中土体处于非饱和状态时不同强度折减系数的边坡塑性区的发展变化图如图 4.74~图 4.77 所示,破坏时的网格变形图如图 4.78 所示,破坏时的变形速度矢量图如图 4.79 所示,土体处于饱和状态时不同强度折减系数的边坡塑性区的发展变化图如图 4.80~图 4.83 所示,破坏时的网格变形图如图 4.84 所示,破坏时的变形速度矢量图如图 4.85 所示。

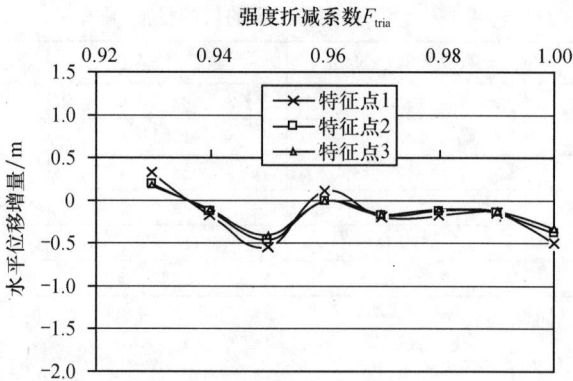

图 4.72　特征位置的水平位移增量随强度折减系数的变化曲线(土体处于非饱和状态)

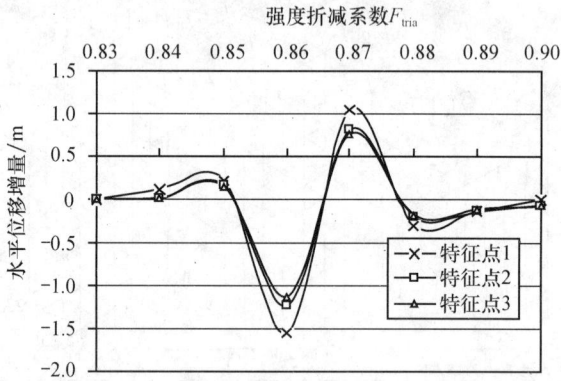

图 4.73　特征位置的水平位移增量随强度折减系数的变化曲线(土体处于饱和状态)

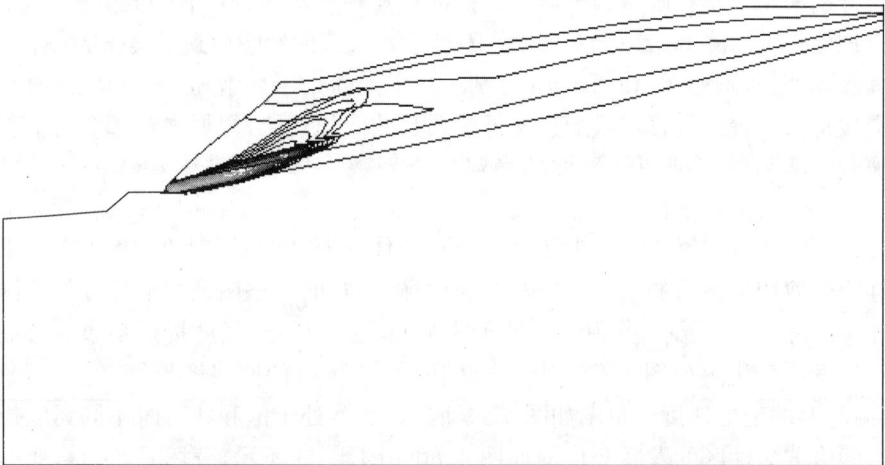

图 4.74　破坏前塑性应变剪切带表示的塑性区(土体处于非饱和状态 $F_{tria}=0.92$)

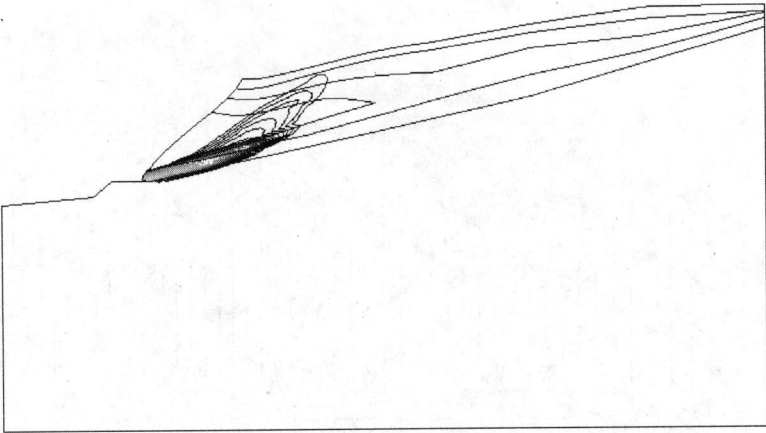

图 4.75　破坏前塑性应变剪切带表示的塑性区(土体处于非饱和状态 $F_{tria}=0.93$)

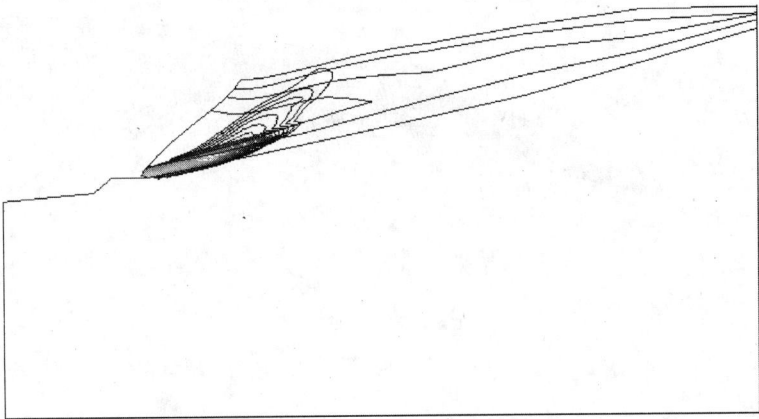

图 4.76　破坏前塑性应变剪切带表示的塑性区(土体处于非饱和状态 $F_{tria}=0.94$)

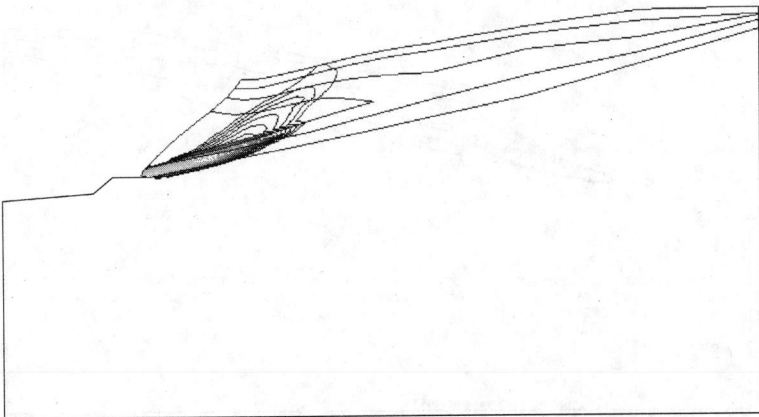

图 4.77　破坏时塑性应变剪切带表示的塑性区(土体处于非饱和状态 $F_{tria}=0.95$)

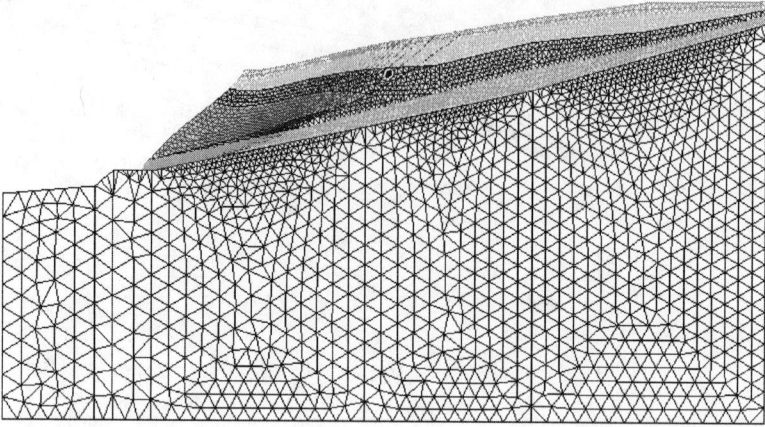

图 4.78　破坏时边坡的网格变形图(土体处于非饱和状态 $F_{tria}=0.95$)

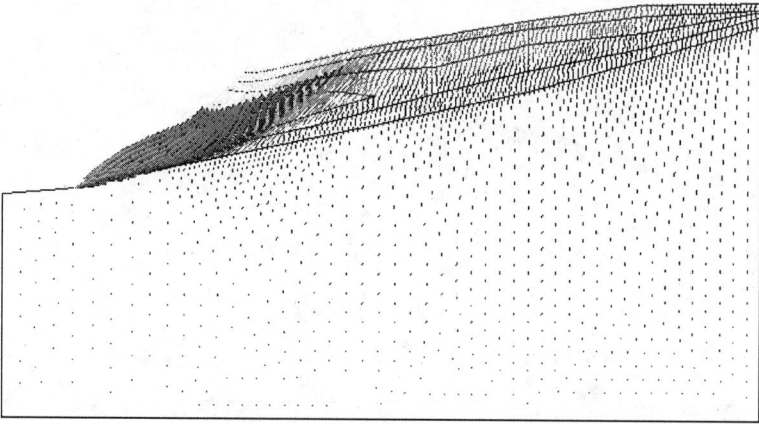

图 4.79　破坏时边坡变形速度矢量图(土体处于非饱和状态 $F_{tria}=0.95$)

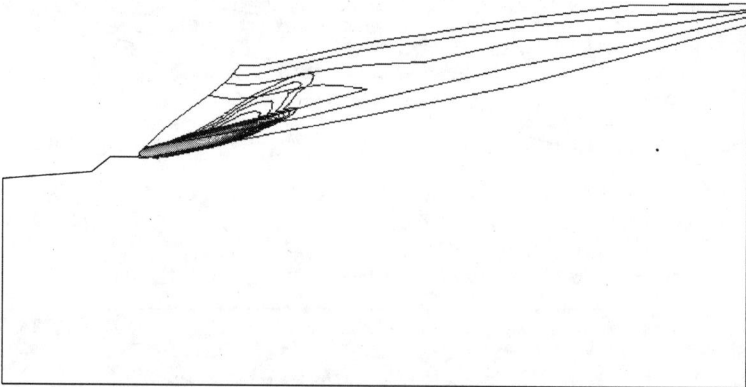

图 4.80　破坏前塑性应变剪切带表示的塑性区(土体处于饱和状态 $F_{tria}=0.83$)

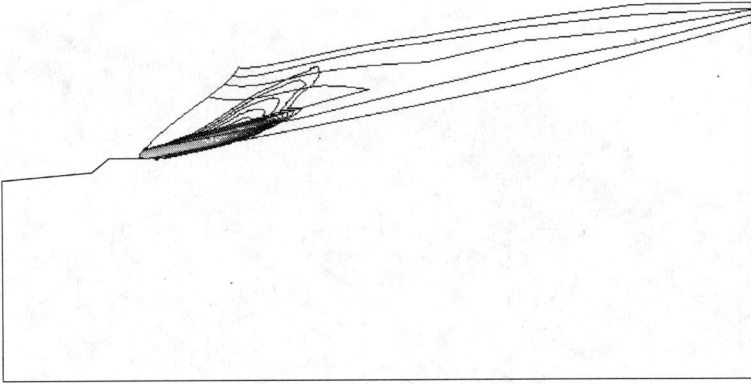

图 4.81 破坏前塑性应变剪切带表示的塑性区(土体处于饱和状态 F_{tria}=0.84)

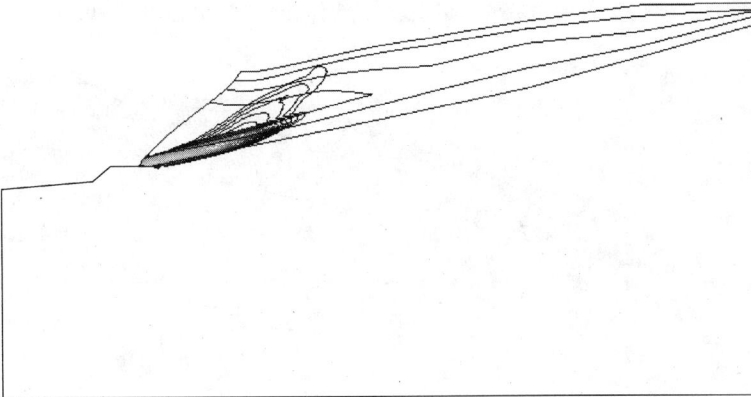

图 4.82 破坏前塑性应变剪切带表示的塑性区(土体处于饱和状态 F_{tria}=0.85)

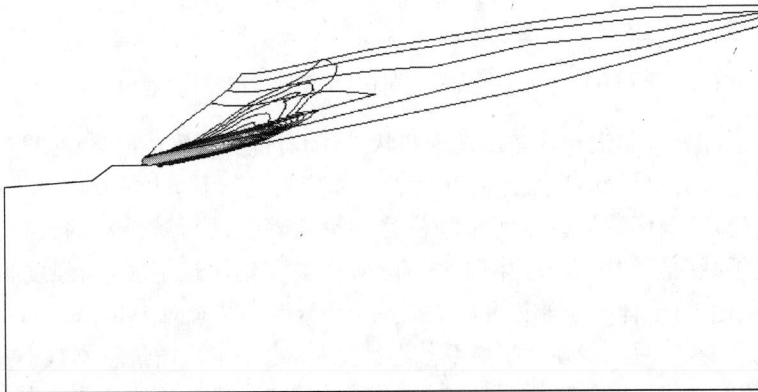

图 4.83 破坏时塑性应变剪切带表示的塑性区(土体处于饱和状态 F_{tria}=0.86)

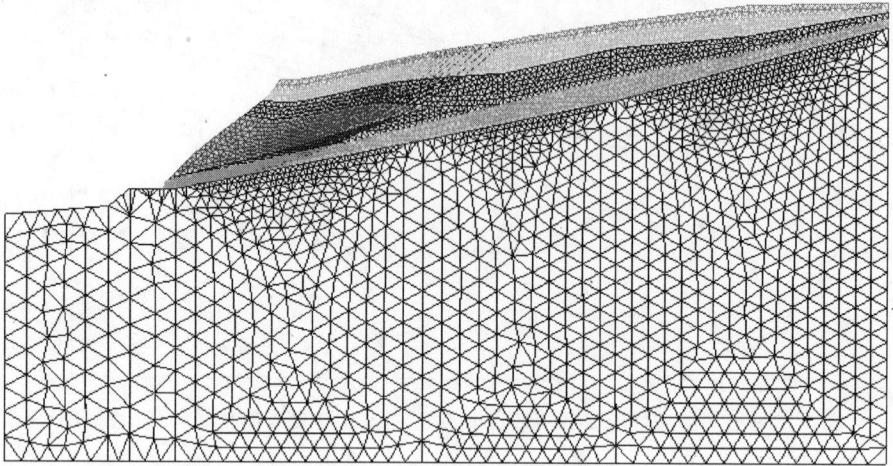

图 4.84　破坏时边坡的网格变形图(土体处于饱和状态 $F_{\text{tria}} = 0.86$)

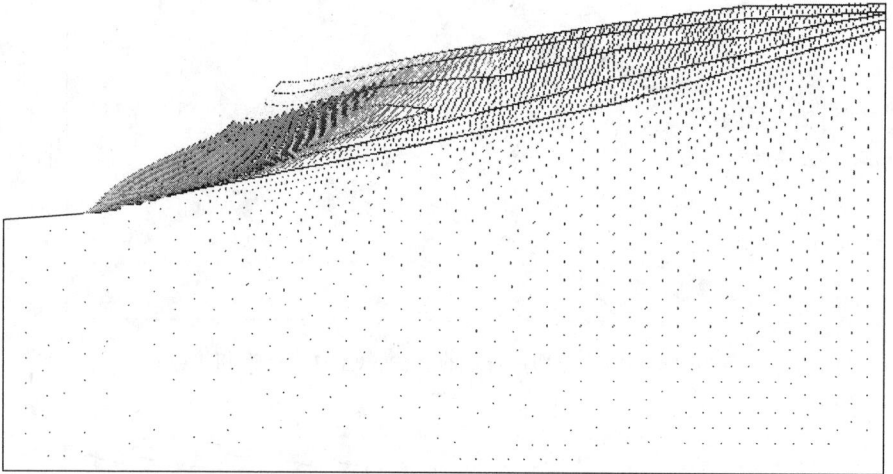

图 4.85　破坏时边坡变形速度矢量图(土体处于饱和状态 $F_{\text{tria}} = 0.86$)

　　无论土体处于非饱和状态还是饱和状态,随着抗剪强度的降低(强度折减系数的增加),土坡首先局部发生破坏,并随着土体应力的转移,边坡发生渐进破坏,直至最后失稳,其破坏特征位置的水平位移增量随着强度折减系数的变化而变化。随着强度折减系数的增大,开始时水平位移增量变化比较平缓,当强度折减系数 F_{tria} 增至一定值(土体处于非饱和状态时为 0.95,饱和状态时为 0.86)时,水平位移增量出现突变,其后随着强度折减系数继续增加,水平位移增量急剧减小并趋于平缓;同时随着抗剪强度的降低(强度折减系数的增加),边坡的坡角处首先出现塑性区,部分土体达到塑性状态后,引起周围土体应力的重分布,进而引起周围土体的强度发挥,并逐步达到塑性状态,塑性区的范围也就逐渐扩展,当强度折减系数达到一定值(土体处于非饱和状态时 0.95,饱和状态时 0.86)时,此塑性区贯通,根据边坡破坏判断准则,该边坡完全破坏。

从以上分析可以看出,无论土体处于非饱和状态还是处于饱和状态,边坡都处于滑移破坏状态,受到环境情况(主要表现为抗剪强度)影响,边坡滑移速率会发生变化,这与杜湖岭滑坡的实际情况相符合,图 4.72 和图 4.73 中的边坡特征位置的水平位移增量的变化也说明了这一情况。当土体受雨水侵入影响时,边坡土体的含水量增加,土体进入饱和状态或塑性状态,土体的稳定性降低。当水渗入到基岩面时,使接触面湿润,摩擦力和黏聚力减少,边坡将失去稳定性;大变形有限元分析结果也体现出了这一趋向:土体由非饱和状态到饱和状态时,杜湖岭滑坡的边坡稳定安全系数降低较多,从 0.95 降低至 0.86;而杜湖岭滑坡的实际情况则为:土体处于非饱和状态时滑坡缓慢滑移,当土体处于饱和状态时滑体发生整体失稳破坏。因而从滑坡的有限元分析也可得知滑坡的稳定状态。

4.6　本章小结

本章采用大变形有限元法对土质边坡的渐进破坏、破坏性状及稳定性进行了一些探讨,简单介绍了局部化分析的常用方法及应变局部化产生的条件,采用分岔理论局部化判断准则分析了均质土质边坡的渐进破坏过程,分析了有限元法中影响土质边坡稳定性的因素,分别对均质土质边坡、双层地基土质边坡、含软弱夹层黏土边坡进行了分析,并对一边坡破坏实例进行了分析,主要结论如下。

(1)采用分岔理论对土质边坡的应变局部化分析时,利用强度折减法对土体的抗剪强度进行折减直至土质边坡失稳破坏;从其应变局部化的发展可研究边坡的渐进破坏过程。边坡的渐进破坏随着土体抗剪强度的逐渐减小而发展,是土坡由自然状态向失稳破坏状态逐渐发展的过程。采用应变局部化方法得到的边坡的局部化带的位置与一般方法得到的边坡滑动面基本吻合,求得的稳定安全系数较接近,这说明采用这种方法研究边坡的渐进破坏是可行的。

(2)分析某一土质边坡时,其边坡的渐进破坏过程可描述如下:边坡在坡面底部的土体最先进入塑性状态(即局部化剪切带出现),随着强度折减系数的增大(或抗剪强度的减小),部分土体达到塑性状态后引起周围土体应力的重分布,进而引起周围土体的强度发挥,并逐步达到塑性状态,塑性区(或局部化剪切带)的范围也就逐渐扩展,在一定强度折减系数(或抗剪强度)时,塑性区开始分岔,并逐步形成两条局部化剪切带,随着强度折减系数的增大(或抗剪强度的减小),土坡中的局部化剪切带进而发展扩大,随着强度折减系数的进一步增大(或抗剪强度的减小),靠近坡面的局部化剪切带开始缩小,其周围土体应力开始卸载,其应力逐步传递到周围土体导致另外一条局部化剪切带的进一步扩展,并于某一强度折减系数时两条局部化剪切带开始形成了连续的局部化带分布区,其后随着强度折减系数的增大(抗剪强度的减小)至某一值时,局部化带完全贯通,边坡出现滑动,呈不稳定状态。

(3) 采用有限元法分析土质边坡稳定时,影响因素较多,如计算范围、网格密度、剪胀角、屈服准则、土体的黏聚力及内摩擦角等,研究表明:①坡角面的计算范围对稳定安全系数和破坏面的计算结果影响较小,而坡顶面的计算范围对计算结果影响较大,对于坡顶面的计算范围可采用 2～3 倍边坡高度,为取得更好的结果,建议采用 2.5～3 倍边坡高度;②有限元网格密度对稳定安全系数的计算结果影响较大,但网格密度达到一定程度,其计算结果变化不大,在一定的计算精度下,当单元密度每 $10m^2$ 不少于 3.5 个节点时,网格密度对边坡分析的结果影响可忽略;③剪胀角对稳定安全系数计算结果的影响受内摩擦角的大小影响,当内摩擦角较小时,计算结果受剪胀角的影响较小,当剪胀角均取 0 时,算例结果显示出较好的精度;④屈服准则对稳定安全系数的计算结果影响较大,采用不同的屈服准则得到的稳定安全系数的计算结果相差很大,但不同的屈服准则得到的塑性区形状相似,这是受不同的屈服准则在 π 平面上屈服准则圆的影响;⑤内摩擦角的大小对计算精度的影响是明显的,内摩擦角增大,误差也呈增大的趋势,而黏聚力对计算精度的影响不明显。

(4) 对一土质边坡的破坏分析表明,采用塑性区的贯通及特征位置水平位移增量的突变判断土质边坡的破坏是可行的,得到的稳定安全系数与常规方法得到的结果接近,并且塑性区的贯通与特征位置水平位移增量的突变基本同时发生;同时有限元计算得到的特征位置水平位移增量及网格变形图表明,分析土质边坡渐进破坏及稳定性必须采用大变形有限元方法,以更好地符合边坡破坏发展过程的实际情况。

(5) 双层地基上边坡的变形机制及破坏机制受双层地基土体强度的影响较明显;随着上下两层地基土体抗剪强度的变化,边坡的变形机制及破坏机制会发生明显的变化。当地基中上层地基土体强度大于下层地基土体强度时,其破坏机制为明显的圆弧滑动破坏,并随着下层地基土体强度的减小,滑动面向深处发展;但随着下层地基土体强度的增大,其破坏机制逐渐发生变化,由圆弧滑动破坏向沿坡角滑动破坏发展,当下层地基土体增大至某一值时,边坡破坏机制发生明显的变化,圆弧滑动破坏趋于消失,沿坡角的滑动破坏成为主要破坏机制;当下层地基土体强度远大于上层地基土体强度时,边坡按沿坡角的滑动破坏机制发生破坏。采用大变形有限元分析得到的边坡稳定安全系数同小变形有限元分析得到的结果相差不多,即当下层地基土强度远远大于上层地基土强度时,边坡的稳定安全系数将不发生明显变化,并趋于一个稳定值;大变形分析得到的边坡破坏机制发生转变时的转折点与小变形分析得到的不同,即采用大变形分析边坡破坏时,破坏机制发生明显变化的强度比值小于采用小变形分析时的强度比值。随着下层地基土强度的降低,边坡将逐渐趋于不稳定,其稳定安全系数随下层地基土强度的降低而明显降低;边坡的破坏区域也随着下层地基土强度的降低而逐渐扩大,沿深度方向及对应于坡角处平面扩大明显,而对应于坡顶处平面扩大不明显;而当下层土强度高于上层土强度 50% 时,上层土的破坏区域会随下层土强度的增大发生变化,但是破坏区域变化较小。

(6) 含软弱夹层的黏土边坡的稳定及破坏性状受到软弱夹层土体的性状影响较大。软弱夹层土体抗剪强度影响到黏土边坡破坏机制,当软弱夹层土体抗剪强度与周围土体抗剪强度的比值 (c_{u2}/c_{u1}) 小于一定值时,其破坏机制将不同于常见的圆弧滑动破坏机制,而是沿软弱夹层滑动的破坏机制,采用大变形有限元分析时得到的网格变形图及变形速度矢量图可较为明显地看出边坡破坏机制的转变(如算例中 $c_{u2}/c_{u1}=0.7$),虽然小变形也可得出边坡破坏机制的转变,但是破坏机制发生转变时的强度比值 c_{u2}/c_{u1} 要小于大变形时的值。同样软弱夹层土体抗剪强度也影响到边坡的稳定安全系数;随着软弱夹层强度的逐步降低,沿软弱夹层的非圆弧破坏机制占支配地位越加明显,稳定安全系数受软弱夹层强度的影响越大;随着软弱夹层土的强度降低,边坡将逐渐趋于不稳定,其稳定安全系数随软弱夹层土强度的降低而明显降低,边坡也逐渐发生破坏。此外,若对含软弱夹层边坡破坏机制不了解,传统的极限平衡法得到的稳定安全系数可能会过高,导致错误的结果。

(7) 从对杜湖岭边坡的大变形有限元分析结果看,无论土体处于非饱和状态还是饱和状态,边坡都处于滑移破坏状态,受环境情况(主要表现为土体抗剪强度)影响,边坡滑移速率会发生变化,这与杜湖岭滑坡的实际情况相符合,同时边坡特征位置的水平位移增量的变化也说明了这一情况。当土体受雨水侵入影响时,边坡土体的含水量增加,土体进入饱和状态或塑性状态,土体的稳定性降低;当水渗入到基岩面时,使接触面湿润,摩擦力和黏聚力减少,边坡将逐渐失去稳定性,大变形有限元分析结果也体现出了这一趋向:土体由非饱和状态到饱和状态时,杜湖岭滑坡的边坡稳定安全系数降低较多,而杜湖岭滑坡的实际情况如下:土体处于非饱和状态时滑坡缓慢滑移,当土体处于饱和状态时滑体发生整体失稳破坏。因而采用大变形有限元方法可较好地分析边坡的稳定性。

第 5 章　土质边坡稳定 RKPM 分析

5.1　引　　言

本章利用第 2 章阐述的 RKPM 理论分析边坡的失稳破坏特性,首先研究了计算域离散质点密度、屈服条件、剪胀性对边坡稳定性的影响。在得到的应力-应变场的基础上,发展了基于应变分析的临界滑裂面确定方法,继而基于搜索得到的临界滑裂面,提出计算稳定安全系数的方法。最后分析了双层及带有软弱夹层土质边坡的破坏特性。

5.2　基于 RKPM 的边坡稳定性的影响因素分析

影响边坡稳定性分析结果的因素很多,对于极限平衡法,土体强度参数、假设滑动面的位置和形状、划分土条的数量及假设的土条间的作用力形式、安全系数的定义方法等因素都对稳定性分析结果有很大影响。对于有限元法等数值方法,影响因素有计算模型边界尺寸、网格密度、土体强度参数、屈服准则、流动法则及弹性参数(弹性模量和泊松比)等。

采用极限平衡法分析边坡的稳定性时,强度安全系数由土体的力与力矩的平衡条件得到,只与划分的土条有关,而与以外的区域无关,因此只要潜在滑裂面完全在计算模型的区域内就不会对计算结果产生影响。而采用数值方法时,由于考虑了土体的应力-应变关系,计算模型几何尺寸的变化将会影响到土体内应力变形的分布。如果选取的计算模型几何尺寸太小,由于边界条件的约束,使得边界附近的计算结果失真,进而影响边坡稳定性分析的计算结果。因此,数值方法分析边坡稳定性的几何模型尺寸越大,对结果的影响越小,但显然,几何模型的尺寸越大,耗费的计算资源越多。Griffiths 等(1999)采用坡顶边界为坡高 2 倍的几何模型;Manzari 等(2000)采用坡顶边界为坡高 1~3 倍的几何模型;郑颖人等(2002)经研究发现,模型边界范围的大小在有限元中对计算结果的影响比传统极限平衡法更为敏感,当坡角边界长度为坡高的 1.5 倍,坡顶边界的长度为坡高的 2.5 倍,且上下边界总高不低于 2 倍坡高时,计算精度最为理想。张鲁渝等(2003)认为计算模型的坡角边界、地面边界和坡顶边界的范围对稳定安全系数计算精度的影响依次增大,坡顶边界的范围对计算精度的影响达到 5%。

张鲁渝等(2003)、郑颖人等(2004b)的研究认为,内摩擦角的大小对计算精度的影响是明显的,内摩擦角增大,误差也呈增大的趋势,与简化 Bishop 法比较,采用等面积圆 Drucker-Prager 准则的计算结果的误差相对较小(约为 5.7%),黏聚力对计算精度的影响不明显。吕庆(2006)的研究显示,黏聚力 c 的大小对计算结果的影响较大。当黏聚力为零或过大时,有限元折减法的计算结果和 Spencer 法的误差较大,对于一般情况,当黏聚力在 $10\sim60$kPa 变化时,两种方法的结果接近。内摩擦角 φ 对计算结果的影响和 φ 的大小有很大关系,当 φ 值较小时,有限元折减法和 Spencer 法的计算结果误差较大,而当摩擦角 φ 的大小增大到能保证边坡的稳定安全系数大于 1 时,则两种方法的计算结果非常接近。张培文等(2006)分析了弹性模量和泊松比对边坡稳定安全系数的影响,认为弹性模量的影响很小,泊松比对稳定安全系数的计算结果有一定影响。关立军(2003)经过研究表明,弹性模量和泊松比对稳定安全系数计算结果的影响相对较小。

下面将利用 RKPM 分析计算模型离散质点密度、屈服准则和流动法则对边坡稳定性计算结果的影响,并与有限元法的相关研究成果进行比较。计算模型如图 5.1 所示,坡顶边界取坡高的 2.5 倍,土体参数见表 5.1,计算采用理想弹塑性模型。

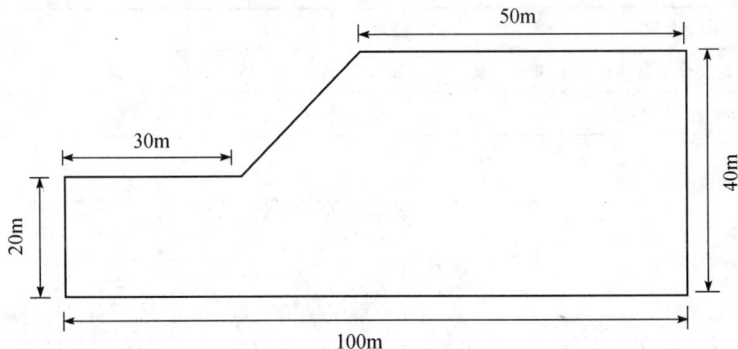

图 5.1 计算模型

表 5.1 计算模型参数

黏聚力 c/kPa	内摩擦角 φ/(°)	弹性模量 E/MPa	泊松比 μ	土体重度 γ/(kN/m³)
42	17	100	0.35	20

5.2.1 离散点密度的影响

有限元法中,网格密度和单元类型对计算精度都有很大的影响,网格密度越大计算结果越精确,Zienkiewicz 等(2000b)在边坡分析中采用自适应有限元法对网格密度进行了对比分析,其研究结果表明,采用较多的网格或较密的网格划分对边坡分析的结果更为准确。张鲁渝等(2003)认为有限元网格疏密对计算精度的影响甚至大于单元类型的影响,要得到较为理想的计算精度,对于 4 节点矩形单元,单元密度要保证每 $10m^2$ 不少于 3 个节点。刘开富(2006)的研究结果显示,在一定条件下单元密度每 $10m^2$ 要不少于 3.5 个节点。与有限单元法有很多单元类型不同,无网格法中离散质点没有不同的类型,仅离散点密度是影响计算精度的重要因素,当然离散点密度越大,计算结果的精度越高,但一味增大离散点密度势必耗费更多的计算资源,合理的做法是采用既能满足计算精度,又不至于耗费过多机时的离散点密度,因此研究计算结果对离散点密度的敏感性有实际意义。

采用图 5.1 和表 5.1 的算例,左右边界置为只有竖向位移变化的水平方向约束,底边界置为固定约束,其他为自由边界。离散质点分别取 582、932、1580、2570 和 3616 个,计算采用 Mohr-Coulomb 屈服准则和关联流动法则。稳定安全系数的确定采用特征点位移法,计算结果见表 5.2。图 5.2 为 1580 个质点的离散模型,图 5.3 和图 5.4 分别为 1580 个质点模型折减系数取 1.23 时的位移矢量及塑性应变分布。

表 5.2　安全系数计算结果

计算模型离散质点数	582	932	1580	2570	3616
本书方法稳定安全系数	1.35	1.26	1.23	1.22	1.22
Spencer 法			1.20		

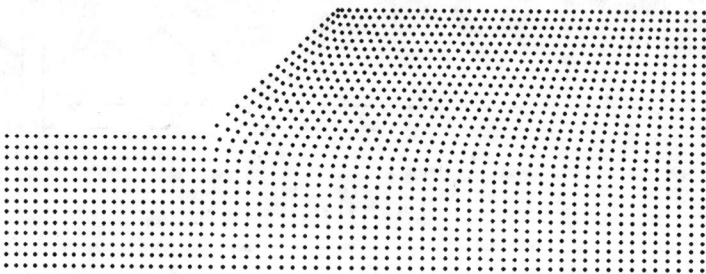

图 5.2　无网格离散

从表 5.2 的结果可知,离散点密度对稳定安全系数有明显影响,若离散质点太疏,会得到偏大的稳定安全系数,但达到 1580 个质点后,离散点密度对计算结果的影响就很小了,这时如果为了更高的精度再增大离散质点密度就会得不偿失。单从上述算例看,1580 个离散质点,即平均每 $10m^2$ 分布 4.5 个质点时,就能得到误差在可接受范围内的计算结果。

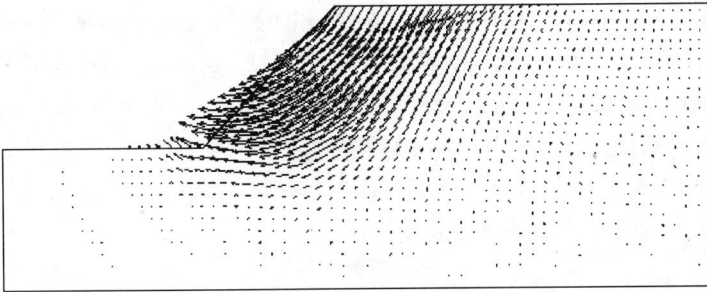

图 5.3　位移矢量分布

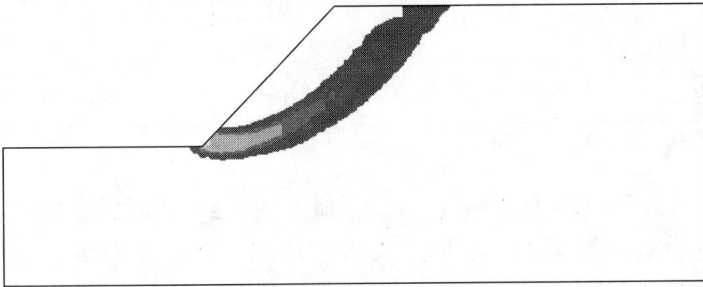

图 5.4　塑性应变分布

5.2.2　屈服准则的影响

郑颖人等(2005c)指出,边坡的稳定分析主要关心的是力和强度问题,对于本构关系的选择不必十分严格。因此,强度折减有限元法中可采用理想弹塑性本构模型,但要选择合适的屈服准则。因此,分析所得稳定安全系数的大小与采用的屈服则相关,不同的屈服准则会得到不同的稳定安全系数。在以往的研究中,常采用 Mohr-Coulomb 屈服准则和广义 von Mises 屈服准则,Mohr-Coulomb 屈服准则能较好地描述岩土材料的力学特性,在岩土工程中得到广泛的应用,但其缺点是屈服面存在尖顶和棱角的不连续点,将会导致数值计算不收敛。Drucker-Prager 屈服准则在 π 平面上是一个圆,避免了上述数值计算实现的困难。郑颖人等(2005c;2002)利用有限元强度折减法研究了各种广义 von Mises 屈服准则对稳定安全系数的影响,结果表明采用外角点外接圆 Drucker-Prager 准则的误差最大,采用 Mohr-Coulomb 等面积圆屈服准则与极限平衡法得到的稳定安全系数最为接近,平均误差为 5.7%,并推荐用 Mohr-Coulomb 等面积圆屈服准则代替 Mohr-Coulomb 屈服准则。刘开富(2006)用大变形有限元强度折减法研究了各种屈服准则对边坡稳定安全系数的影响,得到与郑颖人等(2005c)的研究结果相似的结论。

仍然采用图 5.1 和表 5.1 的算例,取 1580 个离散质点,采用 Spencer 法得到的稳定安全系数为 1.20,采用关联流动法则和四种广义 von Mises 屈服准则(郑颖人,2005c)计算稳定安全系数,结果见表 5.3。从结果可以看出,采用外角点外接圆 Drucker-Prager 屈服准则时得到的结果与 Spencer 法结果差别最大,采用内角点外接圆和内切圆 Drucker-Prager 准则得到的结果与 Spencer 法的结果差别也较大,采用等面积圆 Drucker-Prager 屈服准则的结果与 Spencer 法结果最接近,这与有限元强度折减法中得到的结果是相同的。

表 5.3　不同屈服准则对安全系数的影响

屈服准则	外角点外接圆 Drucker-Prager 准则	内角点外接圆 Drucker-Prager 准则	内切圆 Drucker-Prager 准则	等面积圆 Drucker-Prager 准则
稳定安全系数	1.51	1.12	1.06	1.23
与 Spencer 法的误差*	25.8%	−6.7%	−11.7%	2.5%

* (Drucker-Prager−Spencer)/Spencer。

　　这里对采用不同的 Drucker-Prager 屈服准则得到不同的稳定安全系数的结果做一定性分析。与 Mohr-Coulomb 等面积圆的半径小于外角点外接圆,而略大于内角点外接圆,内切圆的半径最小。屈服圆的半径越大,意味着越不容易屈服,需要更小的土体强度参数,即更大的强度折减系数,因此,对于不同屈服准则,屈服圆半径减小,得到的稳定安全系数也减小。这样就不难理解等面积圆 Drucker-Prager 屈服准则得到的稳定安全系数与 Spencer 法的结果最为接近,虽然等面积圆 Drucker-Prager 屈服准则的力学概念不明确,但其能得到与 Mohr-Coulomb 屈服准则最为接近的结果,因此当采用数值方法计算边坡稳定安全系数时,推荐采用等面积圆 Drucker-Prager 屈服准则。

5.2.3　流动法则的影响

　　在数值计算中,当取剪胀角 ψ 与内摩擦角 φ 相同时,为关联流动法则;当取剪胀角与内摩擦角不同的值时,则为非关联流动法则。在用数值方法分析边坡稳定性问题时,采用何种流动法则尚未取得共识。理论上显然是非关联流动法则更符合岩土类材料的力学性质,但会给计算带来很大麻烦。Manzari 等(2000)认为剪胀角对边坡稳定安全系数有明显的影响,并随着土体内摩擦角的增大更为显著地影响边坡的稳定安全系数。Lechman 等(2000)的研究成果表明,采用不同的流动法则对于边坡整体安全系数的精度影响很小(小于 5%),且失稳时的破损区不论在形式上还是在大小上都很类似。朱以文等(2005)用有限元法研究了流动法则对边坡稳定的影响,结果显示,对于坡顶无荷载的情况,流动法则对稳定安全系数的影响不大,但对滑裂面位置有较大影响;对于坡顶有荷载的情况,流动法则对边坡的稳定性影响很大。张鲁渝等(2003)通过分析采用不同流动法则的边坡稳定算例,表明得到的稳定安全系数差别不大,但破坏时的位移和塑性区分布会有很大的不同。关立军(2003)认为在各种边坡的几何形式中边坡稳定安全系数随剪胀角的增大而增大,采用非关联流动法则的结果比采用关联流动法则的要小,剪胀角对土坡的稳定安全系数有影响。连镇营等(2001)认为开挖边坡的稳定安全系数随着剪胀角的增大而增大。

利用 RKPM 分析不同的流动法则即不同的剪胀角对边坡稳定性的影响。将剪胀角引入广义 von Mises 屈服准则的方法参考相关文献(张鲁渝等,2003),采用三种不同的剪胀角,分别取 $\psi=0$、$\psi=\varphi/2$ 和 $\psi=\varphi$,(强度折减时,内摩擦角是变化的),仍采用 1580 个离散点的计算模型和等面积圆 Drucker-Prager 屈服准则。采用不同的剪胀角得到的稳定安全系数见表 5.4。有研究显示,符合相关联流动法则的材料强度大于符合非相关联流动法则的材料强度,从结果可知,采用非关联流动法则的稳定安全系数比采用相关联流动法则的略小。根据 Manzari 等(2000)的研究结果,内摩擦角越小,不同的流动法则对稳定安全系数的影响越小,本算例的内摩擦角只有 17°,因此采用不同剪胀角的稳定安全系数计算结果相差不大。图 5.5~图 5.7 为剪胀角分别取 $\psi=0$、$\psi=\varphi/2$ 和 $\psi=\varphi$,且边坡失稳时的塑性应变区,可以看出其形状和大小差别不大。实际上,剪胀角反映土体体积的变化,而本例对稳定分析结果起决定作用的计算区域离约束边界很远,土体体积可以自由胀缩,因此对计算结果的影响就很小了,从这里也可以看出,在采用数值方法分析边坡稳定性时,保证计算模型的几何尺寸很重要。

表 5.4　不同的剪胀角对稳定安全系数的影响

剪胀角	0	$\varphi/2$	φ
稳定安全系数	1.18	1.21	1.23

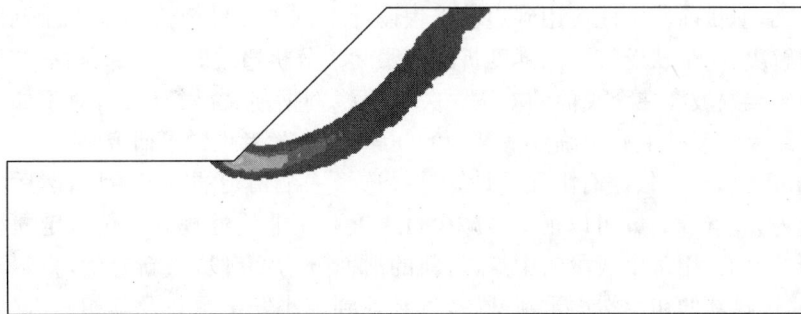

图 5.5　取 $\psi=0$ 边坡失稳时的塑性应变区

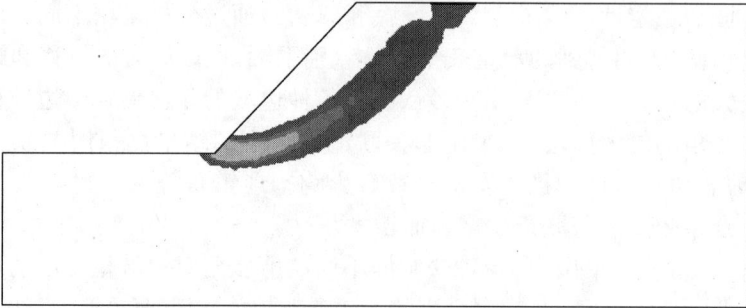

图 5.6　取 $\psi=\varphi/2$ 边坡失稳时的塑性应变区

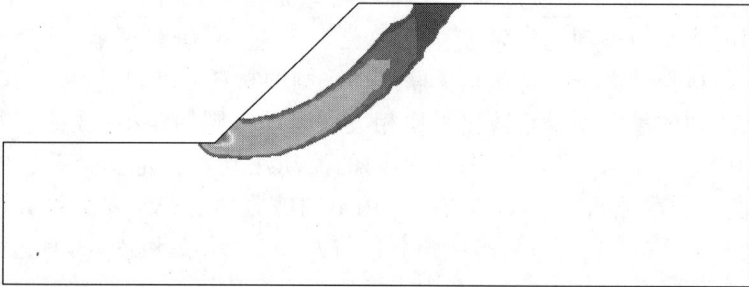

图 5.7　取 $\psi=\varphi$ 边坡失稳时的塑性应变区

5.3　基于应变分析的临界滑动面确定方法

　　边坡稳定性分析主要有以下两个工作:一是介绍稳定安全系数;二是确定临界滑移面。极限平衡法已经发展了多种行之有效的方法,并积累了丰富的工程经验,但其作了多种假定,对待求问题的边界也做了很大程度的简化,人们越来越认识到极限平衡法的局限性。作为研究边坡稳定性问题的强度折减有限元法受到越来越多的重视,但目前仍不能应用到边坡工程设计中,郑宏(2005)认为有两个问题尚未很好地解决:一是缺乏统一的强度折减有限元法分析边坡时的失稳判据;二是没有严格地确定边坡潜在滑裂面的方法。关于失稳判据前文已经讨论,对于如何在数值计算结果的基础上确定临界滑裂面的问题,多位学者也做了研究。

　　Kim 等(1977)根据有限元的计算结果选择一个初始的圆弧滑面,然后将初始滑面分为 n 段(开始 n 可以很小以减少自由度),用非线性规划的单点定向移动法寻找新的滑面;用每个线段的中点,将新的滑面分为 $2n$ 段,重新寻优,直到滑面光滑为止,选择新的初始滑面重新开始,直到找到最小安全系数及其相对应的滑面。Giam 等(1988)提出了一种由有限元计算得到的应力场来确定临界滑裂面及最小安全系数的 CRISS 法,将边坡划分为若干土条,从某一应力水平较高的点出发,在土条内再划分若干搜索路径,安全系数最小的路径即为该土条内的滑裂面,依次类推,直到搜索出所有土条的局部滑裂面。该法需要先假定一应力水平较高的点,最终搜索得到的滑裂面通过该点,等于假定待求的滑裂面比通过一事先给定的点,因此如何确定这个点是非常关键的问题。Zou 等(1995)通过有限元法获得的应力分布确定滑裂面的范围和初始滑裂面,然后引入附加函数,通过求附加函数的极值来确定最危险滑裂面及相应的安全系数,称为动态规划法。王成华等(2005)基于非线性有限元应力场结果,利用遗传算法研究了与最小安全系数的土坡临界滑面的搜索技术。郑宏等(2005)基于弹塑性有限元分析的计算结果,提出了二维情况下边坡潜在滑移线应满足的一个常微分方程组初值问题,并讨论了潜在滑移线的自动搜索技术。朱以文等(2005)根据有限元法的计算结果,提出了一种基于滑移线场理论的确定边坡滑裂面的数值模拟方法。本书在 RKPM 数值计算结果的基础上,对建立在塑性应变分析上的土坡临界滑面的搜索作一些探讨。

5.3.1 临界滑裂面的搜索方法

岩土类材料为非均质材料,当受外部荷载时,内部孔隙会产生应力集中,当超过材料所能承受的强度时,就会产生局部裂纹,发生应变局部化现象,最终形成局部化剪切带。不难理解,材料的塑性变形越大,其破损程度越大,即土体在极限临界状态下,其临界滑裂面从塑性应变最大处通过。极限状态下确定边坡潜在滑裂面的步骤如下。

(1)利用弹塑性 RKPM 和强度折减法,对实际受力情况下的边坡进行分析,得到边坡临界破坏状态的应变场和应力场。

(2)在边坡滑裂面可能通过的范围内以一定间隔安排搜索路径,如图 5.8 所示,继而在每条搜索路径上以一定距离安排待考察点。确定所有搜索路径上塑性应变

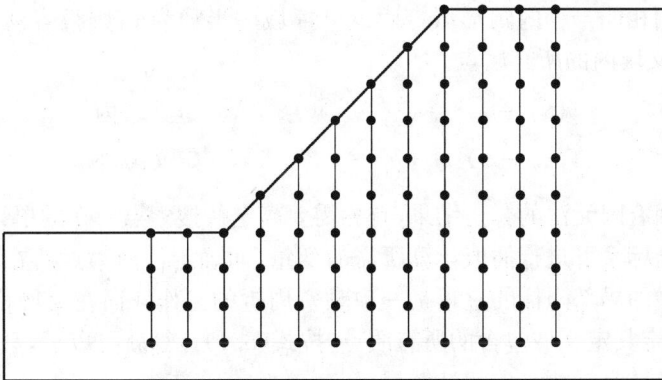

图 5.8 临界滑裂面的搜索点布置

最大的点,然后拟合搜索到的所有塑性应变最大的点,得到的曲线即为边坡临界状态下的滑裂面。当然,各组搜索点及每一组内搜索点的分布间隔不能太大,否则会使得到的临界滑裂面的形状和位置失真,得不到正确的滑裂面,进一步的搜索点分布密度要求视拟合得到的临界滑裂面的光滑程度而定。实际上,潜在滑裂面必定通过塑性应变区,因此只考虑位于塑性应变区内的待考察点即可,这样可以缩短搜索路径,减少循环计算量。塑性应变区可以从弹塑性 RKPM 分析结果中得到,且不会发生弹塑性有限元法中塑性区被夸大的情况(郑宏等,2005;Ortiz et al.,1987)。

(3) 待考察点等效塑性应变的确定。

采用土体的等效塑性应变来描述变形,等效塑性应变的定义如下:

$$\bar{\varepsilon}_p = \int d\bar{\varepsilon}_p = \int \left[(d\varepsilon_p)^T d\varepsilon_p \right]^{\frac{1}{2}} \tag{5.1}$$

在求解域内所有无网格质点的塑性应变已经得到的情况下,求解域内任意点 x 的塑性应变由式(5.2)近似得到

$$\varepsilon(x) = \sum_{I=1}^{N} \Psi_I(x) \varepsilon_I \tag{5.2}$$

式中,$\Psi_I(x)$ 是与无网格质点 I 对应的 RKPM 形函数。N 为计算点 x 的定义域内所有的质点数,要注意计算点的定义域与质点核函数支撑域的区别。这里对计算点的定义域给予说明,由第 2 章 RKPM 核函数的性质可知,在确定核近似函数 $u^a(x)$ 时,只有其支撑域包含了计算点 x 的那些质点才有贡献,与支撑域内不包含计算点 x 的那些质点没有关系,因此 RKPM 核近似函数 $u^a(x)$ 在计算点 x 处的定义域为那些有贡献质点支撑域的并集,如图 5.9 所示。不难知道,对于二维问题,如果所有质点核函数的支撑域都是半径相等的圆形域,则任意计算点的定义域也是同样半径的圆形域。本书为了方便,在问题分析时一个模型中所有质点核函数的支撑域采用相同半径的圆形域。假设支撑域的半径为 r,则很容易找到计算点 $x(x,y)$ 的定义域内的所有质点。

$$\begin{cases} (x_I - x)^2 + (y_I - y)^2 \leqslant r^2, & \text{定义域内} \\ (x_I - x)^2 + (y_I - y)^2 > r^2, & \text{定义域外} \end{cases} \tag{5.3}$$

如果利用有限元法的分析结果,首先需要确定待搜索点所在的单元,然后在该单元的局部坐标系下进行插值计算所需的变量,而确定待搜索点所在的单元及求其在该单元中的局部坐标的过程是一项颇费周折的工作。而在无网格法中,对任意点,只要确定其定义域包含的所有质点,按式(5.1)计算就可以了,只是在计算每个质点的形函数时需要一定的计算量。

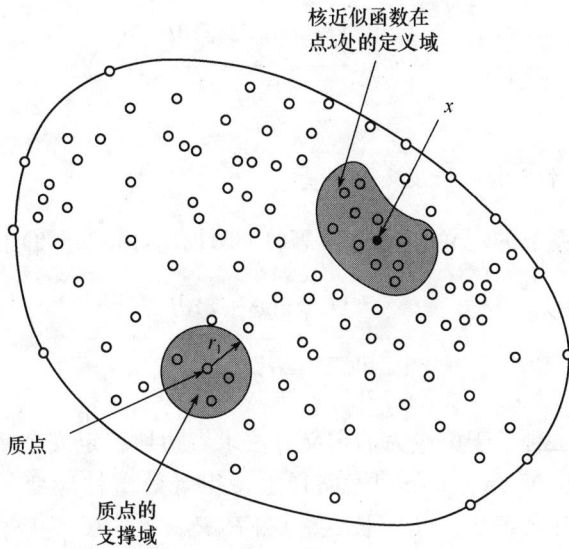

图 5.9　待考察点 x 的定义域

5.3.2　依据滑裂面确定安全系数

根据数值计算结果和所得滑裂面计算边坡稳定安全系数,主要有以下三种定义方法。

1. 基于应力水平的定义

该定义的安全系数如下:

$$F = \frac{\int \mathrm{d}l}{\int \dfrac{\sigma_1 - \sigma_3}{(\sigma_1 - \sigma_3)_\mathrm{f}} \mathrm{d}l} \tag{5.4}$$

式中,$(\sigma_1 - \sigma_3)/(\sigma_1 - \sigma_3)_\mathrm{f}$ 为应力水平,反映当前强度的发挥程度;$(\sigma_1 - \sigma_3)_\mathrm{f}$ 为 Mohr-Coulomb 强度包线相切的应力圆直径,即

$$(\sigma_1 - \sigma_3)_\mathrm{f} = \frac{2\sigma_3 \sin\varphi + 2c\cos\varphi}{1 - \sin\varphi} \tag{5.5}$$

2. 基于剪应力的定义

记滑裂面上某点的应力状态为 σ_x、σ_y、τ_{xy},则法向应力和切向应力为

$$\sigma_\mathrm{n} = \sigma_x \sin^2\alpha + \sigma_y \cos^2\alpha + 2\tau_{xy} \sin\alpha\cos\alpha \tag{5.6}$$

$$\tau = (\sigma_y - \sigma_x)\sin\alpha\cos\alpha + \tau_{xy}(\sin^2\alpha - \cos^2\alpha) \tag{5.7}$$

式中,α 为该点处滑裂面切线与 x 轴夹角。则整个滑裂面的安全系数定义如下:

$$F = \frac{\int (\sigma_n \tan\varphi + c) \mathrm{d}l}{\int \tau \mathrm{d}l} \tag{5.8}$$

3. 基于应力水平加权强度定义

该稳定安全系数的定义由 Donald 等(1985)提出,由式(5.9)给出

$$F = \frac{\int (\sigma_n \tan\varphi + c) \mathrm{d}l}{\int \frac{\sigma_1 - \sigma_3}{(\sigma_1 - \sigma_3)_f} (\sigma_n \tan\varphi + c) \mathrm{d}l} \tag{5.9}$$

本书采用第二种基于剪应力的定义方法求解边坡稳定安全系数。如图 5.10 所示,在第 $N-1$、N、$N+1$ 条搜索路径上搜得等效塑性应变最大的点分别为 P_{N-1},P_N,P_{N+1},则线段 $P_{N-1}P_N$(长 l_{N-1})和 $P_N P_{N+1}$(长 l_N)为整体滑裂面中的两段,现以点 P_N 为例说明求解稳定安全系数的计算过程。首先,点 P_N 的应力由再生核质点法分析得到的应力场求得,方法与求该点的应变方式相同。在计算滑裂面上的法向应力和剪应力时,点 P_N 左右各 $d/2$(d 为搜索路径间距,为实现计算方便,各相邻两搜索路径之间取等间距)范围内的滑裂面按 P_N 点的应力水平计算。根据上述求解原则,式(5.8)中的剪力由式(5.10)计算

$$\int \tau \mathrm{d}l = \sum_{N}^{m} V_N \tag{5.10}$$

式中,m 为搜索路径的条数,也是最终搜索得到的全部点总数;V_N 为 P_N 点贡献的

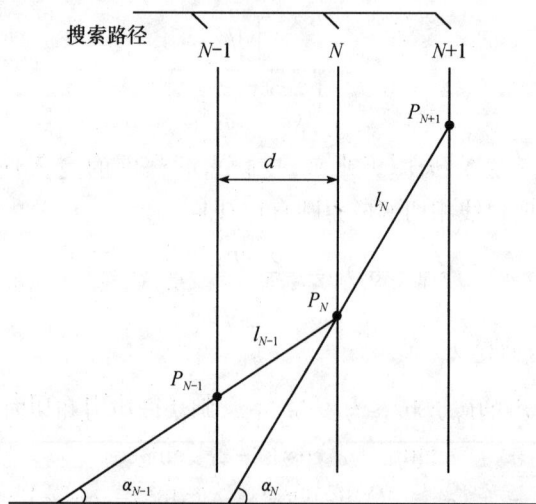

图 5.10　根据滑裂面求稳定安全系数示意图

滑动剪力,按式(5.11)计算

$$V_N = \tau_N^- \frac{l_{N-1}}{2} + \tau_N^+ \frac{l_N}{2} \tag{5.11}$$

其中,τ_N^-、τ_N^+ 为分别将 α_{N-1}、α_N 带入式(5.7)得到,α_{N-1}、α_N 分别为线段 $P_{N-1}P_N$、P_NP_{N+1} 与 x 轴的夹角。

同理,滑裂面上的抗滑阻力由式(5.12)计算

$$\int(\sigma_n \tan\varphi + c)\mathrm{d}l = \sum^m V_{fN} \tag{5.12}$$

式中,V_{fN} 为 P_N 点贡献的抗滑剪力,按式(5.13)计算

$$V_{fN} = (\sigma_{nN}^- \tan\varphi + c)\frac{l_{N-1}}{2} + (\sigma_{nN}^+ \tan\varphi + c)\frac{l_N}{2} \tag{5.13}$$

其中,σ_{nN}^-、σ_{nN}^+ 为分别将 α_{N-1}、α_N 带入式(5.6)得到。

5.3.3　临界滑面搜索算例

取 Dawson 等(1999)的算例,用上述方法确定边坡临界滑裂面。图 5.11 为临界状态的位移场及搜索得到的滑裂面,为便于比较,给出极限平衡法搜索得到的临界滑裂面,如图 5.12 所示。从图中可以看出,搜索并拟合得到的临界滑裂面与临界状态时的位移场分布非常吻合,与利用极限平衡法得到的滑裂面的形状和位置均比较接近。在得到的临界滑裂面的基础上,用本书方法计算得到的稳定安全系数为 1.03,与极限平衡法的 1.0 也很接近。从该算例结果可以看出,采用本书方法搜索并拟合得到的临界滑裂面与利用极限平衡法得到的滑裂面的形状和位置均比较接近,说明本书基于强度折减 RKPM 分析结果而进行的临界滑裂面的确定方法是可行的。

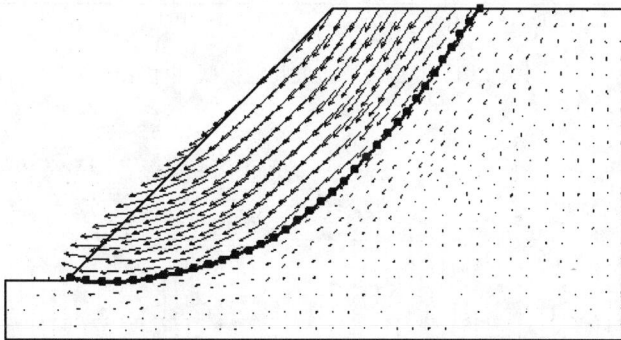

图 5.11　临界状态的位移场及搜索得到的滑裂面

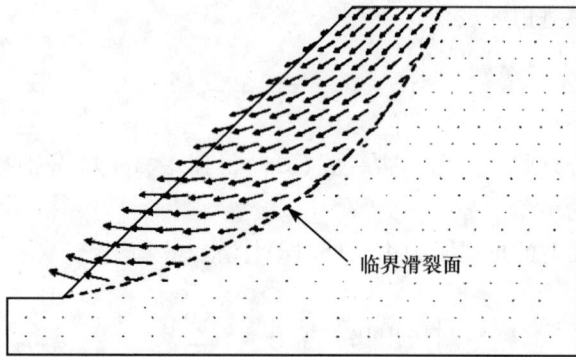

图 5.12 极限平衡法确定的临界滑裂面(Dawson et al.,1999)

5.4 双层及含软弱夹层土质边坡的稳定性分析

5.4.1 双层地基边坡的破坏性状及稳定分析

为便于对比,对刘开富(2006)的双层土质边坡算例进行分析。边坡高度为 20m,坡度比为 1:2,如图 5.13 所示。计算采用总应力法,采用 Tresca 破坏准则 ($\varphi=0$)和理想弹塑性模型,土体重度取 20kN/m³,边坡边界条件如下:两侧边界水平方向固定而竖直方向自由,底部边界竖直方向固定而水平方向自由,顶面为自由边界。计算区域离散为 2306 个质点,如图 5.14 所示。

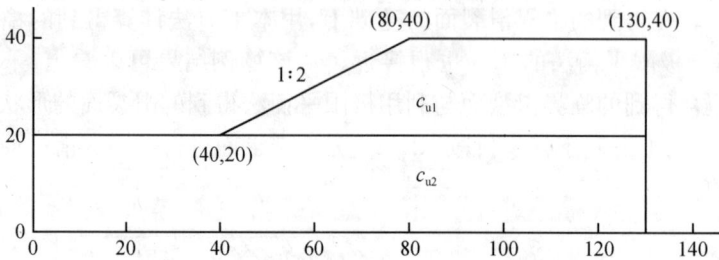

图 5.13 双层土质边坡几何模型(单位:m)

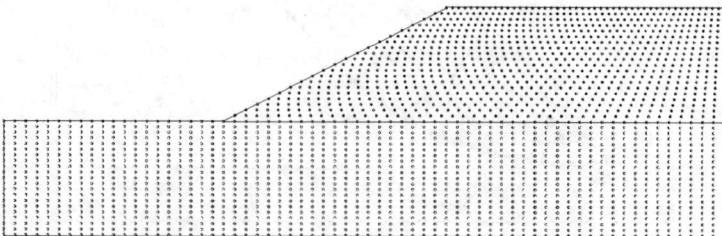

图 5.14 无网格质点离散

上下两层土的黏聚力分别为 c_{u1}、c_{u2}，其中取 $c_{u1}=100kPa$。针对不同的 c_{u2}/c_{u1} 值，分别对其破坏性状及其稳定性进行分析，并与刘开富(2006)的有限元结果进行对比。本书分别分析了 c_{u2}/c_{u1} 等于 0.4、0.6、0.8、1.0、1.25、1.5、2.0 和 2.5 时边坡的变形及破坏形态，得到了基于 RKPM 和以特征点位移突变为失稳判据的边坡稳定安全系数，并搜索临界滑移面。

在 c_{u2}/c_{u1} 取不同值时得到的稳定安全系数如图 5.15 所示，可以看出，曲线在 $c_{u2}/c_{u1}=1.5$ 处出现转折点。$c_{u2}/c_{u1}<1.5$ 时，c_{u2}/c_{u1} 值越小即当下层土体强度越小时，稳定安全系数越低，其实这是不难理解的，因为分析过程中 c_{u1} 的值不变；当 $c_{u2}/c_{u1}>1.5$ 时，若再增大 c_{u2}/c_{u1} 的值即增加下层土体强度，此时的边坡稳定安全系数不会再有很大的变化，这是因为边坡的破坏全部在上层土体内发生，与下层边坡土体性质关系很小，下层土强度越高，越是如此。

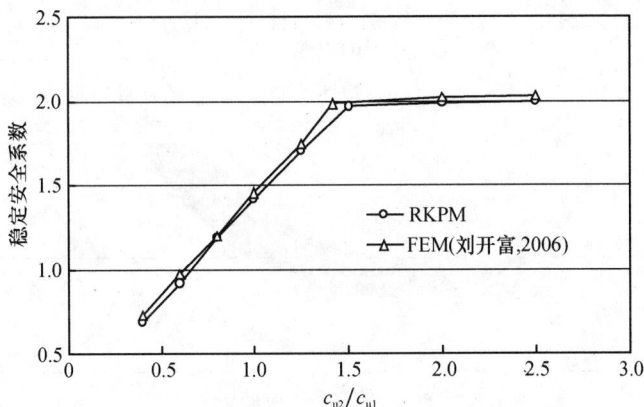

图 5.15   不同 c_{u2}/c_{u1} 值的边坡稳定安全系数

图 5.16～图 5.18 分别为 c_{u2}/c_{u1} 等于 0.5、1.0 和 1.5 时临界状态的等效塑性剪应变、位移场及滑裂面、变形图。可以看出，随着边坡上下两层土体抗剪强度比 c_{u2}/c_{u1} 的变化，边坡的临界变形及破坏形态会有明显不同，当 $c_{u2}/c_{u1}\leqslant1.0$ 时，c_{u2}/c_{u1} 越小，临界滑移面越沿底层分布，且基本符合圆弧滑动破坏机制。随

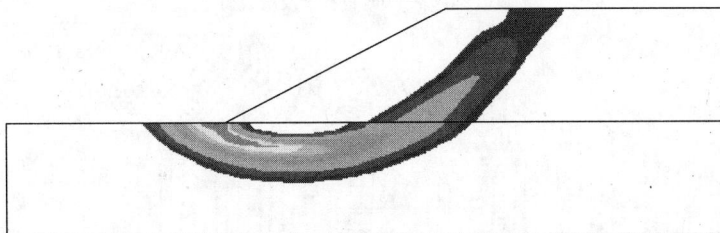

(a) $c_{u2}/c_{u1}=0.5$时等效塑性剪应变

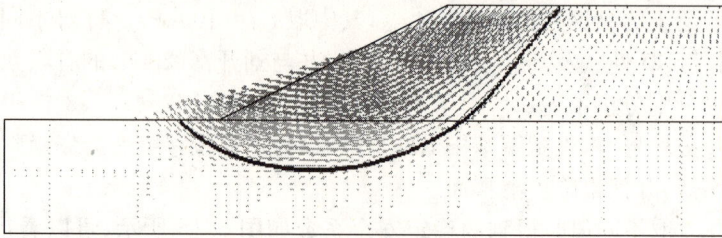

(b) c_{u2}/c_{u1}=0.5时位移场及滑裂面

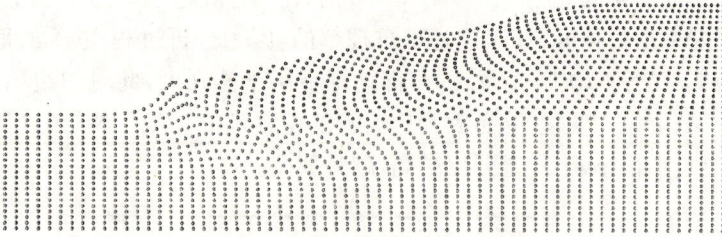

(c) c_{u2}/c_{u1}=0.5时变形图

图 5.16　c_{u2}/c_{u1}＝0.5 时等效塑性剪应变、位移场及滑裂面、变形图

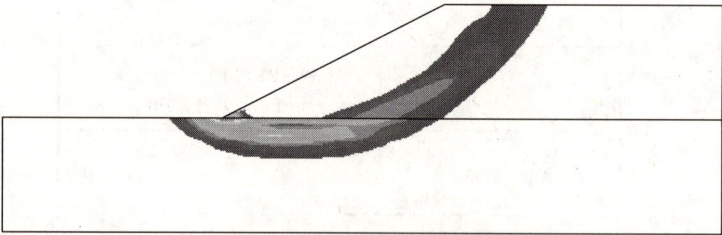

(a) c_{u2}/c_{u1}=1.0时等效塑性剪应变

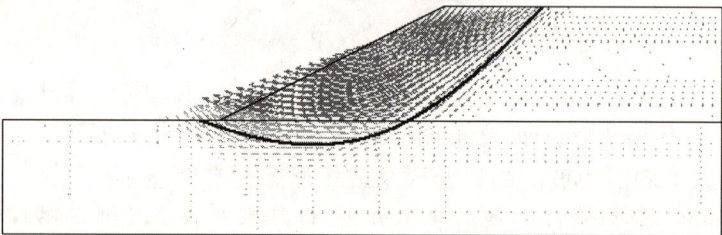

(b) c_{u2}/c_{u1}=1.0时位移场及滑裂面

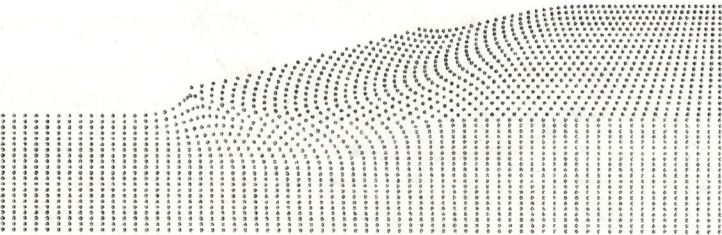

(c) c_{u2}/c_{u1}=1.0时变形图

图 5.17　c_{u2}/c_{u1}＝1.0 时等效塑性剪应变、位移场及滑裂面、变形图

(a) c_{u2}/c_{u1}=1.5时等效塑性剪应变

(b) c_{u2}/c_{u1}=1.5时位移场及滑裂面

(c) c_{u2}/c_{u1}=1.5时变形图

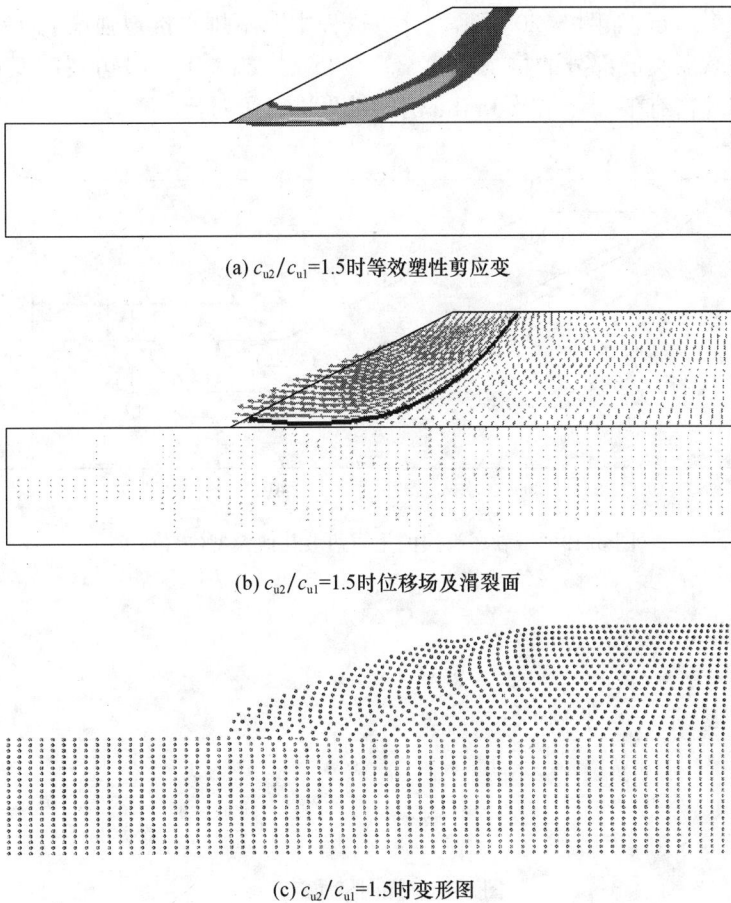

图 5.18　$c_{u2}/c_{u1}=1.0$ 时等效塑性剪应变、位移场及滑裂面、变形图

着下层土体黏聚力的增大,其破坏形态由圆弧滑动破坏向沿坡角滑动破坏过渡,当 c_{u2}/c_{u1} 达到 1.5 时,边坡完全沿坡角滑出,此时再增大 c_{u2}/c_{u1},破坏形态也不会有大的变化。本书分析的结果与 Griffiths 采用有限元法得到的结果非常相近;刘开富采用大变形有限元法分析该算例也得到类似的规律,只不过其稳定安全系数的转折点在 $c_{u2}/c_{u1}=1.4$ 处。

5.4.2　含软弱夹层土质边坡的稳定性分析

依然选用刘开富(2006)中的算例,几何模型如图 5.19 所示。分析时依然采用总应力法,采用 Tresca 破坏准则($\varphi=0$)计算。土体重度为 $20kN/m^3$,边坡边界条件为:两侧边界水平方向固定而竖直方向自由,底部边界竖直方向固定而水平方向自由,顶面为自由边界。软弱夹层及附近区域取较密的离散质点,整个计算区域离散为 3709 个质点,如图 5.20 所示。分析过程中取不排水抗剪强度 $c_{u1}=50kPa$ 不变,只改变软弱夹层部分的抗剪强度 c_{u2},分析 $c_{u2}/c_{u1}\leqslant1.0$ 时边坡的变形及稳定性,并与刘开富有限元结果及 Janbu 法的结果进行了对比。

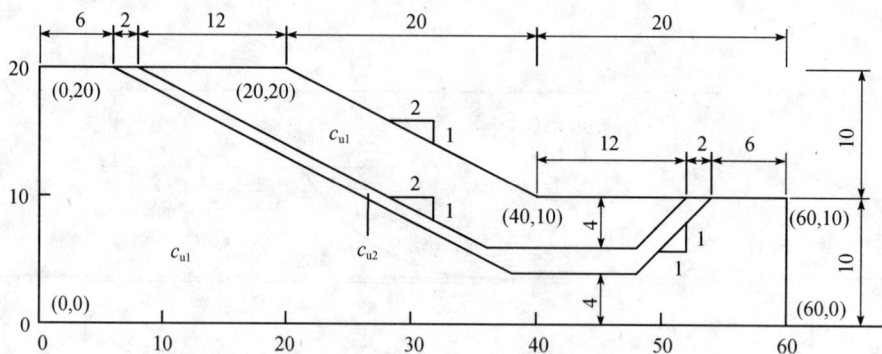

图 5.19　带软弱夹层的土质边坡几何模型(单位:m)

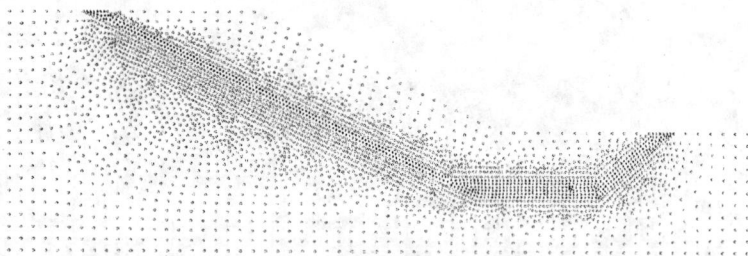

图 5.20　无网格质点离散

图 5.21 为 c_{u2}/c_{u1} 取不同值时边坡的稳定安全系数。从图中可以看出,c_{u2}/c_{u1} 取较小值时,其变化对稳定安全系数的影响较大。$c_{u2}/c_{u1}<0.5$ 时,稳定安全系数

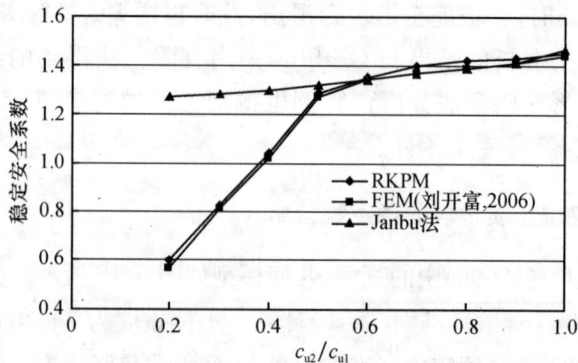

图 5.21　不同 c_{u2}/c_{u1} 值的边坡稳定安全系数

随 c_{u2}/c_{u1} 的减小而迅速减小；而 $c_{u2}/c_{u1}>0.7$ 时，随着夹层土体强度增大，稳定安全系数不再有大的变化，直到 $c_{u2}/c_{u1}=1$ 即相当于均质边坡的情况，本书的结果为 1.45，与大变形有限元法的计算结果 1.44（刘开富，2006）和 Janbu 法的计算结果 1.47 差别不大；c_{u2}/c_{u1} 取 0.5～0.7 的值时为一过渡区，稳定安全系数的变化处于上述两种情况之间。当然，上述边坡稳定性的变化是连续的，本书只是对 c_{u2}/c_{u1} 的值以 0.1 递增进行了计算，但足以说明稳定安全系数的变化规律。

图 5.22～图 5.24 分别为 $c_{u2}/c_{u1}=0.2$、0.7、1.0 时边坡的等效塑性剪应变区和变形图，清晰地显示了 c_{u2}/c_{u1} 取不同值时边坡破坏机制的不同。$c_{u2}/c_{u1}=0.2$ 时，边坡完全沿着软弱夹层滑动，此时边坡的稳定性完全取决于软弱夹层土体的强度；$c_{u2}/c_{u1}=1.0$ 即为均质时，边坡基本按圆弧滑动的机制破坏，且从坡脚滑出；$c_{u2}/c_{u1}=0.7$ 时，上述两种破坏机制并存，此时为过渡区，随着 c_{u2}/c_{u1} 值的增大，逐渐转变为圆弧滑动破坏形式，而随着 c_{u2}/c_{u1} 值的减小，逐渐转变为完全沿软弱夹层的滑动破坏形式。塑性剪应变区和变形图清楚地解释了边坡稳定安全系数随 c_{u2}/c_{u1} 值不同而变化的规律。

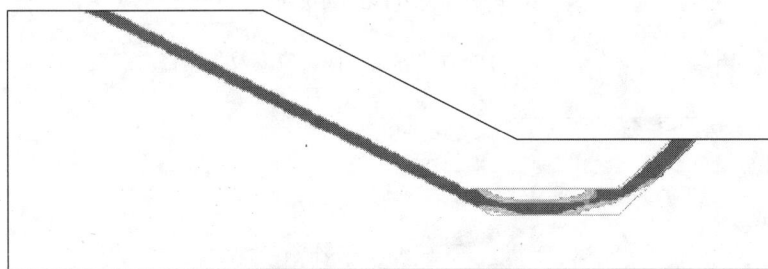

(a) $c_{u2}/c_{u1}=0.2$ 时等效塑性剪应变

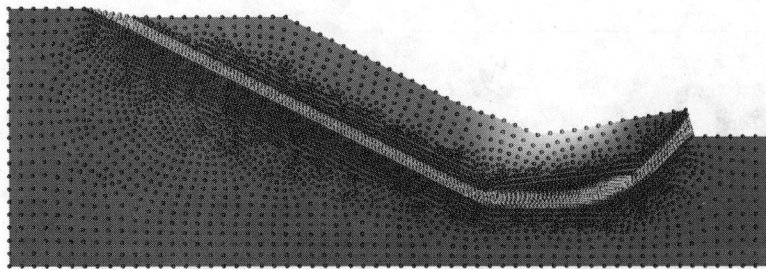

(b) $c_{u2}/c_{u1}=0.2$ 时无网格质点变形图

图 5.22　$c_{u2}/c_{u1}=0.2$ 时的边坡等效塑性剪应变及无网格质点变形图

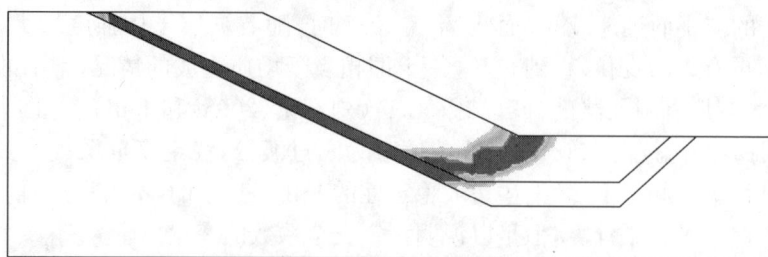

(a) c_{u2}/c_{u1}=0.7时等效塑性剪应变

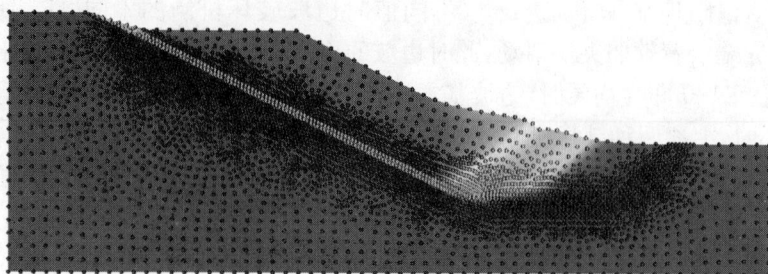

(b) c_{u2}/c_{u1}=0.7时无网格质点变形图

图 5.23　c_{u2}/c_{u1}=0.7 时的边坡等效塑性剪应变及无网格质点变形图

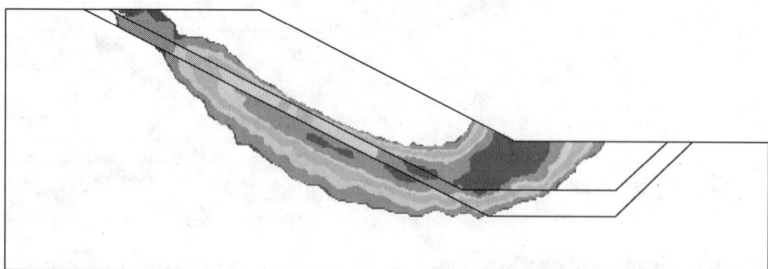

(a) c_{u2}/c_{u1}=1.0时等效塑性剪应变

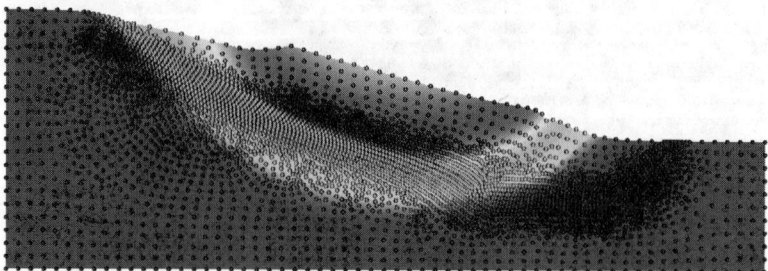

(b) c_{u2}/c_{u1}=1.0时无网格质点变形图

图 5.24　c_{u2}/c_{u1}=1.0 时的边坡等效塑性剪应变及无网格质点变形图

5.5 边坡工程实例分析

某山庄是位于罗湖区东湖路东侧的一大型住宅区,部分住宅楼场地由开挖坡脚而成。2005 年 8 月 22 日,在连续强降雨作用下,该小区 2、4 和 6 栋住宅楼东侧山体出现变形,后发生大规模滑坡,由于滑坡前兆发现及时,居民被紧急疏散转移,未造成人员伤亡。

5.5.1 滑坡区地形地貌

场地原始地貌属于低山丘陵,滑坡发生在近南北走向孤山的西侧山坡坡脚处,滑坡平面图如图 5.25 所示。孤山的山脊线在平面上呈凹向西的弧形,山脊走向由南到北,山脊线最高处标高 108.79m;该孤山西侧坡面的南北两端比较平顺,坡面基本呈直线型,但中部及北部的坡面向西凸出,坡面上缓下陡,上部坡度 25°~35°,坡面树木密植,杂草丛生,树木多倾向临空;滑坡场地就位于西侧山坡凸出部分的

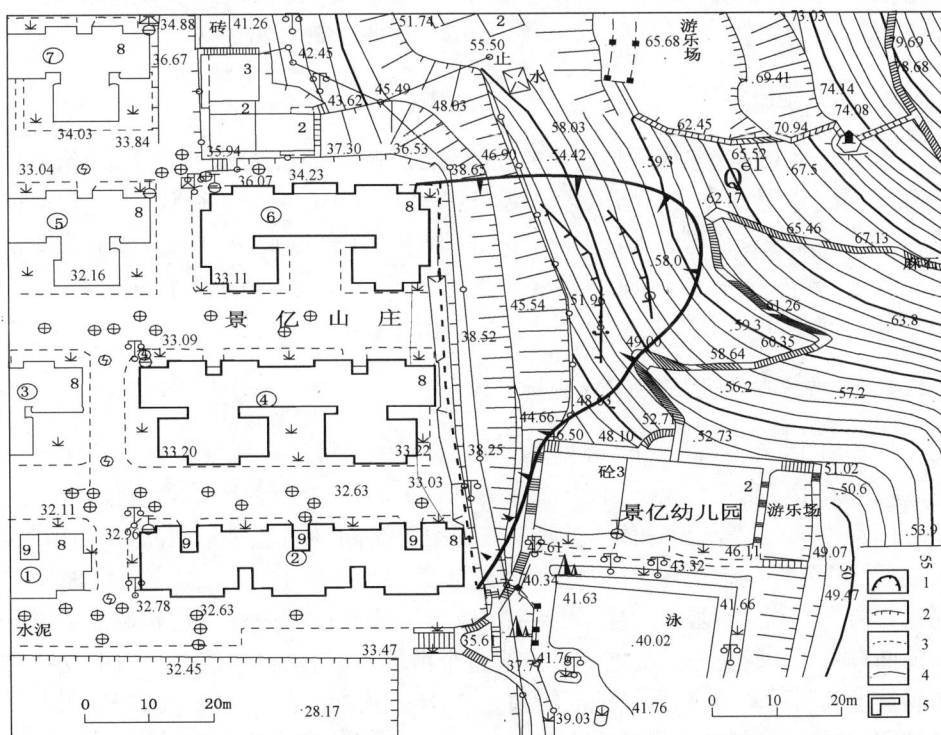

图 5.25 滑坡平面图

1.滑坡周界;2.横向张裂缝;3.滑坡剪出口;4.滑坡前缘堆积位置;5.受影响建筑

南端边缘。滑坡的前缘位于人工开挖形成的高堑坡上,该堑坡分三级开挖,总体高度接近 20m,南北走向。

5.5.2　滑坡区工程地质条件

滑坡区场地内地质土层自上而下描述如下:

(1) 素填土层。黄褐色,松散,湿,主要以黏性土堆填,含碎石块。层厚 0.30～2.00m,平均厚度 0.98m。

(2) 坡积黏土层。棕红色、黄色,硬塑,含中风化碎块,碎石粒径 3～5cm,含量约 20%,层厚 0.80～5.60m,平均厚度 2.80m。

(3) -1 强风化混合岩。灰褐色、黄褐色,土块状,除石英外,矿物成分已基本风化为土状,原岩结构清晰可见,岩块手可折断,9♯和 10♯孔强风化岩中夹有大量中风化岩块,岩块粒径 5～8cm,含量 20%～30%。层厚 3.50～17.50m,平均厚度 8.61m。

(4) -2 中风化混合岩。青灰色带白色斑点,块状构造,变余结构,裂隙发育,岩芯破碎,岩性为花岗质混合岩,矿物成分主要为石英、长石,有一陡倾裂隙和 2 组呈 X 状分布的斜裂隙。层厚 1.30～7.30m,平均厚度 3.42m。

5.5.3　水文地质条件

滑坡场地上部为第四系地层中的孔隙潜水,地下水赋存于黏性土中,补给靠大气降水,由于黏性土中夹有强风化碎块,土覆坡积黏土中也含有碎块,大气降水容易渗透。下部为风化岩裂隙水,补给靠大气降水及上部潜水,由于风化基岩裂隙十分发育,使含水性及渗透性均较强。滑坡后测量地下水混合水位为 0.90～11.20m。地下水自东向西流,地下水流向与山坡坡向一致。

5.5.4　滑坡分布特征及 RKPM 分析

坡长约 100m,坡高 18m,坡度 35°～45°,坡体由第四系残坡积砂质黏性土组成。坡脚采用浆砌石挡墙支挡,坡面采用格构护坡并植草绿化,坡顶为自然山坡。滑坡体宽约 50m,滑坡出口位于坡脚挡墙的中下部,正对 4♯和 6♯住宅楼的山墙,滑坡后缘位于距场地地坪 25m 高的半坡上,其滑动宽度 55m,后缘至前缘坡脚的最大距离为 35m。滑坡的后缘、侧界和前缘出口已经形成,滑带也已贯通。在主滑壁前面有一个比较完整的滑坡平台贯通整个滑坡体,钻探揭露该平台的组成物质与斜坡上部物质基本一致,其地层结构完整,层位正常。在平台和主滑壁之间有一条较宽、较深的裂缝。主滑壁为南北走向的陡倾平面,可见部分最高达 5.0m,平行于临空面,下部光滑,上有清楚指向 SW85°滑动擦痕,主滑壁以上自然坡体没有张拉裂缝。滑体左右两侧向前移动和下挫的距离明显不同,滑体具有平面旋转的性质。滑坡的右侧界发育比较完全,基本为 NE 走向的陡倾平面,其前面的滑体已经滑走,可见部分高约 10m,在侧壁上发现和侧壁斜交并指向临空的擦痕,滑壁以外的坡面上没有张拉剪切裂缝,滑体平移和下挫的距离相对较大。受坡前 6♯ 楼北侧保留山体的限制,滑坡的左侧界发育不完全,其走向从 NW 向分段向滑体内转折至 NE 向,侧界后面的坡面上没有发现张拉剪切裂缝,前面的滑体平移和下挫的距离比较小。滑坡平台前部的坡体基本保持整体向前、向下移动,位于滑体前部的既有二、三级边坡完整保留,后部的坡面上生成了多条和后缘主裂缝性质相似、走向基本一致的裂缝,但其规模均小于后缘主裂缝。在滑动过程中,设置在二级坡上的钢筋混凝土骨架向前翻转,压在一级坡顶及坡前的自行车棚和 4♯、6♯ 楼东山墙上,一级坡上的浆砌片石护墙发生倾倒破坏,同时 4♯、6♯ 住宅墙体被拉裂。

选用滑坡区某截面作为算例,各层土的重度和强度参数详见表 5.5。计算边界底边置为固定约束,左右两侧置为水平方向约束,其他为自由边。全域离散为 2405 个质点。根据第 4 章的结论,弹性模量和泊松比对分析结果影响不大,这里分别取 100MPa 和 0.3,土体采用等面积圆 Drucker-Prager 屈服准则,非相关联流动法则。

表 5.5　计算截面力学参数

土　层		天然重度 $\gamma/(\mathrm{kN/m^3})$	天然抗剪强度(快剪)		饱和抗剪强度(快剪)	
			黏聚力 c/kPa	内摩擦角 $\varphi/(°)$	黏聚力 c/kPa	内摩擦角 $\varphi/(°)$
(1)	黏性土	19	25	22	20	18
(2)	全风化岩	19.5	30	25	25	20
(3)	强风化岩	20.5	35	30	30	25

边坡稳定安全系数的确定方法采用 Donald 等(1985)的特征点位移法。采用 Bishop 法计算所得边坡稳定安全系数天然状态下为 1.12,饱和状态下为 0.94;本书采用 RKPM 计算所得稳定安全系数天然状态下为 1.15,饱和状态下为 0.98。图 5.26 为饱和状态下采用极限平衡法得到的滑裂面,图 5.27 为本书方法搜索得到的滑裂面。图 5.28 和图 5.29 分别为同等条件下的等效塑性剪切带和位移矢量场,对比可见,与实际滑坡的分布特征较为吻合。

分析该滑坡发生的原因,首先是由于开挖坡脚形成较陡的人工边坡,为滑坡的形成提供了临空面和地形条件,且采取的支护措施达不到规范的设计要求。由于坡体由深厚的残坡积土层构成,其物理力学性质较差,浸水后易软化,强度降低较大。2005 年 8 月 19~21 日,该地区长时间持续强降雨,且该边坡坡顶及周边无完善的截排水系统,坡面植被发育,有利降水入渗,使边坡土体自重增加,强度降低,从而导致滑坡。

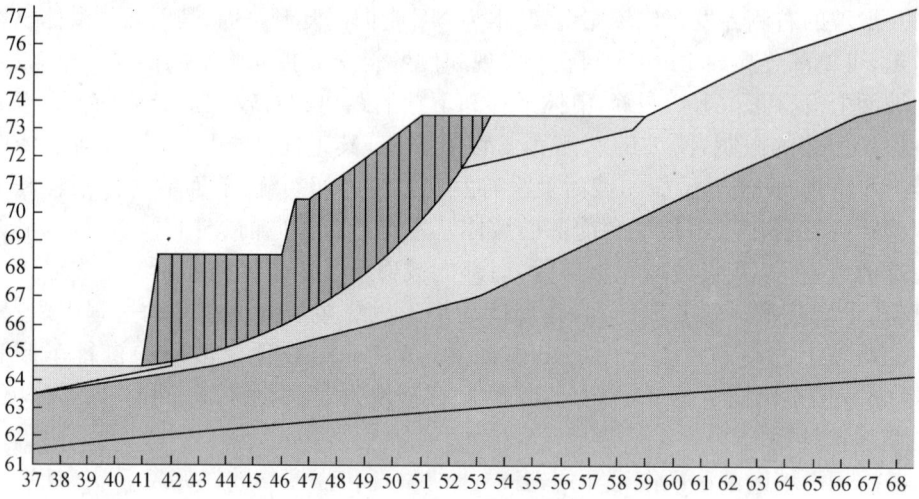

图 5.26　极限平衡法得到的滑裂面(单位:m)

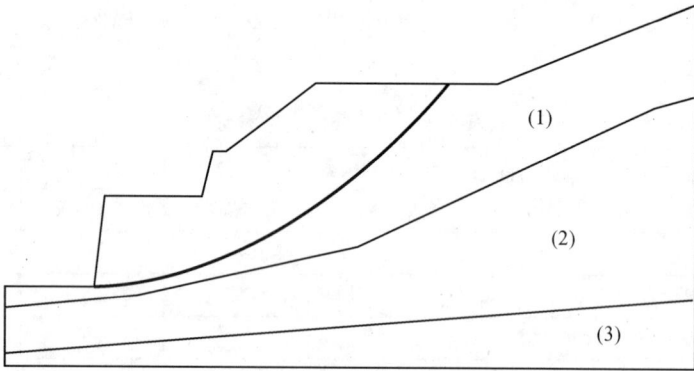

图 5.27　基于 RKPM 应力场搜索的滑裂面

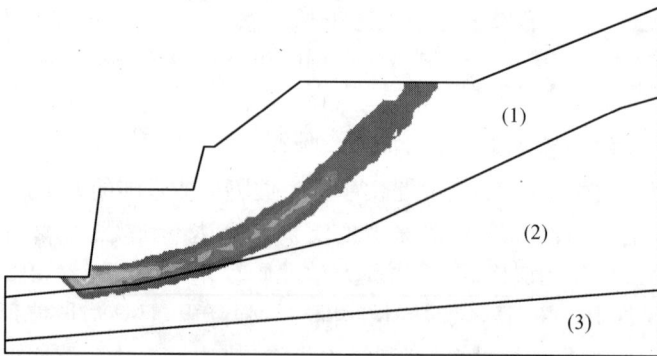

图 5.28　塑性应变剪切带

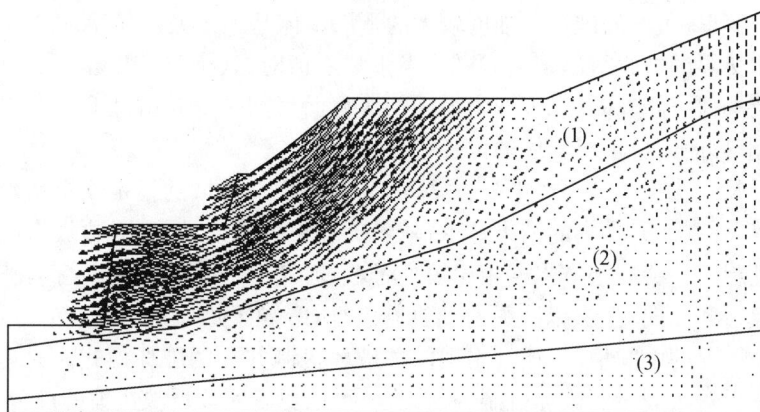

图 5.29　位移场矢量

5.6　本章小结

用强度折减 RKPM 法分析了边坡稳定性,讨论了几种不同的失稳判据。算例显示,塑性应变从坡脚到坡顶贯通在边坡破坏之前已经发生,按塑性应变区贯通作为失稳判据得到的稳定安全系数比按特征点位移突变为失稳判据得到的稳定安全系数略小,而按数值计算的收敛性作为失稳判据得到的稳定安全系数较大。

分析了计算域离散质点密度、采用不同的屈服条件和流动法则对稳定性结果的影响。结果显示以下几点:①离散点密度对稳定安全系数有明显影响,若离散质点太疏,会得到偏大的稳定安全系数,从本章算例,平均每 $10m^2$ 至少分布 4.5 个质点,才能得到误差可接受的结果;②虽然等面积圆 Drucker-Prager 屈服准则的力学概念不明确,但采用该屈服准则得到的稳定安全系数与极限平衡法的结果最为接近,其能得到与 Mohr-Coulomb 屈服准则最为接近的结果,采用外角点外接圆 Drucker-Prager 屈服准则得到的结果与极限平衡法差别最大,采用内角点外接圆和内切圆 Drucker-Prager 屈服准则得到的结果次之;③采用非相关联流动法则的安全系数比采用相关联流动法则的安全系数略小,边坡达到失稳临界状态时塑性应变分布差别不大。

利用 RKPM 分析结果,探讨了基于应变分析的确定临界滑裂面的方法,较利用有限元法分析结果简单许多。根据搜索所得临界滑移面,提出一种计算边坡稳定安全系数的新方法,算例表明该方法是可行的。

对双层土质边坡,且在上层土体强度固定的情况下,其稳定安全系数和破坏形态随着土体强度比值 c_{u2}/c_{u1} 的变化会有很大的不同。当 c_{u2}/c_{u1} 大于某一值时(本算例为 1.5), c_{u2}/c_{u1} 的变化对稳定安全系数基本没有影响,此时下层土体内部没有发生剪切变形,边坡的破坏与强度较大的下层土体基本无关,边坡的破坏形态是从两层土体交界的坡脚滑出。当 c_{u2}/c_{u1} 小于某一值时,边坡稳定安全系数随 c_{u2}/c_{u1} 减小而减小,临界破坏状态下搜索得到的滑移面呈圆弧形并通过下层土体,c_{u2}/c_{u1} 值越小,滑移面通过下层土体的位置越深。

对带软弱夹层的土质边坡,c_{u2}/c_{u1} 的取值同样对边坡的稳定安全系数和破坏形态有很大的影响,本书的结果显示,随着夹层土体强度的变化,边坡有两种典型的破坏机制。当夹层土体强度相比较小时,边坡完全沿着软弱夹层滑动破坏;c_{u2}/c_{u1} 的值接近于 1 时,边坡以圆弧滑动机制破坏,等同于均质边坡;而当 c_{u2}/c_{u1} 处于上述两种情况的中间值时,还会出现两种破坏机制并存的破坏模式。通过本章算例分析有了对边坡不同破坏机制的认识,就可以更真实地反映边坡的稳定性。

第6章 软土地区基坑放坡开挖的 ALE 有限元破坏分析

6.1 引　言

基坑开挖是基础工程和地下工程施工中的一个传统问题,它同时又是一个综合性的岩土工程问题,既涉及土力学中典型的强度和稳定问题,又包含了变形问题,同时还涉及土及结构的共同作用问题;对这些问题的认识及其对策的研究,是随着土力学理论、分析技术、测试技术等的发展进步而逐步完善的。

Terzaghi 等(1948)最早对基坑开挖问题提出了分析方法,即于 20 世纪 40 年代提出了预估挖方稳定程度及支撑荷载大小的总应力法,这一理论经过许多改进和完善也一直沿用至今。20 世纪 50 年代,Bjerrum 等(1956)给出了分析深基坑底板隆起的方法。Skempton 等(1965)讨论了伦敦黏土条件下的一个基坑放坡开挖的短期稳定问题,并分析了其发生破坏的原因。Chandler 等(1974)讨论了硬黏土中边坡开挖的设计问题。Burland 等(1977)讨论了超固结牛津黏土深基坑开挖下的渐进破坏情况,并分析了其引起的地面沉降等问题,并观察到了靠近基坑底部的水平剪切带的发展。Cooper 等(1998)对位于 Selborne 的一个 9m 深基坑的放坡开挖渐进破坏进行了试验研究,并得到了详尽的观测资料。

Clough 等(1981)利用有限元法分析了土层各向异性对土体、墙体位移分布的影响;Bose 等(1998)基于修正剑桥模型分析了可考虑分步开挖、设置支撑等情况下的基坑性状;Faheem 等(2003)用有限元法对软土地区基坑的坑底稳定性进行了二维分析,认为坑底的稳定性主要受开挖深度与基坑宽度的比值、坑底下软土层的厚度等因素的影响。

Vaughan(1994)对伦敦黏土地基的开挖进行了弹塑性有限元分析,并分析了其渐进破坏现象及其破坏过程。Kovacevic(1994)在其博士论文中对放坡开挖问题采用有限元进行了数值模拟分析,得到了基坑底部的剪切应力区的发展情况。Potts 等(1997)采用弹塑性模型对超固结伦敦黏土上的一个边坡的开挖渐进破坏进行了详尽的分析,并采用有限元计算合理解释了现场观察到的情况。

Potts 等(2001)采用他们的有限元程序 ICFEP 较详尽地分析了影响开挖边坡的各种因素,并列出了不同计算模型条件下的分析结果。Potts(2003)对位于伦敦城市中心区的一个深达 40m 的基坑进行了分析,并对平面应变、轴对称(包括平面外软弱、坚硬挡墙两种条件)条件下的分析结果进行了对比,同时还对基坑角部的变形进行了三维有限元分析,并与上述分析结果进行了对比。Zdravkovic 等(2005)对基坑开挖用三维有限元对不同的支护结构类型、支护结构的刚度、基坑形状等进行了分析,同时还与采用轴对称、平面应变条件下的情况的分析结果进行了对比分析。

　　Matsui 等(1992)采用强度折减有限元法分析了一个均质边坡开挖的实例,并得到了其开挖过程中的应变、变形等,同时还得到了其稳定安全系数。连镇营等(2001)用强度折减有限元方法对开挖边坡的稳定性进行了较为全面的研究,并认为和强度指标相比,弹性模量、泊松比、剪胀角和侧压力系数对边坡稳定安全系数影响不大,开挖边坡和天然边坡具有相似的破坏形式。连镇营等(2002)采用三维弹塑性有限元法,对土钉支护进行了边开挖、边安装土钉、喷射混凝土面层的施工过程进行了数值模拟分析。栾茂田等(2003)将抗剪强度折减法基本概念、弹塑性有限元分析原理与计算结果图形实时显示技术相结合,提出了以广义塑性应变及塑性开展区作为边坡失稳的评判依据;并对开挖边坡和开挖支护边坡的实例进行了计算。武亚军(2003)用强度折减有限元法分析了开挖边坡的稳定性,并结合算例与极限平衡法中的 Bishop 法、强度折减 FEM 法中的 Ugai 的计算结果进行了比较。

　　本章拟采用可考虑大变形的 ALE 有限元程序对平面应变条件下基坑的无支护放坡开挖进行分析,特别是对软土地基下基坑放坡开挖的破坏性状进行研究。

6.2　软黏土的工程性质及其应力-应变关系

　　软黏土具有三高一低的特性,即高含水量、高孔隙比、高压缩性、低抗剪强度,有些软黏土同时还具有典型的触变性和蠕变性等特性。天然软黏土一般都具有一定的结构性,这种结构性对土的工程性质有强烈的影响,由于软黏土所具有的结构特性,使得软黏土在保持高含水量、高孔隙比的条件下,不需要进一步压密便能支承更大的上覆荷重,也即具有微超固结特性;一旦固化键连接被破坏后,固结现象才会继续发展,因此结构性软黏土在力学性质上表现出与无结构性或结构性很弱的软土有很大不同。

　　结构性软黏土在应力-应变关系上表现为明显的超过峰值应力后应变发生软化的现象,即应力随应变的增长而逐渐降低,最后达到残余强度;在压缩曲线上,结构性软黏土的初始段较为平缓,一旦固结压力超过土体的结构屈服强度时,曲线便会出现陡降;由于结构性软黏土的大孔隙比状态,软黏土的固结系数在软黏土结构破坏之前可以是结构被破坏之后的数倍;固结不排水剪三轴试验显示,结构性软黏土的初始孔隙水压力值随应变增加而增长缓慢,至较大的应变值才达到最大值,在固结压力较低的条件下,会出现孔隙水压力降低的现象。而无结构性或结构性很弱的软黏土在应力-应变关系上表现为硬化过程,即达到强度峰值应力后应变继续发展而强度增长缓慢,应力随应变的增长而增加很小。因而对结构性软黏土及无结构性或结构性很弱的软黏土的应力-应变关系表述将不相同。

因此在岩土工程有限元分析中区分土质类型十分重要。有限元分析中土体本构模型的选择很大程度上取决于土质类型,如硬塑性黏土十分脆且倾向于渐进破坏;同时渐进破坏机理十分复杂,不考虑应变软化分析渐进破坏机理较为困难;软塑性土通常不能软化至十分明显的状态,故而可将简单的弹塑性本构模型应用到此类材料的分析中,而正常固结或微超固结土通常能承受一定量的塑性应变,此时采用软化模型(考虑塑性性状的本构模型)分析其渐进破坏是必需的,分析结果说明采用此模型较符合实际情况(Potts et al.,2001)。

这里以 Mohr-Coulomb 材料的表述为例,将软黏土分别表示为软化模型及非软化(理想弹塑性)模型,其中非软化(理想弹塑性)模型的表述详见刘开富(2006),Mohr-Coulomb 软化模型的表述参见 6.2.1 节。

6.2.1　Mohr-Coulomb 软化模型

土体内的应力由于不总是均匀的,应力大的点先超过峰值强度而出现软化,软化后强度降低,原先承担的剪应力将超过抗剪强度,超额的剪应力转嫁到相邻未软化的土体,引起这一部分剪应力的增大而超过其峰值强度,随之而发生软化;这一过程的持续进行将导致土体的最终破坏,这一现象就是渐进破坏(沈珠江,2000)。正如 Terzaghi(1936)提出的渐进破坏概念一样,软黏土的结构性破坏也是一个渐进的过程,峰值应力后的软化现象不是应力的立即跌落,而是随着应力逐渐降低而应变不断增大的过程。

结构性软黏土典型的应力-应变关系曲线如图 6.1 所示,从图上可以看出曲线可大致分为三个部分:①OA 段,当应力小于峰值应力时,随着应力的增大,土体逐渐屈服,土体发生硬化,应力-应变关系可用非线性弹性或弹塑性关系来描述;②AB 段,

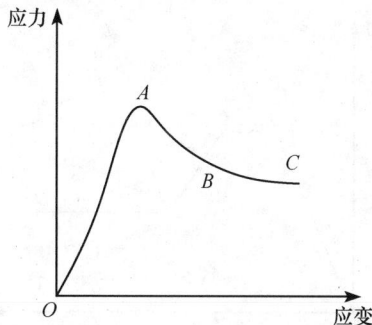

图 6.1　结构性软黏土典型应力-应变曲线

峰值强度后,土体强度开始下降,变形随应力的减小而逐渐增大,呈应变软化现象;
③BC段,土体达到残余应力值时,近似为完全塑性状态。

　　为了简单而准确描述土体的软化现象,这里采用分段线性函数来模拟应力-应变关系,用线性软化描述软黏土结构性破坏所导致的应变软化现象,通常有以下两种表达方式。

　　(1)简单线性软化模型(沈珠江,2000;蒋明镜等,1997),其应力-应变关系曲线如图6.2所示,在土体达到峰值强度前,假设软黏土的结构性保持完好,并把土体假设为理想弹性体,用线性弹性关系;在土体达到峰值强度后,土体的结构性开始发生破坏,土体的强度下降直到达到残余强度,土的结构性完全受到破坏,这一应变软化现象用软化过程来近似描述;在残余强度之后,假设土体为理想塑性体,应力不变,应变无限增长,土体发生破坏。

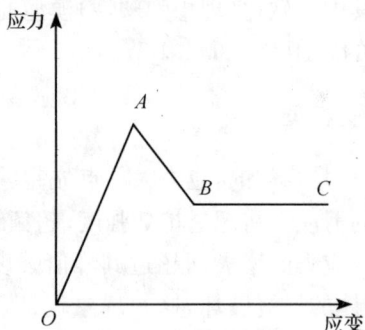

图 6.2　简单线性软化模型

　　(2)复杂线性软化模型(Potts et al.,1999;1990),其应力-应变关系曲线如图6.3所示,在土体达到峰值强度前,把土体假设为理想弹性体,用线性弹性关系;在土体达到峰值强度后,假定土体为理想塑性体,并在一定的应变范围内保持该状态;但达到一定的应变后土体的结构性开始发生破坏,土体的强度下降直到达到残余强度,

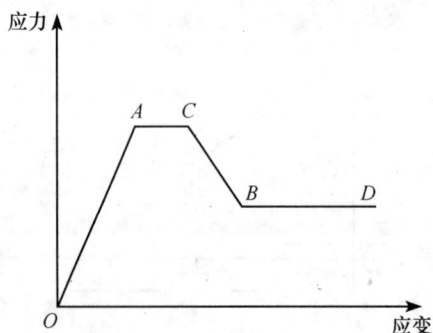

图 6.3　复杂线性软化模型

土的结构性完全受到破坏,这一应变软化现象用软化过程来近似描述;在残余强度之后,假设土体为理想塑性体,应力不变,应变无限增长,土体发生破坏。

　　将图 6.2 和图 6.3 的简化模型推广到复杂的应力空间,对于 Mohr-Coulomb 材料,其 π 平面上屈服面形状如图 6.4 所示,与图 6.2 和图 6.3 中相对应的 A 点和 B 点是初始屈服面和最终屈服面,应力达到峰值后继续加荷,土体进入软化阶段,这时应力下降而塑性变形继续发展;在应力空间,软化阶段的后继屈服面是随塑性变形的发展不断收缩的,待收缩到最终屈服面时,材料进入无限流动状态,材料发生破坏,此时的屈服面也即残余破坏面。

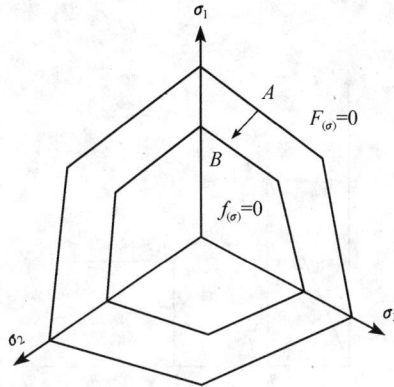

图 6.4　线性应变软化塑性流动示意图

6.2.2　有限元计算中软化模型的选择

　　刘熙媛(2003)的固结不排水试验研究表明,基坑开挖过程中,侧向卸荷使土体抵抗剪切破坏的能力降低,导致土样的抗剪强度指标呈现下降的趋势;而经历了卸荷过程的土体,由于侧向膨胀导致其孔隙增大,土颗粒之间的咬合作用被削弱,从而使土体抵抗剪切破坏的能力降低,同时基坑开挖的侧向卸荷过程也会引起土体产生较大的侧向变形,导致基坑侧壁土体原有的结构性因侧向膨胀而变化,土颗粒之间的咬合作用减弱,摩擦力减小,因此土体的抗剪强度必然降低。这也说明卸荷过程的抗剪强度的变化不同于加荷过程的抗剪强度的变化,在分析基坑开挖破坏时应慎重选取土体的抗剪强度指标,也应重视其指标下降的问题。

　　因此在采用有限元分析基坑开挖破坏时,为更好地模拟土体的性状,应选取应变软化模型。为简化有限元的计算,本书选用简单线性应变软化 Mohr-Coulomb 模型,其应力-应变关系如图 6.5 所示,其抗剪强度参数选择如图 6.6 所示;当仅仅有弹性应变无塑性应变时,Mohr-Coulomb 软化模型中的强度参数取为 c_0、φ_0;当塑性应变为 0 时,Mohr-Coulomb 软化模型中的强度参数仍为 c_0、φ_0;而当塑性应

变达到 ε_p 及塑性应变大于 ε_p 时,Mohr-Coulomb 软化模型中的强度参数为 c_r、φ_r,当塑性应变在 ε_e 及 ε_p 间时,Mohr-Coulomb 软化模型中的强度参数取 c_0、φ_0、c_r、φ_r的线性插值,取值方法如下:

$$c = c_r + \frac{\varepsilon - \varepsilon_e}{\varepsilon_p - \varepsilon_e}(c_0 - c_r) \tag{6.1}$$

$$\varphi = \varphi_r + \frac{\varepsilon - \varepsilon_e}{\varepsilon_p - \varepsilon_e}(\varphi_0 - \varphi_r) \tag{6.2}$$

式中,c、c_0、c_r 分别为计算时、峰值前及峰值时、残余强度时的黏聚力;φ、φ_0、φ_r 分别为计算时、峰值前及峰值时、残余强度时的内摩擦角;ε、ε_e、ε_p 分别为计算时、峰值时、残余强度开始时的应变。

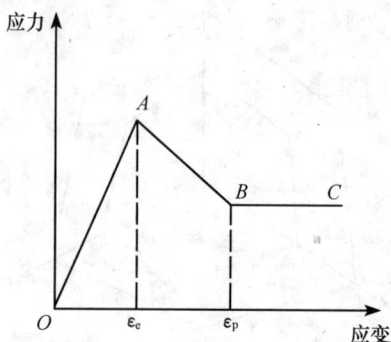

图 6.5　简单线性应变软化模型

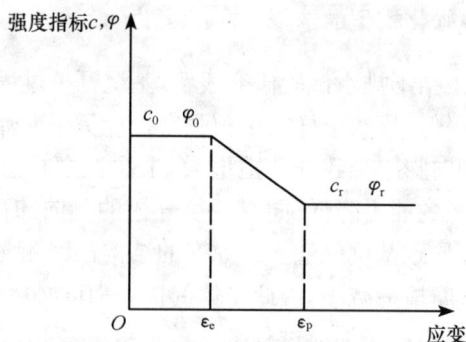

图 6.6　简单线性应变软化模型参数选择

6.3　均质基坑放坡开挖破坏性状研究

相比极限平衡分析方法,近年来有限元法已经成为分析边坡稳定及破坏性状的一种有效选择,Griffiths 等(1999)、Naylor(1982)、Potts 等(2001)等提出了各种分析技巧并列出了有限元法的多种优点,特别是前两者结合土的理想弹塑性模型——Mohr-Coulomb 模型分析了边坡等的破坏性状,而后者则结合修正的剑桥模型及 Mohr-Coulomb 模型分析了不同情况下的边坡开挖性状。连镇营等(2001)采用强度折减法有限元对均质地基开挖边坡的稳定性进行了较全面的研究,并认为开挖边坡和天然边坡具有相似的破坏形式。栾茂田等(2003)、武亚军(2003)也对均质地基上的开挖边坡进行了计算分析,并得到了一些有益结论。

Potts 等(2001)的研究表明,在岩土工程有限元分析中,土体本构模型的选取十分重要,其取决于土质类型;其研究认为软塑性土通常不能软化至十分明显的状态,因而可将简单的弹塑性本构模型应用到此类材料的分析中,而正常固结或微超固结土通常能承受一定量的塑性应变,采用考虑塑性性状的软化模型分析其破坏是必需的,分析结果也说明采用此模型也较符合实际情况。

本节结合可考虑大变形的 ALE 有限元程序,拟采用理想弹塑性本构模型(非软化)及采用应变软化本构模型(软化),屈服和强度准则采用 Mohr-Coulomb 准则,对平面应变条件下软土均质地基上的基坑放坡开挖进行大变形有限元计算,对采用以上非软化及软化模型的结果进行对比,分析基坑放坡开挖时的破坏性状。

6.3.1 均质软土地基放坡开挖的非软化分析

本次分析考虑快速开挖(不排水条件),采用总应力法分析,非线性理想弹塑性土体模型中 Mohr-Coulomb 准则在有限元分析过程中需用黏聚力、内摩擦角、剪胀角、变形模量、泊松比等参数,分析所采用土体的材料参数见表 6.1;基坑放坡开挖以塑性剪应变表示的剪切带贯通为标准判断基坑开挖的极限高度或基坑土体破坏。

表 6.1 非软化分析时所采用的土体材料参数

土体重度/(kN/m³)	黏聚力/kPa	内摩擦角/(°)	剪胀角/(°)	变形模量/MPa	泊松比
17.5	10.0	8.0	0	4.0	0.3

本次非软化分析中开挖边坡采用 1:2 的坡度比,其开挖过程如图 6.7 所示。假定开挖过程中,地表荷载恒为 $P_{fb}=15kPa$,每次开挖深度为 1m,直至开挖基坑发生破坏,有限元分析中共划分网格 2400 个,节点 2501 个,有限元网格图如图 6.8 所示。

基坑放坡开挖的过程即是土体荷载侧向卸载的过程,随着侧向卸载的大小变化,土体中应力重分布,将导致土体性状发生变化,其应变等也相应地发生变化。

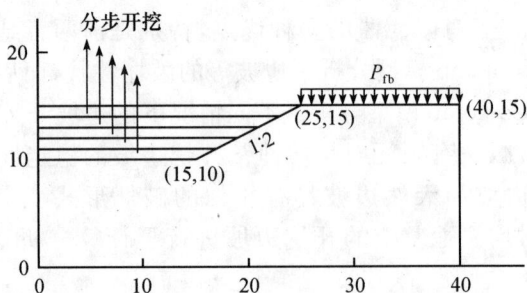

图 6.7　均质地基基坑放坡开挖过程及形状示意图(非软化,单位:m)

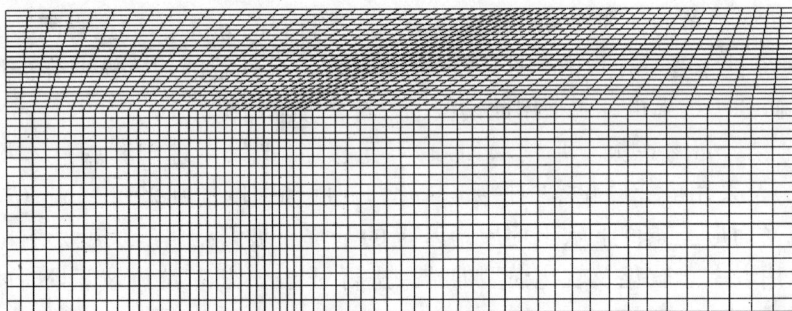

图 6.8　均质地基基坑放坡开挖有限元网格图

　　基坑放坡开挖过程中,采用塑性剪应变表示的剪切带的发展变化如图 6.9~
图 6.12 所示。开挖深度为 2m 时,局部区域形成剪切带,但是范围较小(图 6.9)。
随着开挖深度的增加,即土体侧向荷载的卸载逐渐增大,剪切带逐步发展,范围也
逐渐扩大,如开挖深度为 3m 时的剪切带范围较开挖深度 2m 时范围已有较大发展
(图 6.10),而开挖深度为 4m 时的剪切带范围比 3m 时的剪切带范围也有扩展
(图 6.11),当开挖至一定深度时(本次分析为 5m 时),剪切带继续发展并贯通,此
时基坑土体沿剪切带滑移(图 6.12),基坑失稳破坏。

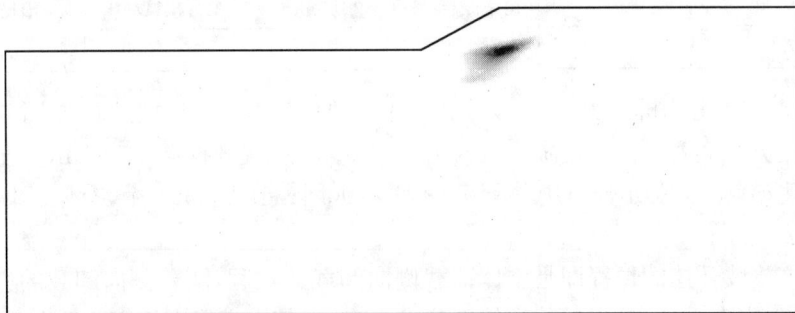

图 6.9　基坑放坡开挖 2m 时塑性剪应变表示的剪切带(非软化)

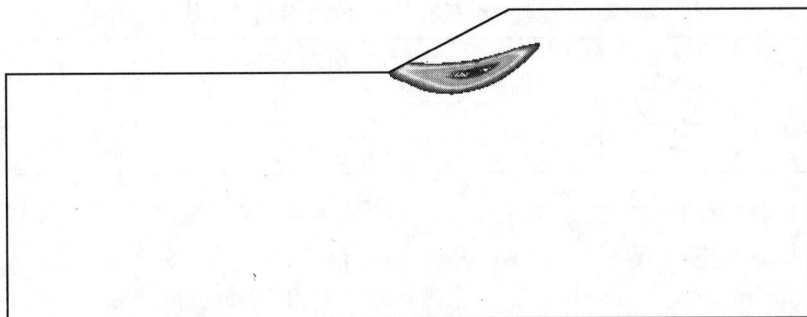

图 6.10　基坑放坡开挖 3m 时塑性剪应变表示的剪切带（非软化）

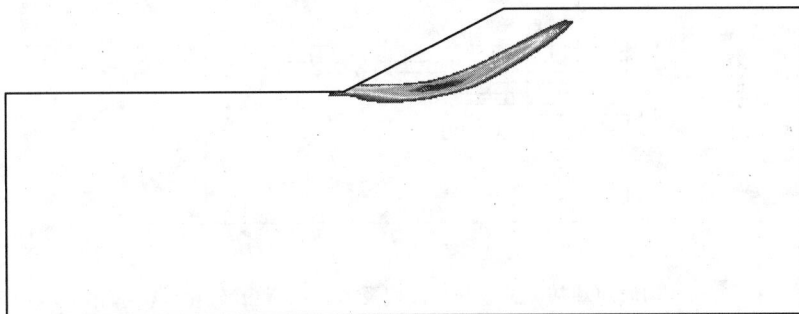

图 6.11　基坑放坡开挖 4m 时塑性剪应变表示的剪切带（非软化）

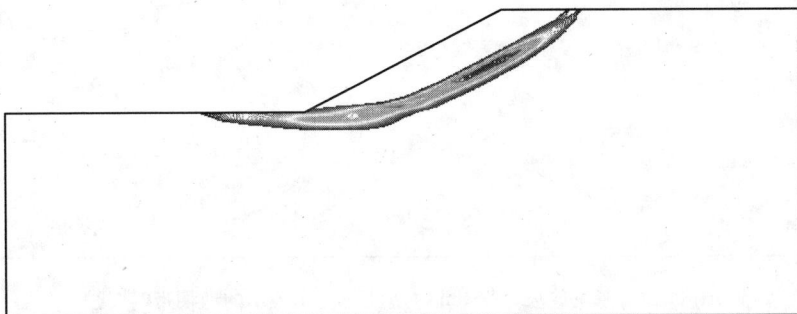

图 6.12　基坑放坡开挖 5m 时塑性剪应变表示的剪切带（非软化）

6.3.2　均质基坑放坡开挖软化分析

　　本次软化分析考虑快速开挖（不排水条件），采用 6.2 节中应变软化本构模型（软化）分析其破坏性状，假定土体材料为 Mohr-Coulomb 材料；其中应变软化本构模型中的 Mohr-Coulomb 准则在有限元分析过程中需用黏聚力、内摩擦角、剪胀角、变形模量、泊松比等参数，分析所采用土体的材料参数见表 6.2。

表 6.2　软化分析时所采用的土体材料参数

材料参数	土体重度 /(kN/m³)	黏聚力 /kPa	内摩擦角 /(°)	剪胀角 /(°)	变形模量 /MPa	泊松比
初始指标	17.5	10.0	8.0	0	4.0	0.3
软化后指标	17.5	4.0	6.0	0	4.0	0.3

本次软化分析中开挖边坡采用 1:2 的坡度比,其开挖过程如图 6.13 所示。假定开挖过程中,地表荷载恒为 $P_{fb}=15$kPa,前 2 次开挖挖深 1m,其后每次开挖深度为 0.5m,直至开挖基坑发生失稳破坏,有限元网格划分同非软化分析,有限元网格图如图 6.8 所示。

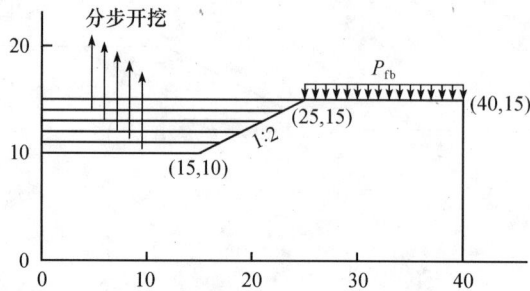

图 6.13　均质地基基坑放坡开挖过程及形状示意图(软化分析,单位:m)

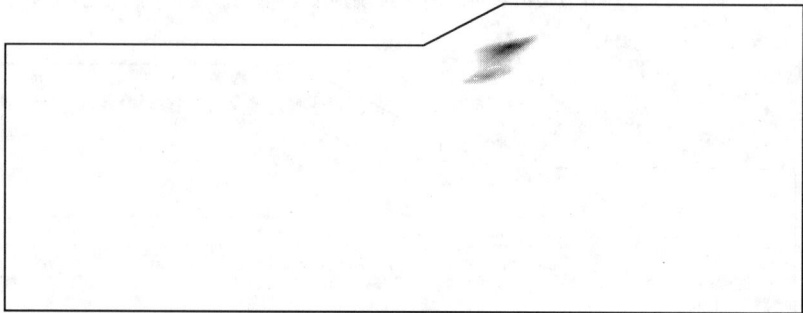

图 6.14　基坑放坡开挖 2m 时塑性剪应变表示的剪切带(软化)

同非软化分析一样,软化分析中基坑放坡开挖的过程也是土体荷载侧向卸载的过程,随着侧向卸载的大小变化,土体中应力重分布,将导致土体性状发生变化。基坑放坡开挖过程中的软化分析中也采用塑性剪应变表示的剪切带的发展来分析基坑放坡开挖破坏的情况,剪切带的发展变化图如图 6.14~图 6.17 所示;开挖深度为 2m 时,局部区域形成剪切带,但范围较小(图 6.14);随着开挖深度的增加,即土体侧向荷载的卸载逐渐增大,剪切带逐步发展,范围也逐渐扩大,如开挖深度为 2.5m 及 3m 时的剪切带范围较其前步开挖深度时的范围已有较大发展(图 6.15

和图 6.16),当开挖至一定深度时(本次分析为 3.5m 时),剪切带继续发展并贯通,此时基坑土体沿剪切带滑移(图 6.17),基坑破坏。由此可见,基坑的破坏是随着侧向荷载增大(开挖深度增大)而逐渐破坏的过程,破坏过程中剪切带逐步开展并扩大,直至贯通,基坑失稳破坏。

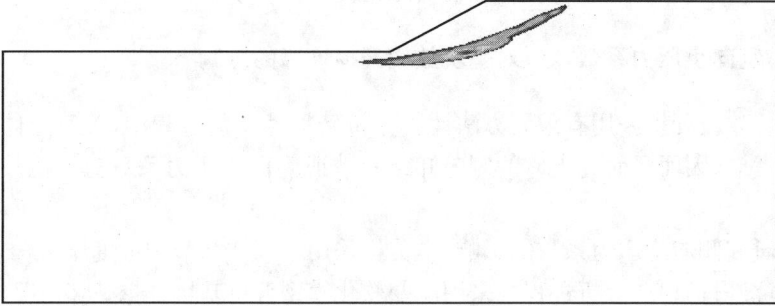

图 6.15　基坑放坡开挖 2.5m 时塑性剪应变表示的剪切带(软化)

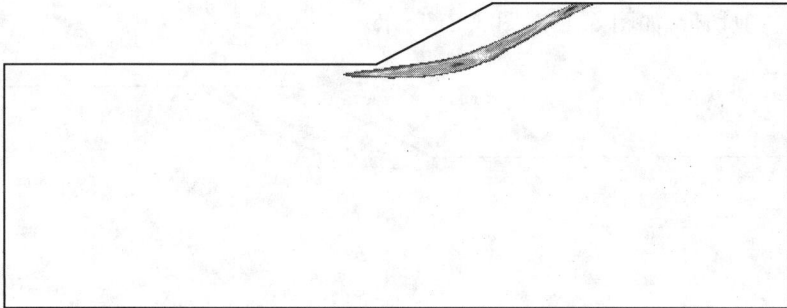

图 6.16　基坑放坡开挖 3m 时塑性剪应变表示的剪切带(软化)

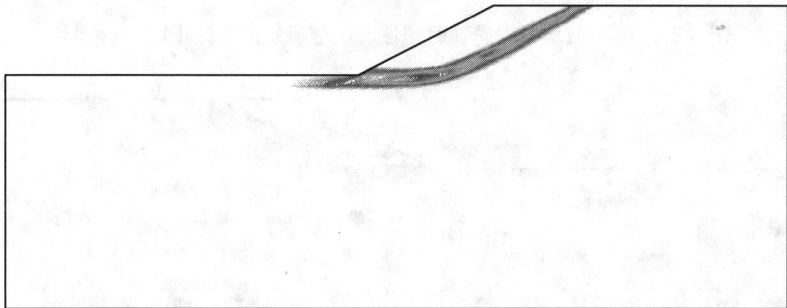

图 6.17　基坑放坡开挖 3.5m 时塑性剪应变表示的剪切带(软化)

　　基坑放坡开挖过程中,软化分析的结果同非软化分析的结果有较明显的不同。在基坑开挖达到一定深度后,软化分析中的基坑的土体剪切带发展方向与非软化分析中的不同,基坑顶部比基坑底部先达到塑性状态,而非软化分析中则是基坑底部先达到塑性状态;同时从图形化分析角度讲,非软化分析中剪切带的贯通过程较为明显,而软化分析中其剪切带的贯通过程则要复杂。另外从基坑开挖深度方面可判断,采用软化分析得到的结果要小于非软化分析的结果,从 6.4 节中的工程实例分析也可以看出,这是符合工程的实际情况。

6.3.3　侧向土压力系数取值对基坑放坡开挖计算的影响

基坑放坡开挖采用有限元方法计算分析破坏性状的过程中,关于土体的指标中已经考虑,因而只研究土体的侧向卸载系数或侧向土压力系数对开挖破坏性状的影响。

为研究侧向土压力系数的影响,本分析采用了 6.3.2 节中坡度比 1∶2 的放坡开挖基坑进行研究,分析过程中采用应变软化模型分析基坑开挖破坏情况,侧向土压力系数(本书取值小于 1.0)分别采用 $K_0=0.5$、0.6、0.75、0.9 进行计算,土体参数同 6.3.2 节中的应变软化模型的参数(表 6.2),并得到了其破坏时的塑性剪应变表示的剪切带,如图 6.18～图 6.21 所示。

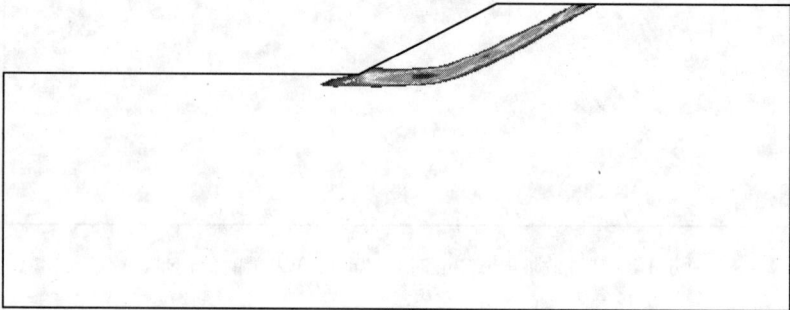

图 6.18　基坑放坡开挖破坏时塑性剪应变表示的剪切带($K_0=0.5$)

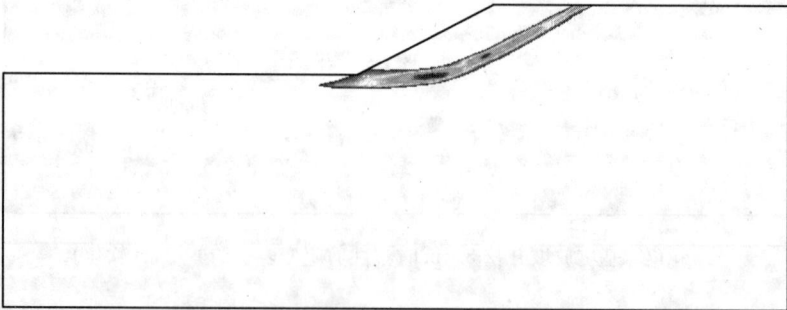

图 6.19　基坑放坡开挖破坏时塑性剪应变表示的剪切带($K_0=0.6$)

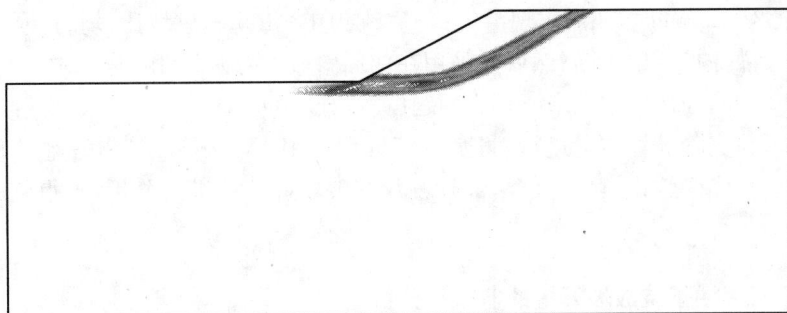

图 6.20　基坑放坡开挖破坏时塑性剪应变表示的剪切带($K_0 = 0.75$)

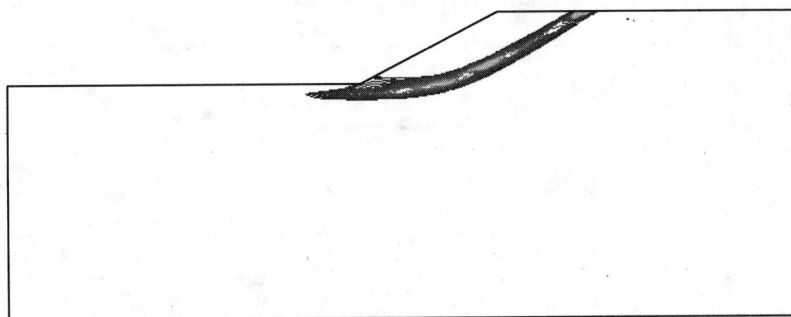

图 6.21　基坑放坡开挖破坏时塑性剪应变表示的剪切带($K_0 = 0.9$)

由图 6.18～图 6.21 可以看出,随着侧向土压力系数的增大,基坑放坡开挖破坏时的基坑破坏性状有一定的差别,主要表现为破坏面随侧向土压力系数的增大逐渐向深度方向扩展,但扩展程度较小,主要集中于基坑放坡坡角部位;基坑地表面处的破坏范围相差很小,可认为破坏范围基本相同;因而从以上分析可以看出,侧向土压力系数对于基坑破坏的影响主要是破坏深度的影响,但影响较小,而对于地表面处的破坏范围可认为基本没有影响。

6.4　软土基坑放坡开挖破坏实例分析

本节结合软土地基上的一个基坑放坡开挖破坏的工程实例进行有限元分析,以了解软土地基上基坑放坡开挖破坏的性状。

浙江省温州乐清市某大楼,所设一层地下室需开挖基坑,平均开挖深度 5.0m。场区地表为约 0.5m 厚石渣填层,下面为 1.2～1.5m 厚淤泥质黏土,土质呈可塑-软塑性,高压缩性,自上而下含水量逐渐增大,土质逐渐变软,过渡至淤泥层,土质呈流塑-软流塑性,极高压缩性,厚度为 20m 以上,含水量为 60%～90%。饱和度为 94% 以上,地下室设置在淤泥土层上部。基坑开挖采用放坡比 1∶1.2 放坡开挖,挖至 2~2.5m 时,四周出现滑坡;随后改为 1:1.5 的放坡比,坍方更严重,把边缘沉管灌注桩全部折断;然后又采用在四周斜坡上打两排 4m 长松木桩,并用角铁和 φ10 钢筋锚住松木也未能解决问题(黄正轩,1992)。

为了与实际破坏情况进行对比,本节分别采用 Mohr-Coulomb 理想弹塑性非软化模型及应变软化模型对该基坑放坡开挖破坏性状等进行分析,以得到一些有益结论。

6.4.1　某大楼基坑放坡开挖的非软化分析

本次分析考虑快速开挖(不排水条件),采用总应力法分析,非线性理想弹塑性土体模型中 Mohr-Coulomb 准则在有限元分析过程中需用黏聚力、内摩擦角、剪胀角、变形模量、泊松比等参数见表 6.3。

表 6.3　土体的材料参数

土层名称	土体重度 /(kN/m³)	黏聚力 /kPa	内摩擦角 /(°)	剪胀角 /(°)	变形模量 /MPa	泊松比
石渣	20.0	1.0	30.0	0	8.0	0.20
淤泥质黏土	17.3	8.0	8.0	0	3.0	0.35
淤泥	16.8	8.0	6.0	0	2.5	0.35

本次非软化分析中开挖边坡采用 1:1.2 的坡度比,其开挖性状及过程如图 6.22 所示(本书分析中假定淤泥质黏土厚度为 1.5m)。假定开挖过程中,地表荷载恒为 $P_{fb}=20$kPa,前两次开挖深度为 1m,其后每次开挖深度为 0.5m,有限元分析中共划分网格 3185 个,节点 3300 个,有限元网格图如图 6.23 所示,当挖深分别为 2.5m 及 3.0m 时采用塑性应变表示的剪切带分布图如图 6.24 和图 6.25 所示。

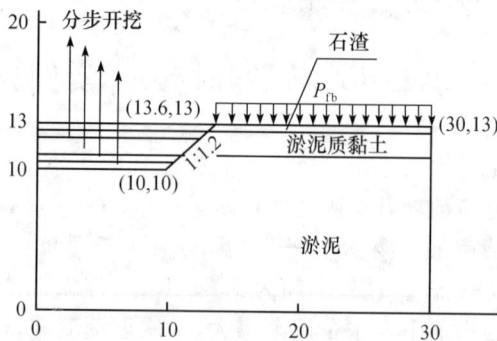

图 6.22　软土地基基坑放坡开挖过程及形状示意图(坡度比 1:1.2,单位:m)

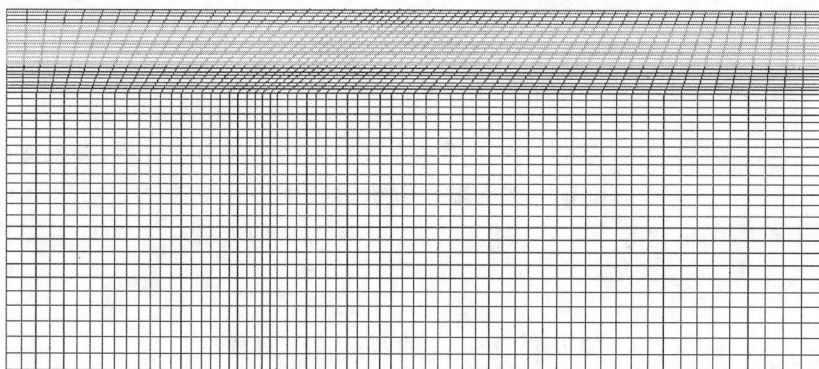

图 6.23　软土地基基坑放坡开挖有限元网格图(坡度比 1∶1.2)

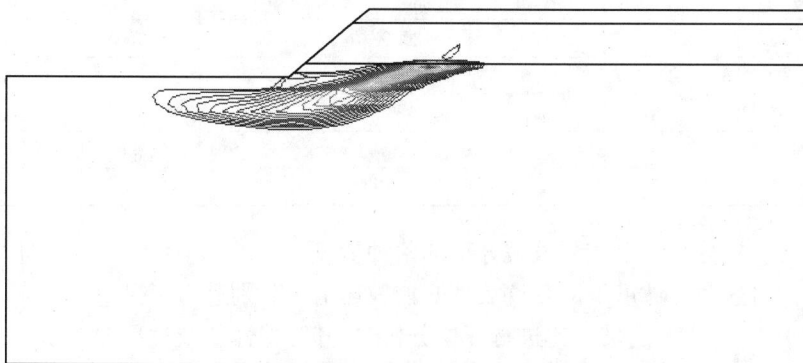

图 6.24　软土地基放坡开挖 2.5m 时塑性剪应变表示的剪切带(非软化)

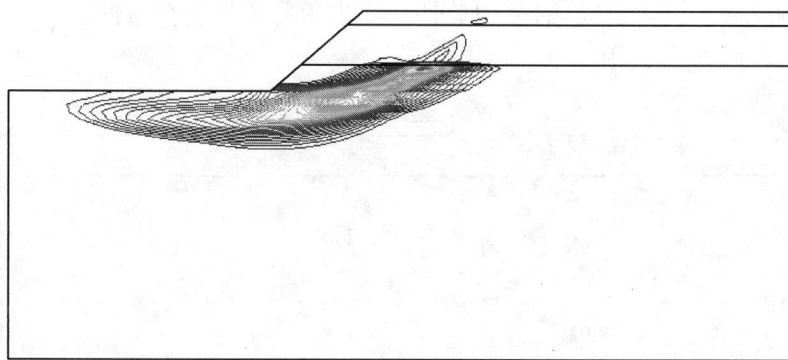

图 6.25　软土地基放坡开挖 3.0m 时塑性剪应变表示的剪切带(非软化)

　　由图 6.24 和图 6.25 可以看出,采用非软化分析时,开挖深度为 3.0m 时仍然不会破坏,需进一步增加开挖深度才能发生破坏,这与实际情况不符合,并且相差较大;因而可认为采用不考虑软化影响的 Mohr-Coulomb 理想弹塑性模型分析软土地基上的基坑放坡开挖将偏于不安全。

6.4.2　某大楼基坑放坡开挖的软化分析

本次软化分析考虑快速开挖(不排水条件),采用总应力法分析,理想弹塑性土体模型中 Mohr-Coulomb 准则在有限元分析过程中需用黏聚力、内摩擦角、剪胀角、变形模量、泊松比等参数及软化后参数见表 6.4,应变软化模型采用 6.2 节中的软化模型。

表 6.4　土体材料参数及软化后参数

土层名称	土体重度/(kN/m³)	黏聚力/kPa	内摩擦角/(°)	剪胀角/(°)	变形模量/MPa	泊松比
石渣	20.0	1.0	30.0	0	8.0	0.20
软化后参数	20.0	1.0	20.0	0	8.0	0.20
淤泥质黏土	17.3	8.0	8.0	0	3.0	0.35
软化后参数	17.3	3.0	6.0	0	3.0	0.35
淤泥	16.8	8.0	6.0	0	2.5	0.35
软化后参数	16.8	3.0	4.0	0	2.5	0.35

本次软化分析结合实际放坡开挖的两种坡度(1∶1.2、1∶1.5)分别进行了计算。下面对这两种坡度下的基坑放坡开挖破坏情况分别进行了讨论。

当采用 1∶1.2 的坡度比进行开挖分析时,其开挖性状及过程如图 6.22 所示。假定开挖过程中,地表荷载恒为 $P_{fb}=20kPa$,前两次开挖深度为 1m,其后每次开挖深度为 0.5m,有限元网格划分及节点数目等同于 6.4.1 节中的非软化分析,当挖深分别为 2.0m 及 2.5m 时采用塑性应变表示剪切带的分布图,如图 6.26 和图 6.27 所示。

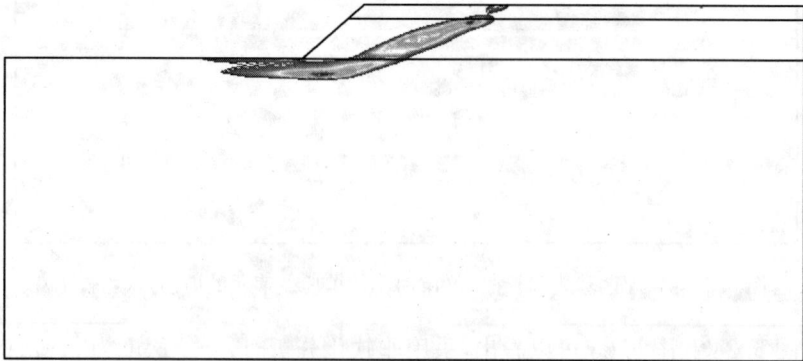

图 6.26　放坡开挖 2.0m 时塑性剪应变表示的剪切带(软化,坡度比 1∶1.2)

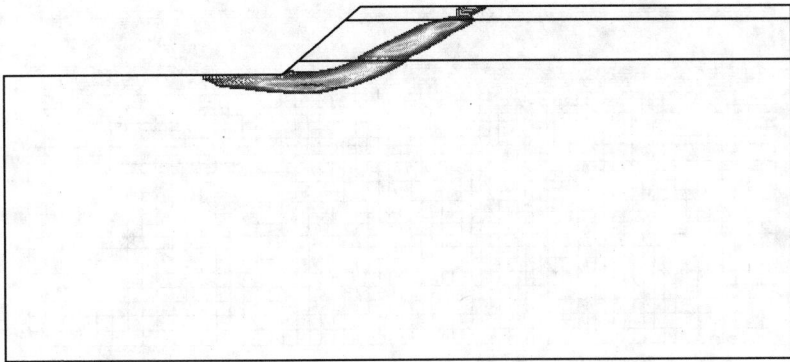

图 6.27　放坡开挖 2.5m 时塑性剪应变表示的剪切带(软化,坡度比 1∶1.2)

　　由图 6.26 和图 6.27 可以看出,采用应变软化模型分析时,开挖深度为 2.0m 时基坑已经濒临破坏,当开挖深度为 2.5m 时,放坡开挖的基坑将失稳破坏;实际工程采用 1∶1.2 的坡度比放坡开挖,当开挖至 2.0～2.5m 时基坑四周出现滑坡;因而从开挖深度方面的有限元分析结果与实际工程现场结果对比看,与实际情况相差较少,可认为采用应变软化模型的有限元分析得到的结果较符合实际情况。

　　当采用 1∶1.5 的坡度比进行开挖分析时,其开挖性状及过程如图 6.28 所示。假定开挖过程中,地表荷载恒为 $P_{fb}=20\text{kPa}$,前两次开挖深度为 1m,其后每次开挖深度为 0.5m,有限元分析中共划分网格 3185 个,节点 3300 个,有限元网格图如图 6.29 所示,当挖深分别为 2.0m 及 2.5m 时采用塑性应变表示剪切带的分布图如图 6.30 和图 6.31 所示;由图可以看出,采用应变软化模型分析时,开挖深度为 2.0m 时基坑已经濒临破坏,开挖至 2.5m 时,放坡开挖的基坑将失稳破坏;这与实际工程采用 1∶1.5 的坡度比进行放坡开挖时坍方更严重的现象符合,这是因为在坡度比 1∶1.2 时土体破坏后,其强度指标发生变化,强度由峰值强度开始向残余强度降低或已经降低到残余强度,在外荷载作用下,土体更容易破坏。

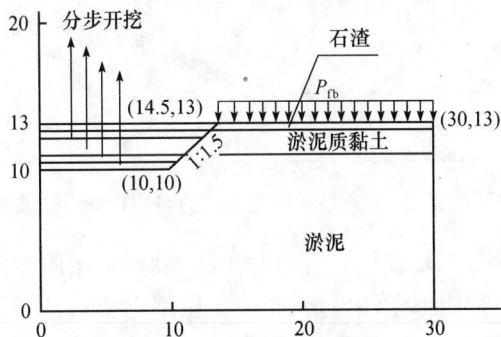

图 6.28　软土地基基坑放坡开挖过程及形状示意图(坡度比 1∶1.5,单位:m)

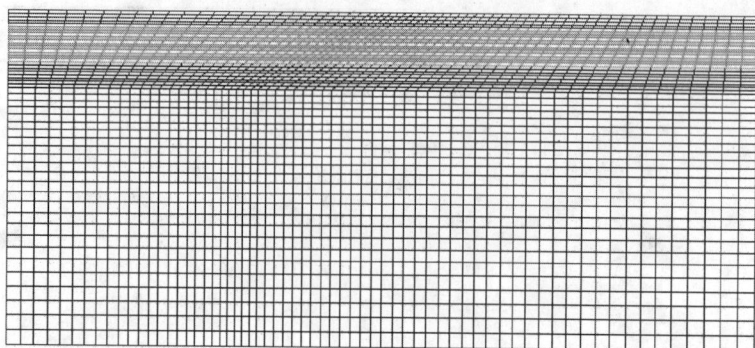

图 6.29　软土地基基坑放坡开挖有限元网格图(坡度比 1∶1.5)

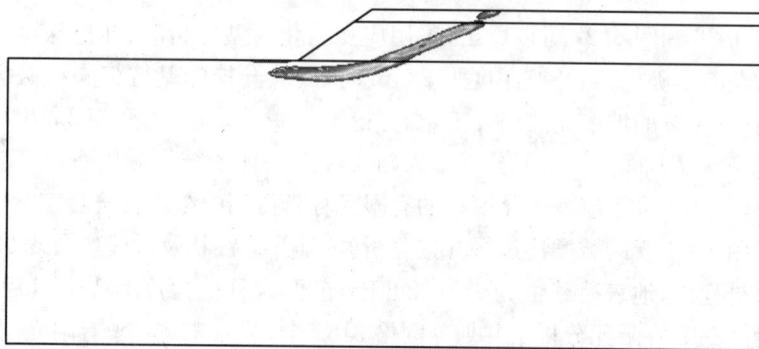

图 6.30　放坡开挖 2.0m 时塑性剪应变表示的剪切带(软化,坡度比 1∶1.5)

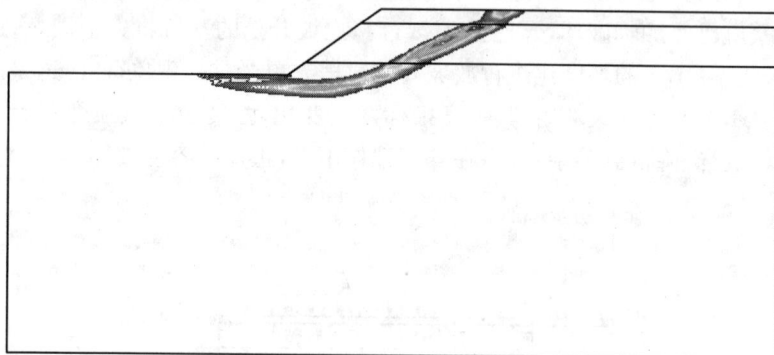

图 6.31　放坡开挖 2.5m 时塑性剪应变表示的剪切带(软化,坡度比 1∶1.5)

　　从有限元非软化分析及软化分析的对比结果看,采用应变软化模型进行有限元分析的结果相对于理想弹塑性模型(非软化模型)更符合实际,与工程现场结果对比看,采用软化模型分析的有限元结果与现场情况更为接近,更符合实际工程的现场情况。

6.5　本 章 小 结

本章简单介绍了基坑开挖特别是基坑放坡开挖方面的有限元分析进展及软土的土体性质,采用大变形 ALE 有限元方法及 Mohr-Coulomb 非软化分析模型、软化模型分析了软土地基上的基坑放坡开挖的过程及其破坏性状,并讨论了侧向土压力系数对计算结果的影响;最后对一软土地基上的基坑放坡开挖工程实例进行了软化及非软化破坏的有限元分析,主要结论如下:

(1) 基坑放坡开挖的过程也是土体荷载侧向卸载的过程,随着侧向卸载的大小变化,土体中应力重分布,随之将导致土体性状发生变化,其破坏过程是随着开挖深度增加的渐进破坏过程;无论在软化分析还是非软化分析过程中,在一定开挖深度时,局部区域首先形成范围较小的塑性剪切带,随着开挖深度的增加,即土体侧向荷载的卸载逐渐增大,剪切带逐步发展,范围也逐渐扩大,当开挖深度至一定值时,剪切带贯通,基坑失稳破坏。

(2) 侧向土压力系数对基坑放坡开挖破坏时的基坑破坏性状有一定的影响,但在一定范围内,侧向土压力系数对破坏性状的影响较小。基坑失稳破坏面随侧向土压力系数的增大逐渐向深度方向扩展,但扩展程度较小,且主要集中于基坑放坡坡角部位,而基坑地表面处的破坏范围相差很小,即可认为侧向土压力系数对基坑破坏性状的影响主要是破坏深度的影响,但影响较小,而对于基坑地表面处的破坏范围基本没有影响。

(3) 基坑放坡开挖过程中,软化分析的结果同非软化分析的结果有较明显的不同。在基坑开挖达到一定深度后,软化分析中基坑土体剪切带的发展方向与非软化分析中的不同,基坑顶部比基坑底部早达到塑性状态,而非软化分析中则是基坑底部早达到塑性状态;同时从图形化分析角度讲,非软化分析中剪切带的贯通过程较为明显,而软化分析中其剪切带的贯通过程则要复杂;此外从基坑开挖深度方面可判断,采用软化分析得到的结果要小于非软化分析的结果。

(4) 从软土地基上基坑开挖工程实例的有限元非软化分析及软化分析的对比结果及现场情况看,采用应变软化模型进行有限元分析的结果比采用理想弹塑性模型非软化模型的结果更符合实际;与工程现场结果对比看,采用非软化分析得到的结果相对于采用软化分析得到的结果偏不安全,而采用软化模型分析的有限元分析结果与实际情况更为接近,更符合实际情况。

第7章 软土地基上填筑路堤性状分析的 ALE 有限元分析

7.1 引　言

填筑路堤的性状受所处地基和地形条件等的影响较大,其稳定和变形直接取决于所处位置的地质条件和路堤填筑材料的特性,同时填筑路堤的稳定与变形也是相互关联的。目前计算稳定性的极限平衡法难以考虑变形的影响,更难以与常用的分层总和法有机地结合;而以有限元方法为代表的数值分析方法,从材料的应力-应变关系入手,可较全面地分析各种情况下路堤填筑不同高度时所处的状态,得出其应力、变形等,因而有限元法成为研究路堤破坏规律并指导工程实践的一种有效的科学手段。

赵九斋等(2000;1999)对建于连云港地区天然地基上的铁路填筑路基的变形、破坏性状进行了分析。邓卫东(2003)从高填路堤的破坏现象入手,采用非线性弹性有限元方法分析了山区典型地基地貌条件下路堤的破坏与变形特征,得出了对路堤变形和破坏有关的主要因素及影响规律。王晓谋等(2003)和杜秦文等(2006)分别基于现场实测结果分析了软土路堤的变形。林育梁等则采用室内模型试验研究了软土地基上路堤的变形性状。邓永锋等(2006)根据固结理论等探讨了路堤临界高度随时间的增长规律。郑永来等(2002)采用反演方法分析了软基路堤填土施工期的稳定性。这些研究对于分析软土地基上的路堤变形及认识其破坏机制提供了良好的基础。

随着我国经济的迅速发展,在软土地区建设的高速公路、铁路等的填筑路堤越来越多,国内外很多研究者采用有限元方法分析软土地基上路堤的变形机制及其影响因素。邓卫东(2003)采用非线性弹性有限元方法分析了路堤的破坏与变形特征,得到了影响路堤变形和破坏的主要因素及规律。刘春虹等(2004)采用 Mohr-Coulomb 模型分析了软黏土路基上填筑路堤的破坏性状。刘世川等(2005)则采用非线性 Duncan-Chang 模型分析了高填路堤的形变和应力等的变化规律。刘开富(2006)采用大变形有限元方法分析了软土地区上的路堤填筑过程及其破坏性状。刘金龙等(2007)采用非线性有限元方法分析了土工织物加固软土路基的效果和机制。本章针对天然软土地基上填筑路基进行大变形有限元分析,以了解填筑路堤的破坏规律及其性状。

7.2　单层地基上路堤填筑有限元分析

　　路堤临界填筑高度及其破坏性状因土体性质的不同而异,采用现场试验得到其临界填筑高度及破坏性状不失为一种有效的方式,但因费用、工期等原因不宜经常使用,且其结果也受所处地区及地质条件的影响。随着有限元方法的发展成熟,采用有限元方法分析填筑路堤性状的数值模拟技术日臻成熟,本节针对单层地基上的填筑路堤采用 Mohr-Coulomb 模型并结合第 2 章的大变形有限元程序进行分析,并讨论一些参数对有限元分析结果的影响。

7.2.1　基于 Mohr-Coulomb 模型的单层地基上路堤填筑有限元分析

　　为便于计算,利用对称性取路堤断面的一半分析单层地基上路堤的临界填筑高度及破坏性状,填筑断面及有限元网格如图 7.1 和图 7.2 所示,其中,特征点 S1~S3 的位置分别如图 7.1 所示。本书采用 Mohr-Coulomb 模型进行有限元分析。填筑

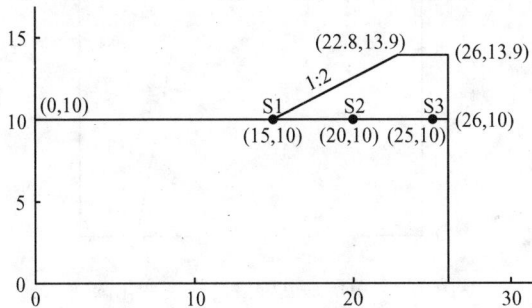

图 7.1　单层地基上路堤填筑几何形状图(单位:m)

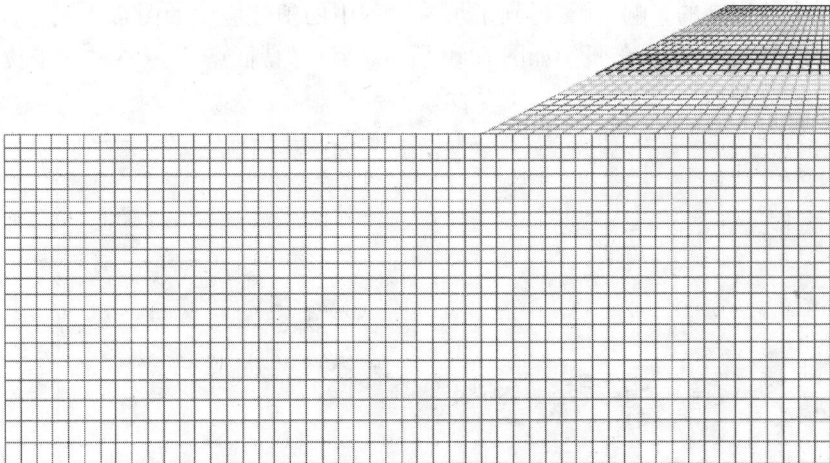

图 7.2　单层地基上路堤填筑有限元网格图

路堤坡度为 30°,设定单层地基深度为 10m,路堤填筑高度为 3.9m,从地表分层填筑,其中前 5 次每次填筑高度为 0.6m,其后每次填筑高度为 0.3m(填筑过程中考虑 10kPa 的施工荷载),直至路堤破坏。有限元分析时地基(或填筑路堤)的边界条件如下:两侧计算边界只有竖向位移的水平约束,底部计算边界为固定约束,顶面不作约束,为自由运动。单层地基的土体及路堤填筑材料的材料参数见表 7.1,由地基土体的材料参数得知,地基土体的总强度随深度呈线性增长,如图 7.3 所示。

表 7.1　单层地基土体及路堤填料的材料参数

材料参数	土体重度/(kN/m³)	黏聚力/kPa	内摩擦角/(°)	剪胀角/(°)
地基土体	16.3	15.8	1.5	0
路堤填料	18.0	40.0	0	0

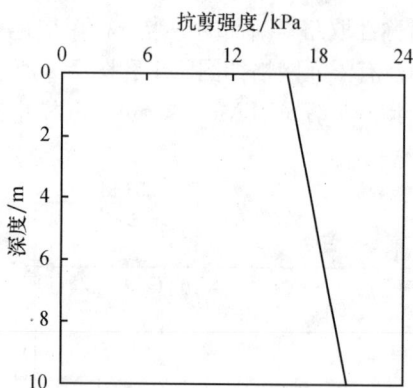

图 7.3　单层地基强度随深度变化图

　　本节采用总应力法对路堤的快速填筑进行了大变形有限元数值模拟,不考虑固结排水等因素的影响,计算得到了填筑过程中的塑性应变如图 7.4～图 7.9 所示,破坏时的变形速度矢量图如图 7.10 所示。其中,特征点 S1～S3 的水平位移及竖向位移分别如图 7.11 和图 7.12 所示。

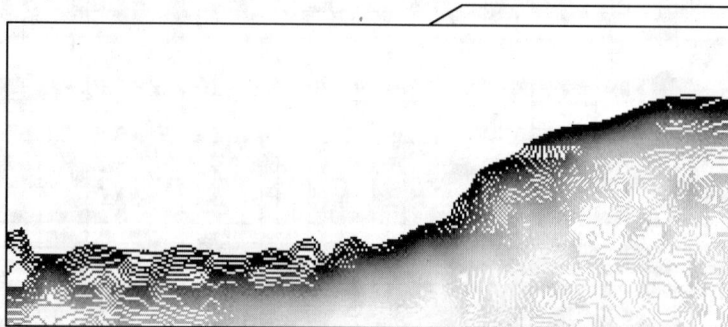

图 7.4　单层地基上填土高度为 0.6m 时的塑性应变图

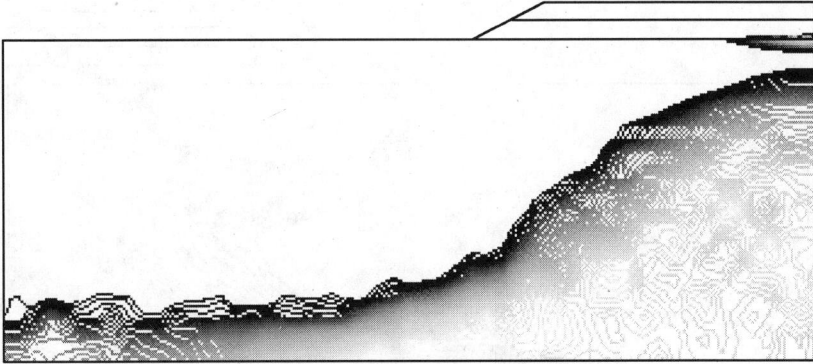

图 7.5　单层地基上填土高度为 1.2m 时的塑性应变图

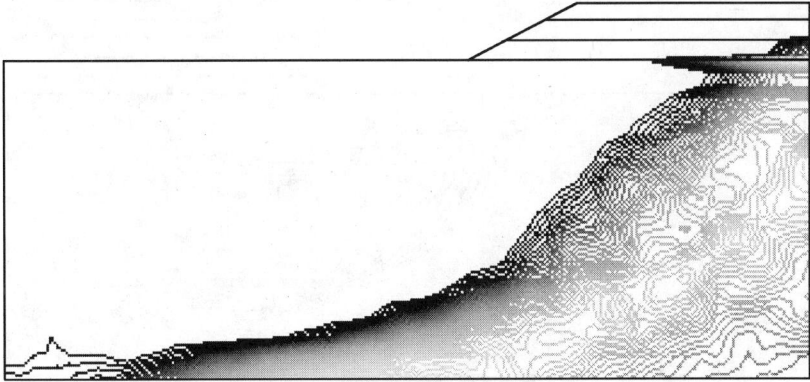

图 7.6　单层地基上填土高度为 1.8m 时的塑性应变图

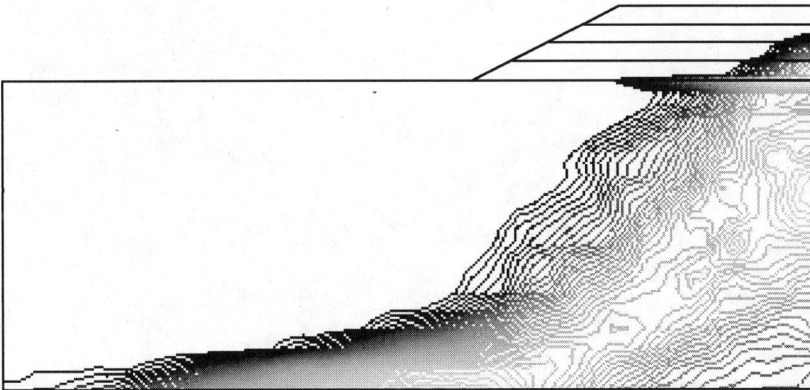

图 7.7　单层地基上填土高度为 2.4m 时的塑性应变图

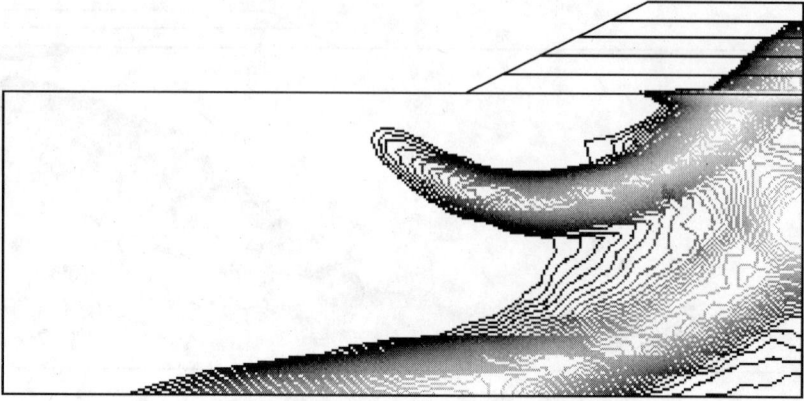

图 7.8　单层地基上填土高度为 3.0m 时的塑性应变图

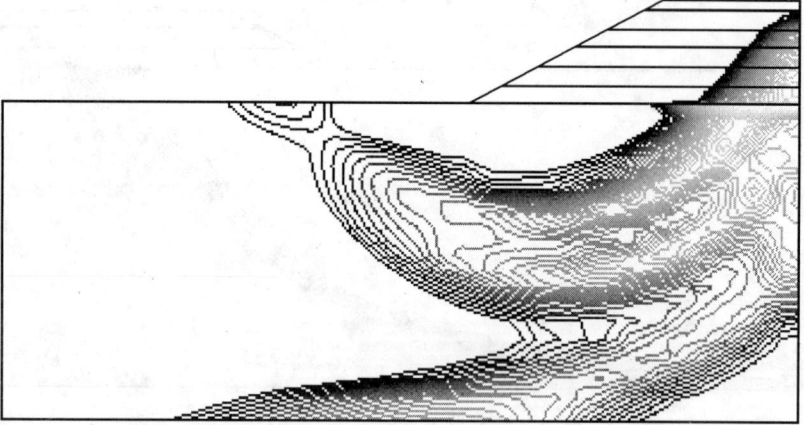

图 7.9　单层地基上填土高度为 3.3m 时的塑性应变图

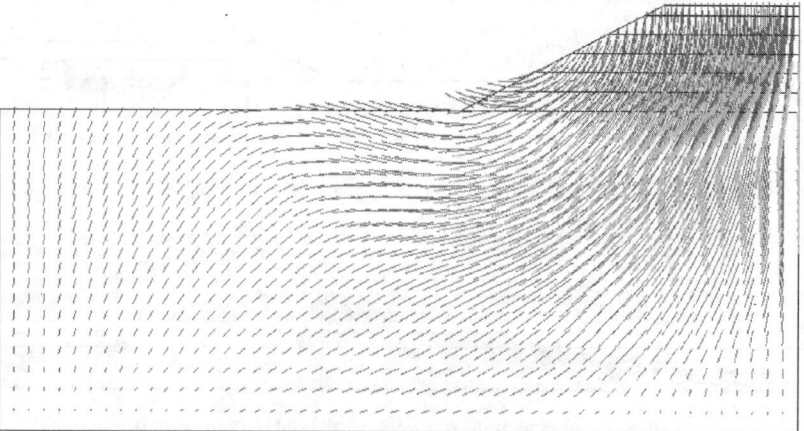

图 7.10　单层地基上填筑破坏时的变形速度矢量图

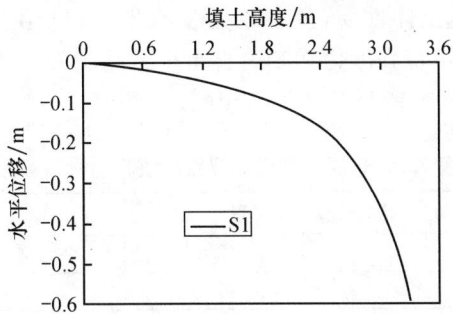

图 7.11　水平位移随填土高度的变化图(特征点 S1)

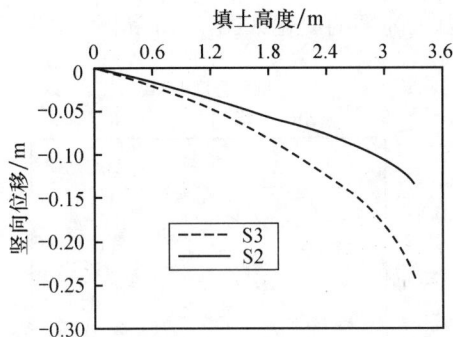

图 7.12　竖向位移随填土高度的变化图(特征点 S2、S3)

利用有限元分析路堤的填筑过程及其破坏情况时,为确定路堤的临界填筑高度及其破坏性状,需确定判断路堤及地基破坏的准则;而其破坏准则可采用塑性应变表示的塑性区贯通及特征点的位移突变判断填筑路堤的临界高度及路堤破坏,因此基于上述判断准则及图 7.4~图 7.12,可判断当填筑高度为 3.3m 时,路堤发生破坏。同时从图 7.4~图 7.9 可以发现,塑性应变区随填土高度的变化而逐渐发生变化,塑性应变区在填土高度达到一定高度时逐渐集中,并随着填土高度的增加形成塑性应变剪切带,并于破坏时塑性应变剪切带贯通破坏。

7.2.2　地基土体及填土性质对临界填筑高度及破坏性状的影响

本书分别选取不同的地基土体及填土材料参数进行计算,以便分析地基土体及填土性质对临界填筑高度及破坏性状的影响。

1. 地基土体性质对临界填筑高度及破坏性状的影响

为比较地基土体对临界填筑高度及破坏性状的影响,保持 7.2.1 节中填土材料性质不变,改变地基土体性质,其参数见表7.2。分层填土时,前五次填筑高度皆为0.6m,其后每次填筑高度为0.3m,直至填筑路堤发生破坏(填筑过程中考虑10kPa的施工荷载),其他皆与7.2.1节相同。

表7.2　单层地基土体及路堤填料的材料参数

材料参数	土体重度/(kN/m³)	黏聚力/kPa	内摩擦角/(°)	剪胀角/(°)
地基土体	16.3	17.8	1.5	0
路堤填料	18.0	40.0	0	0

　　地基土体的强度如图7.13所示。有限元模拟得到当填土达到3.6m时的塑性应变如图7.14所示,填土高度3.9m时的塑性应变如图7.15所示;特征点的水平位移及竖向位移随填土高度的变化如图7.16和图7.17所示。

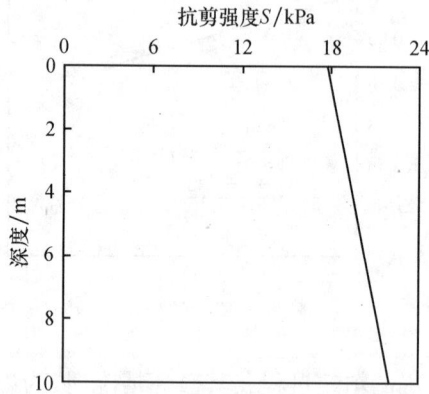

图7.13　单层地基强度随深度变化图

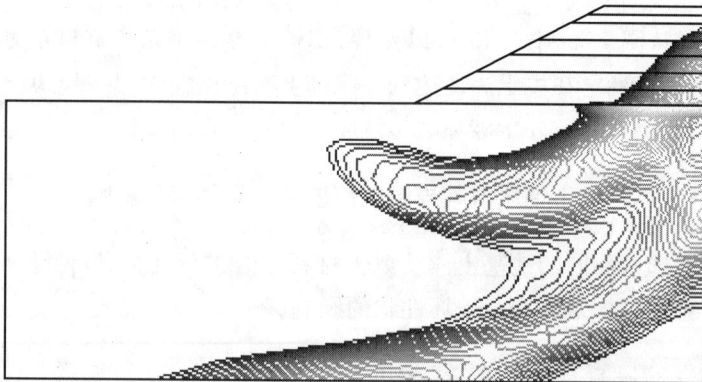

图7.14　单层地基上填土高度为3.6m时的塑性应变图

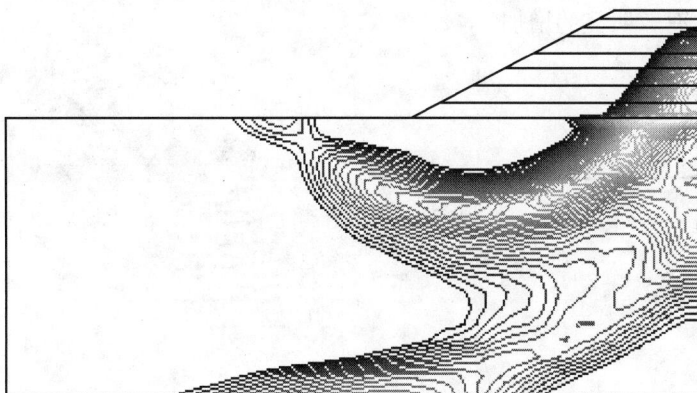

图 7.15　单层地基上填土高度为 3.9m 时的塑性应变图

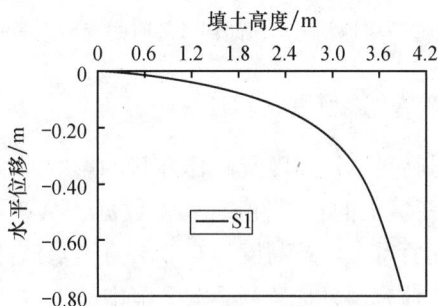

图 7.16　水平位移随填土高度的变化图(特征点 S1)

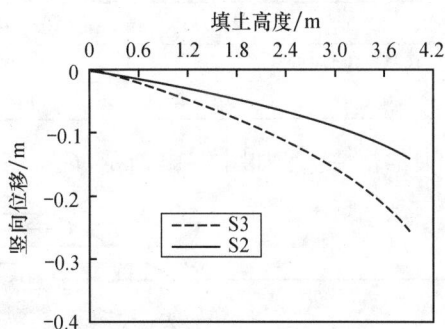

图 7.17　竖向位移随填土高度的变化图(特征点 S2、S3)

　　由计算结果看,当采用表 7.2 中参数时,填筑路堤的高度为 3.9m 时,路堤会发生破坏,破坏时其变形速度矢量图如图 7.18 所示。与 7.2.1 节中分析的破坏面相比,本次模拟分析的破坏面相对较浅,这说明路堤的破坏与地基的强度指标密切相关,地基强度较高时,路堤破坏面较浅;另外,本次模拟分析得到的路堤临界填筑高度较 7.2.1 节中得到的要高 0.6m,这也说明随着地基强度的增加,路堤临界填筑高度也会有较明显的增加。

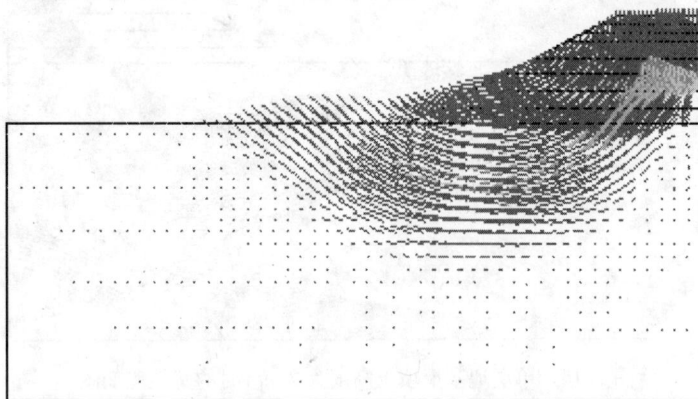

图 7.18　单层地基上填筑路堤破坏时的变形速度矢量图

2. 填土性质对临界填筑高度及破坏性状的影响

为对比填土性质对临界填筑高度及破坏性状的影响,保持表 7.1 中地基土体的材料性质不变,而改变填土的材料性质,其参数见表 7.3。分层填土时,前五次填筑高度皆为 0.6m,其后每次填筑高度为 0.3m,直至填筑路堤发生破坏(填筑过程中考虑 10kPa 的施工荷载),其他皆与 7.2.1 节中的相同。

表 7.3　单层地基土体及路堤填料的材料参数

材料参数	土体重度/(kN/m³)	黏聚力/kPa	内摩擦角/(°)	剪胀角/(°)
地基土体	16.3	15.8	1.5	0
路堤填料	18.0	60.0	0	0

当填土达到 3.0m 时的塑性应变如图 7.19 所示,填土高度 3.3m 时的塑性应

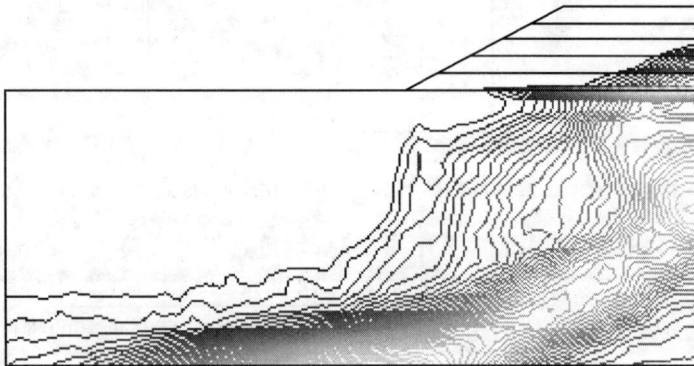

图 7.19　单层地基上填土高度为 3.0m 时的塑性应变图

变如图 7.20 所示,填土达到 3.6m 时的塑性应变如图 7.21 所示,特征点的水平位移及竖向位移随填土高度的变化如图 7.22 和图 7.23 所示。

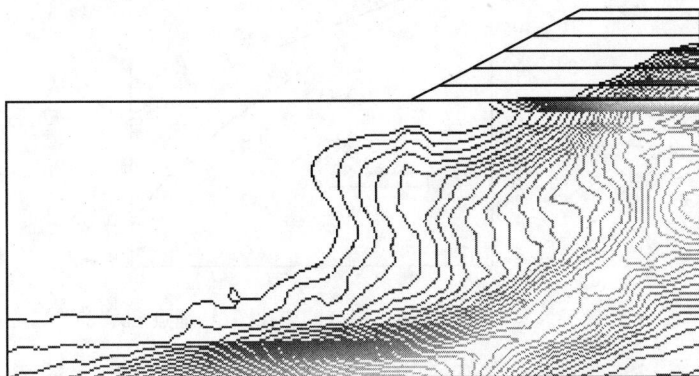

图 7.20　单层地基上填土高度为 3.3m 时的塑性应变图

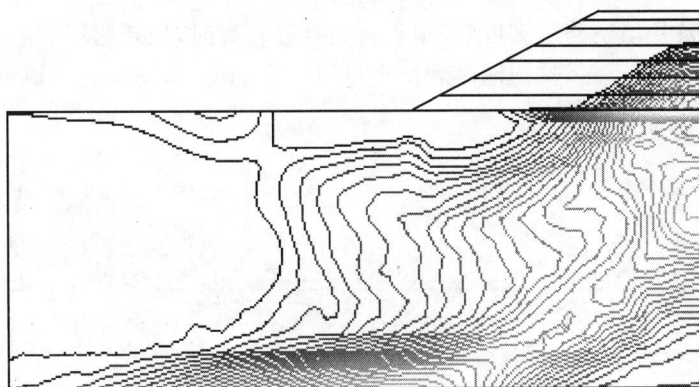

图 7.21　单层地基上填土高度为 3.6m 时的塑性应变图

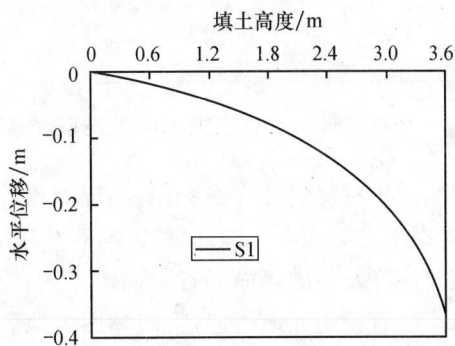

图 7.22　水平位移随填土高度的变化图(特征点 S1)

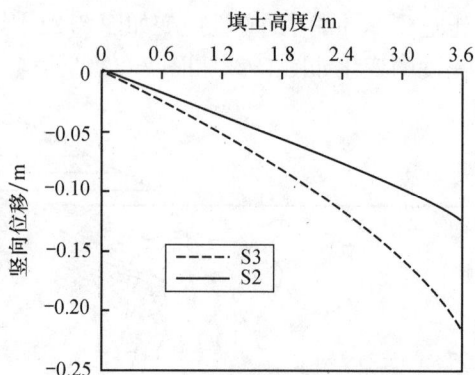

图 7.23　竖向位移随填土高度的变化图(特征点 S2、S3)

　　由有限元模拟结果看,填筑路堤的高度为 3.6m 时,路堤会发生破坏,破坏时其变形速度矢量图如图 7.24 所示。对比填土材料指标不同时填筑路堤的破坏面可见,当填土材料强度较高时,计算分析所得到的破坏范围相对较大,但深度相差不多;从填筑路堤高度看,填土材料强度较高时,填筑路堤的高度较高,但仅高 0.3m,相差不多,这说明随着填土材料强度的增加,路堤临界填筑高度增加较少。

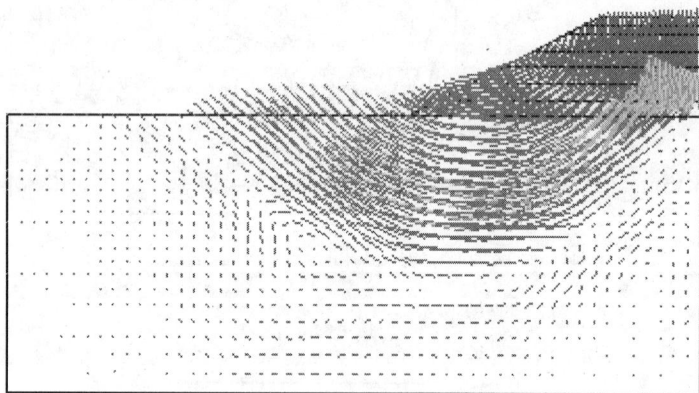

图 7.24　单层地基上填筑破坏时的变形速度矢量图

　　从以上分析看,提高填土材料的强度指标,对路堤的临界填筑高度影响较小,虽然对其填筑路堤破坏时的破坏面有影响,但是影响不大;而提高地基土体的强度指标,对路堤的临界填筑高度及其破坏面都有影响,且影响较突出,随着地基土体强度的提高,临界填筑高度有较明显地增加,且破坏面向地表面靠近,破坏面的深度明显减小。

7.3 双层地基上路堤填筑的有限元破坏分析

实际工程中,因软土地区的地表面长期裸露,所以地表附近土体的强度通常较高,即存在一层坚硬的硬壳层,这部分土体与下层土体的强度不同,因而本节将这部分土体与下层土体分离开,将地基分为两层进行分析。下面将硬壳层简化为以下两种情况:①整个硬壳层强度相等;②硬壳层强度随深度增加而减小,采用有限元方法讨论硬壳层强度的变化对路堤填筑的影响。

7.3.1 硬壳层强度相等情况下双层地基上路堤填筑有限元分析

为便于计算及比较分析,仍取路堤断面的一半进行分析,本节所采用的填筑断面如图 7.1 所示,有限元网格如图 7.25 所示,其中特征点 S1~S3 的位置如图 7.1 所示;设定地基深度为 10m,路堤填筑高度为 3.9m,从地表分层填筑,其中前 4 次每次填筑高度为 0.6m,其后每次填筑高度为 0.3m(填筑过程中考虑 10kPa 的施工荷载),直至路堤破坏,其中非硬壳层地基的土体及路堤填筑材料的材料参数见表 7.4,其他计算条件同 7.2 节。

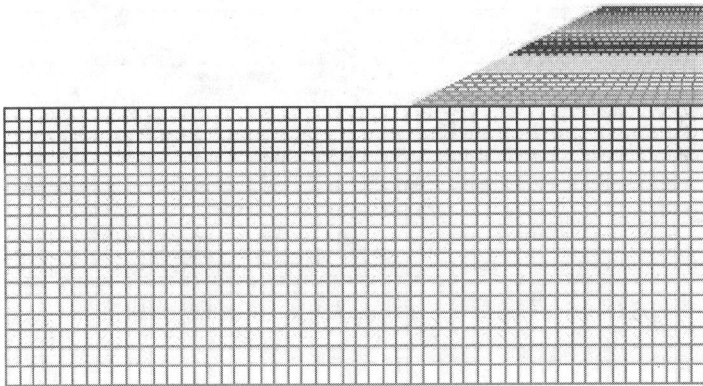

图 7.25 双层地基路堤填筑有限元网格图

表 7.4 非硬壳层地基土体及路堤填料的材料参数

材料参数	土体重度/(kN/m³)	黏聚力/kPa	内摩擦角/(°)	剪胀角/(°)
地基土体	16.3	15.8	1.5	0
路堤填料	18.0	40.0	0	0

假定地基硬壳层的固结不排水强度恒为 16.65kPa,由地基土体的材料参数得知,地基土体的强度随深度变化,非硬壳层强度随深度线性增长,如图 7.26 所示。

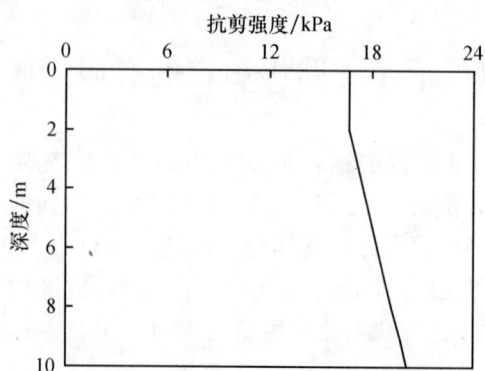

图 7.26　地基强度随深度的变化图

　　本节采用总应力法并应用大变形有限元法分析路堤的快速填筑,不考虑固结排水等因素的影响。当填土达到 3.6m 时的塑性应变如图 7.27 所示,填土高度 3.9m 时的塑性应变如图 7.28 所示;特征点位置的水平位移及竖向位移随填土高度的变化图如图 7.29 和图 7.30 所示。

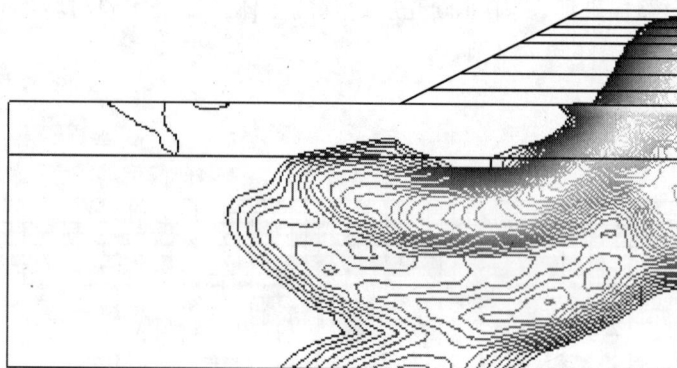

图 7.27　双层地基上填土高度为 3.6m 时的塑性应变图

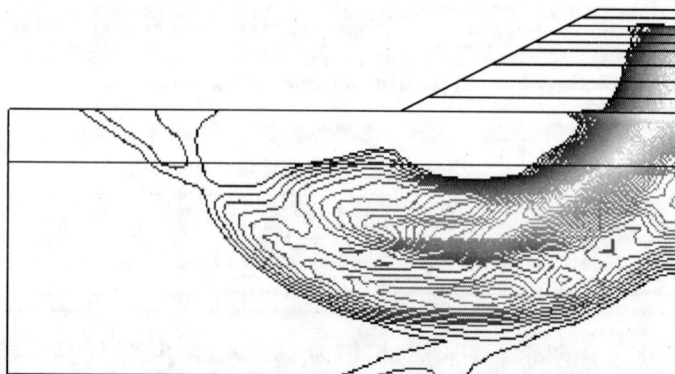

图 7.28　双层地基上填土高度为 3.9m 时的塑性应变图

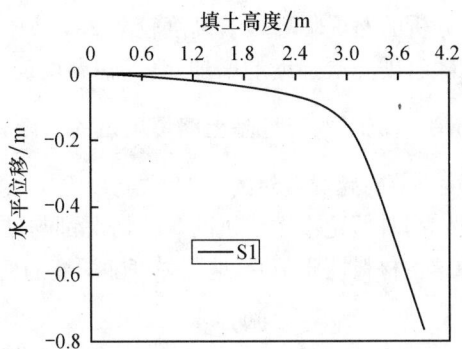

图 7.29　双层地基上特征点 S1 水平位移随填土高度的变化图

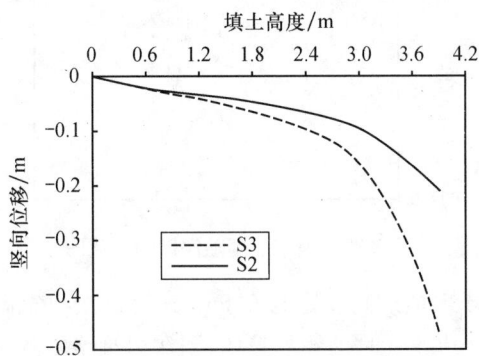

图 7.30　双层地基上特征点 S2、S3 竖向位移随填土高度的变化图

当填筑路堤高度为 3.9m 时,路堤会发生破坏,破坏时其变形速度矢量图如图 7.31所示。与 7.2.1 节中的破坏面相比,本次路堤填筑分析的破坏面相对较浅,这也说明路堤的破坏与地基的强度指标密切相关,特别是硬壳层强度对破坏面

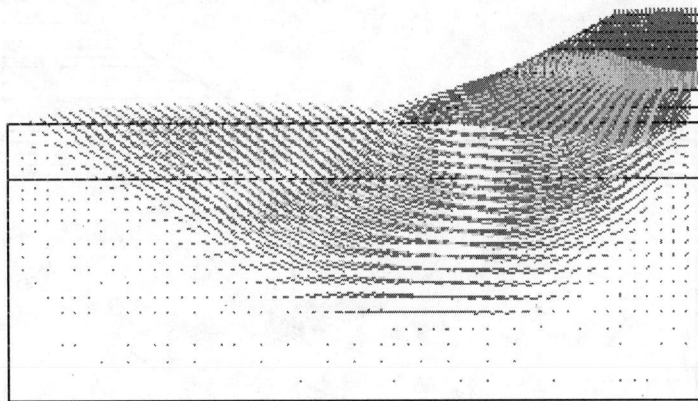

图 7.31　双层地基上路堤填筑破坏时变形速度矢量图

影响较大;此外,本次分析的路堤临界填筑高度较 7.2.1 节中分析所得的路堤高度高了 0.6m,这也说明随着硬壳层强度的增加,路堤临界填筑高度增加。

7.3.2　硬壳层强度不等情况下双层地基上路堤填筑的有限元分析

　　为研究硬壳层强度不等对路堤填筑的影响,并与硬壳层强度相等时对比,故而将硬壳层的土体性质更改,另外假定本次分析的其他情况都与硬壳层强度相等时情况相同,保持 7.3.1 节中填土材料性质不变,地基强度随深度的变化如图 7.32 所示。

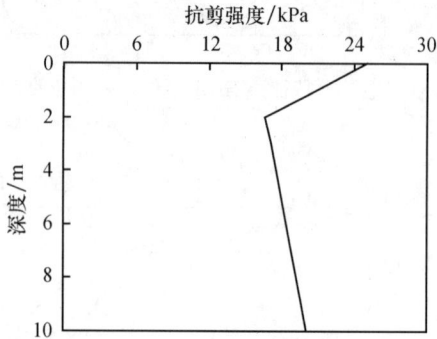

图 7.32　地基强度随深度的变化图

　　分层填土时,前 4 次填筑高度皆为 0.6m,其后每次填筑高度为 0.3m,直至填筑路堤破坏,若填筑至 3.9m 时仍然不破坏,则在填筑路堤的顶面各施加等同于分层填筑高度的路堤材料自重的荷载,直至破坏。

　　填土高度达到 3.9m 时的塑性应变如图 7.33 所示,当路堤填土等效高度为 4.2m(即填土高度 3.9m 并在路堤顶面施加等效于 0.3m 高度路堤填料自重的荷载)时的塑性应变如图 7.34 所示;特征点的水平位移及竖向位移随填土高度的变化图如图 7.35 和图 7.36 所示。由大变形有限元分析结果看,当填筑路堤的等效

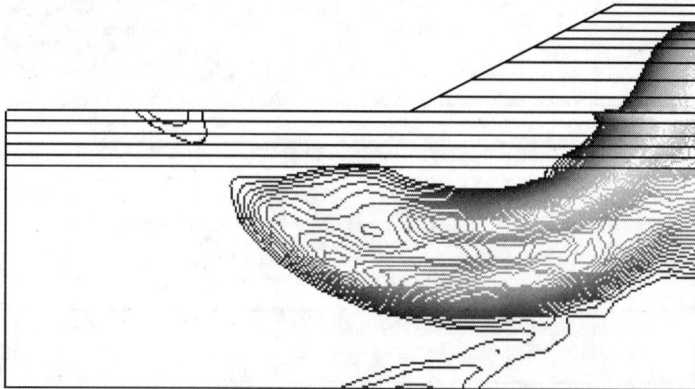

图 7.33　双层地基上填土高度为 3.9m 时的塑性应变图

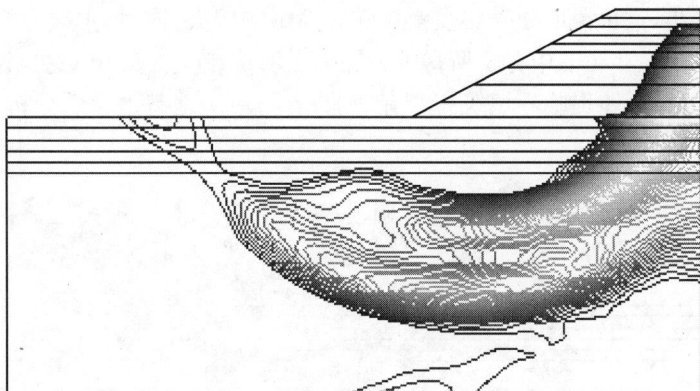

图 7.34　双层地基上填土高度等效于 4.2m 时的塑性应变图

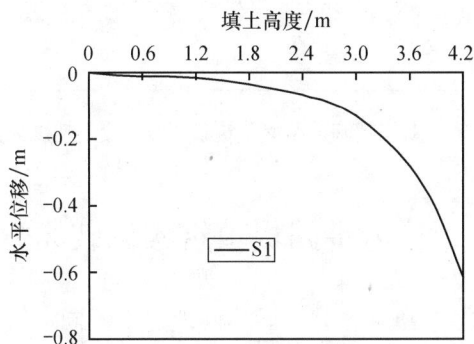

图 7.35　双层地基上特征点位置 S1 水平位移随填土高度的变化图

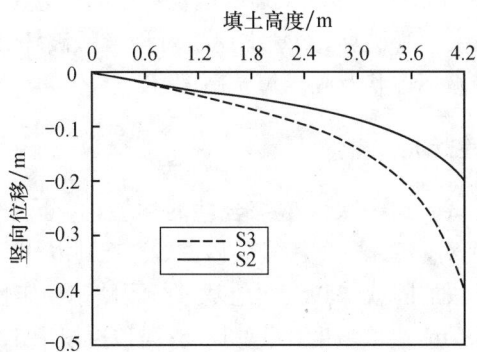

图 7.36　双层地基上特征点位置 S2、S3 竖向位移随填土高度的变化图

高度为 4.2m 时,路堤会发生破坏,破坏时其变形速度矢量图如图 7.37 所示。与 7.3.1 节中的破坏面相比,本次填筑路堤的破坏面进一步向地表面靠近,破坏面范

围也相对较小,这也说明硬壳层强度对破坏面影响较大;同时,本次分析的路堤临界填筑高度较 7.3.1 节中分析所得的路堤临界填筑高度高 0.3m,这也说明随着硬壳层强度的增加,路堤临界填筑高度有增加,若与单层地基上填筑分析结果比较,结果将更为明显。

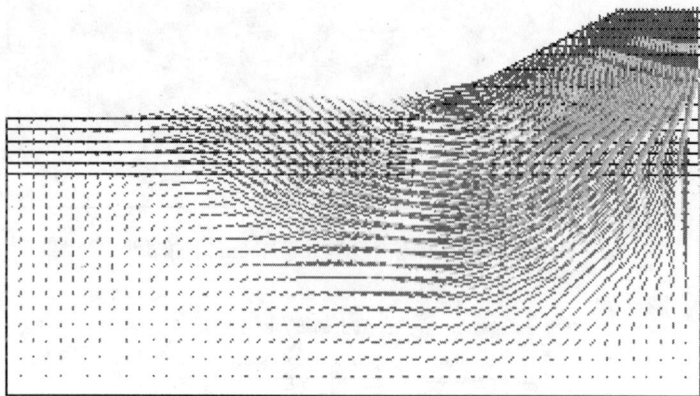

图 7.37　双层地基上路堤填筑破坏时的变形速度矢量图

7.4　连云港路堤填筑实例破坏分析

虽然填筑路堤的实际破坏性状等随不同地点及不同地质条件等各有不同,但结合工程实例进行有限元分析,并将有限元分析得到的破坏性状等结果与实际的工程性状对比,可得到一些有益结论。

1987 年在连云港进行的一次软土地基填筑路堤的试验中,用土工织物加固的路基和天然路基同时发生了破坏,路基出现了对称滑弧破坏(赵九斋等,1991);本节仅分析天然路基的破坏性状及临界填筑高度等。

7.4.1　路堤填筑试验概况

连云港软土路堤试验是一次大型综合性的试验,共分六个试验单元,每段长 45m,全长 270m,分别对塑料排水扳、袋装砂井、土工织物,以及砂井、排水板和土工织物配合等不同方法加固软基和天然地基进行了路基稳定性等的对比。设计路堤高 4.5m,堤顶宽 6.7m,边坡坡度比 1∶1.75;堤顶再填土 1.9m,模拟列车荷载,路堤总高度 6.4m,其中土工织物地基和天然地基,在 43 天内填至 4.04～4.35m 时,同时发生了破坏。试验单元每段长 45m,严格地讲尚不能完全满足平面变形条件,但以观测结果看,破坏的两段堤高、变形基本一致,可以认为能够满足平面变形条件(赵九斋等,1991)。

该试验场地位于连云港海积平原区,地面标高 2.6～3.6m,广泛分布海相沉积的软土,厚度 0～15m;试验前进行了详细的勘探和原位测试,查明地层情况见表 7.5。

表 7.5　土层特征及深度

土层编号	土层名称	深度/m	特　　征
1	淤泥质黏土	0～2	黄褐色,软-流塑,海积 Q_4
2	淤泥	2～10.5	灰黑色,流塑,海积 Q_4
3	砂黏土、黏土	10.5 以下	棕黄色,软-硬塑,夹砂,冲海积 Q_3

连云港淤泥属正常固结或轻微超固结土,除具有一般软土的高含水量、大孔隙比、高压缩性、低强度等特点外,其天然含水量 ω、孔隙比 e、灵敏度 S_t 等随深度的分布呈现一定的规律性,如图 7.38 所示。

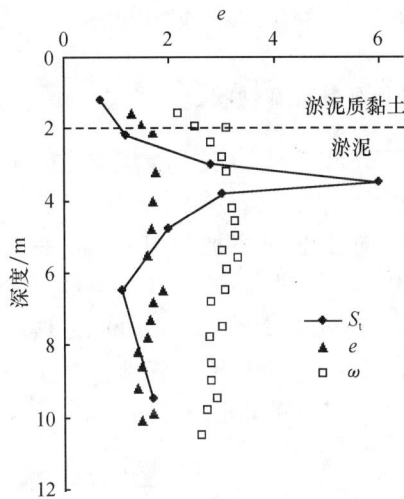

图 7.38　ω、e、S_t 分布图(赵九斋,2000)

原位测试十字板、静力触探和室内试验直剪快剪,无侧限抗压,三轴不排水剪等项目,均采用了原位应力下的总强度

$$s = s_0 + p_0 \tan\beta \qquad (7.1)$$

式中,s_0 为强度分布线与地面截距;p_0 为原位应力;β 为强度分布线与竖向夹角。

淤泥的总强度随深度呈线性增长,硬壳强度随深度而减小,如图 7.39 所示。

连云港软土土质均匀,夹层少,说明软土沉积过程的连续性,在此做填筑路堤试验,可以反映出软土本身的特性,是理想的试验场地。而软土强度随深度呈线性增长,对稳定分析的临界滑弧位置将会产生影响。

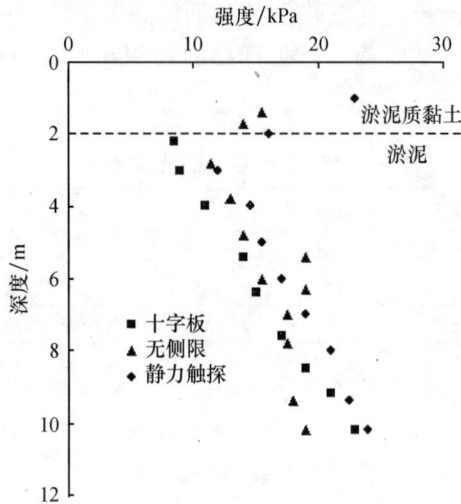

图 7.39　综合强度分布图(赵九斋,2000)

7.4.2　填筑路堤破坏过程及其破坏性状

该路堤填筑试验自 1987 年 5 月 13 日开始填土施工,6 月 25 日当天然地基填土厚 4.04m 时,路堤发生了破坏。

破坏前几天,基底竖向变形速率加快,破坏前一天(6 月 25 日)达 19～21.7mm/d,当天夜里路基发生了破坏;6 月 26 日观测到路堤基底变形速率高达 103～205mm/d,累计中心沉降由破坏前 171～199mm 增至 302～356mm。土工织物路基和天然路基两段总长 90m,其中有 70 多米发生了破坏,并且路基出现了对称滑弧破坏形态,其中天然路基的破坏形态如图 7.40 所示(赵九斋等,1991)。

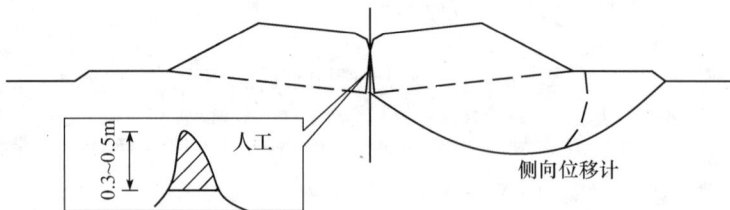

图 7.40　天然路基破坏图(赵九斋等,1991)

路堤两侧地面发生隆起,最宽 8m,高 0.8m。隆起前沿有翻浆冒泥现象;路基破坏时,地下水位升高,路堤坡脚处有地下水涌出;路堤中心附近出现纵向断裂,裂缝上窄下宽,呈倒"V"形;裂缝最大处上宽 0.3m,下宽 0.8m,深 3.3m。设在路堤坡脚外的深层侧向位移计观测到了地基中滑动弧的位置,如图 7.40 所示。滑弧尾部轮廓不是很清楚,在地表隆起前缘挖了三个试坑,均未发现破裂面。经过堤身裂缝内观测及开挖探槽发现,路堤基底中心部位都有一个滑动"核"——滑床,它贯穿整个试验段;"核"由填土和地基土组成,其表面都有明显擦痕;天然地基段"核"部填土厚 0.3~0.5m,如图 7.40 所示,这说明堤身裂缝由两部分组成,其上部断壁粗糙是张性的,而下部有明显擦痕的是剪性的(赵九斋等,1991)。

　　路基的对称破坏,除在连云港铁路 DK13+780~DK13+870(试验路堤)出现外,还分别在 DK13+555 附近,DK29+725~DK29+880 等处发现过,这说明出现软土路基对称破坏并非偶然。荷载对称、地基土质均匀,软土的下卧硬层无明显横向坡度,而且填料是黏性土,这是出现上述路基对称破坏的基本条件(赵九斋等,1991)。

7.4.3　填筑路堤破坏的有限元分析

　　本书对连云港铁路 DK13+780~DK13+870(试验路堤)填筑路堤中天然地基部分的破坏性状进行分析,填筑路堤横截面如图 7.41 所示,平面应变有限元网格图如图 7.42 所示。天然地基的强度如图 7.43 所示,本书采用现场静力触探得到的强度值拟合曲线(有限元 MC1 采用强度曲线)及淤泥层土体室内直剪试验及硬壳层强度拟合曲线(有限元 MC2 采用强度曲线),不考虑固结排水等因素的影响,采用 Mohr-Coulomb 模型,应用总应力法对路堤的快速填筑进行大变形有限元数值模拟。

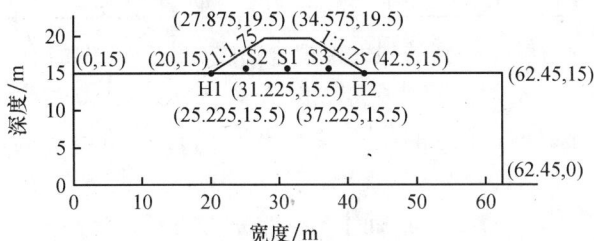

图 7.41　天然路基上填筑路堤横截面几何形状及有限元分析图

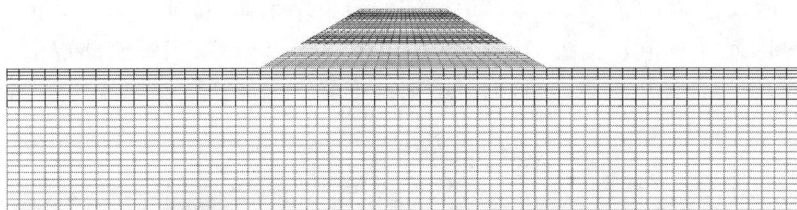

图 7.42　天然地基上填筑路堤有限元网格图

　　采用现场静力触探得到的强度值拟合曲线分析路堤填筑时,填土材料性质及非硬壳层土体的性质见表 7.6,考虑硬壳层后的天然地基的强度如图 7.43 所示。

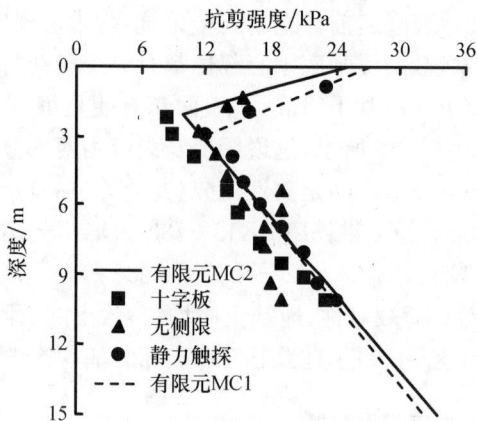

图 7.43　地基土体强度随深度的变化图

填筑路堤分层填土,前 6 次填筑高度皆为 0.6m,其后每次填筑高度为 0.3m,直至填筑路堤破坏。

表 7.6　非硬壳层地基土体及路堤填料的材料参数(MC1)

材料参数	土体重度/(kN/m³)	黏聚力/kPa	内摩擦角/(°)	剪胀角/(°)
地基土体	16.3	7.0	5.84	0
路堤填料	19.9	40.0	0	0

　　当采用现场静力触探得到的强度值拟合曲线(图 7.43 中的有限元 MC1)分析时,填土高度达到 3.9m 时的塑性应变如图 7.44 所示,填土高度为 4.2m 时的塑性应变如图 7.45 所示,特征点的水平位移及竖向位移随填土高度的变化图如图 7.46 和图 7.47 所示,由图 7.46 和图 7.47 可看出填筑路堤及天然地基破坏时临界填筑高度应在 3.9~4.2m,故而本节又特别分析了填土高度为 4.05m 时的路堤及天然地基性状,得到其塑性应变如图 7.48 所示,随填土高度变化的各特征点的位移如图 7.49 和图 7.50 所示,另外图 7.51 中同时列出了现场试验实测竖向位移值与有限元计算值的比较结果。由有限元分析结果看,特征点 S2、S3 的竖向位移值与有限元计算值较接近,特征点 S1 与现场相差较多,当填筑路堤的高度为 4.05m 时,路堤会发生破坏,破坏时其变形速度矢量图如图 7.52 所示。

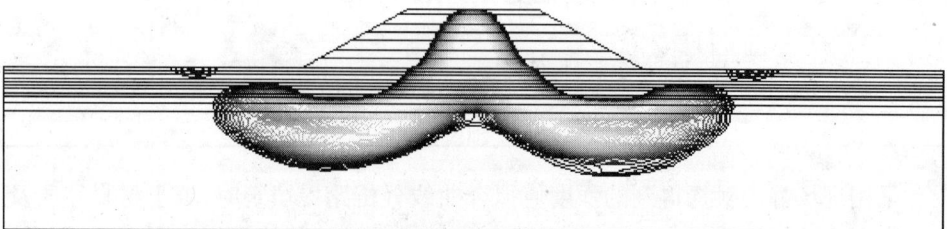

图 7.44　天然地基上填筑路堤填土高度为 3.9m 时的塑性应变图(MC1)

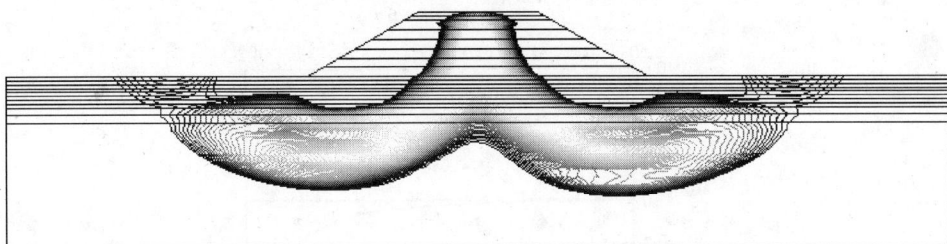

图 7.45　天然地基上填筑路堤填土高度为 4.2m 时的塑性应变图(MC1)

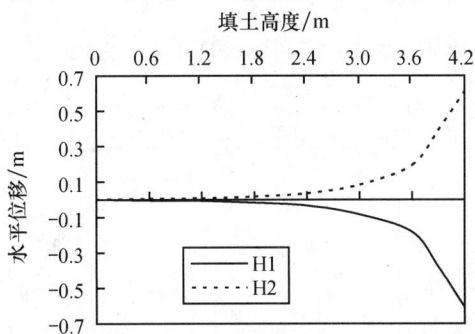

图 7.46　天然地基上填筑路堤特征点 H1、H2 水平位移-填土高度图(MC1)

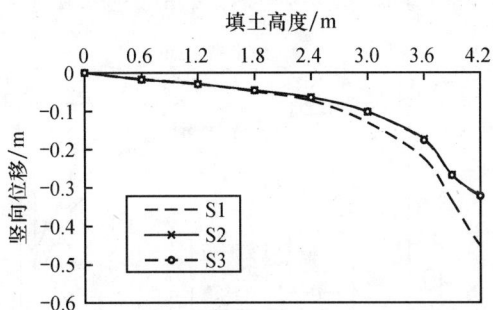

图 7.47　天然地基上填筑路堤特征点 S1、S2、S3 竖向位移-填土高度图(MC1)

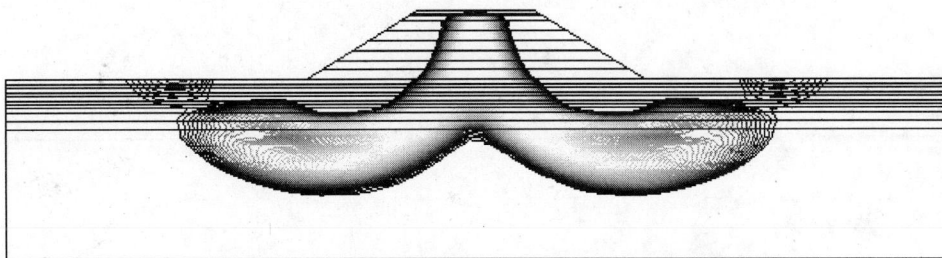

图 7.48　天然地基上填筑路堤填土高度为 4.05m 时的塑性应变图(MC1)

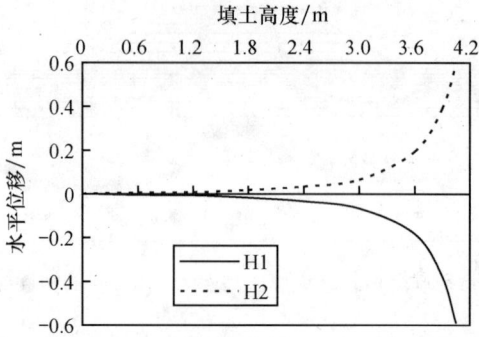

图 7.49　天然地基上填筑路堤特征点 H1、H2 水平位移-填土高度图（MC1）

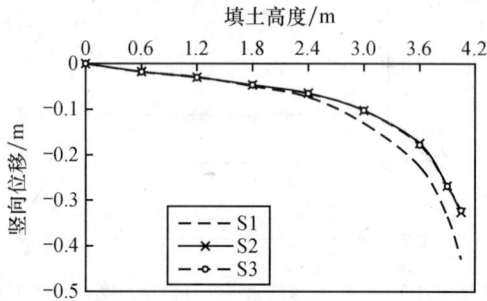

图 7.50　天然地基上填筑路堤特征点 S1、S2、S3 竖向位移-填土高度图（MC1）

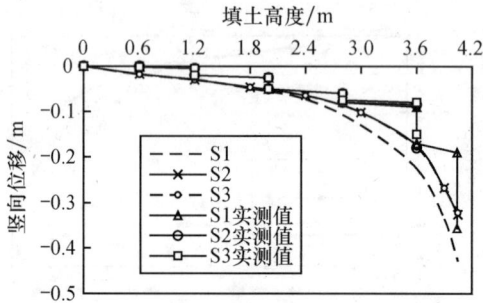

图 7.51　填筑路堤特征点 S1、S2、S3 有限元（MC1）计算与现场实测竖向位移比较

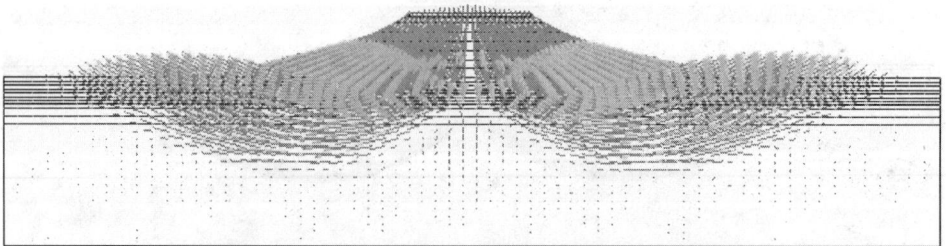

图 7.52　天然地基上填筑路堤破坏时变形速度矢量图（MC1）

当采用淤泥层土体室内直剪试验及硬壳层强度拟合曲线(有限元 MC2)分析填筑路堤时,填土材料性质及非硬壳层土体的性质见表 7.7,考虑硬壳层后的天然地基的强度如图 7.43 所示。填筑路堤分层填土,前 6 次填筑高度皆为 0.6m,其后每次填筑高度为 0.3m,直至填筑路堤破坏。当填土高度为 3.9m 时,填筑路堤及天然地基会发生破坏,其塑性应变图及特征点的位移曲线如图 7.53~图 7.55 所示,破坏时的变形速度矢量图如图 7.56 所示。

表 7.7　非硬壳层地基土体及路堤填料的材料参数(MC2)

材料参数	土体重度/(kN/m³)	黏聚力/kPa	内摩擦角/(°)	剪胀角/(°)
地基土体	16.3	7.0	5.84	0
路堤填料	19.9	40.0	0	0

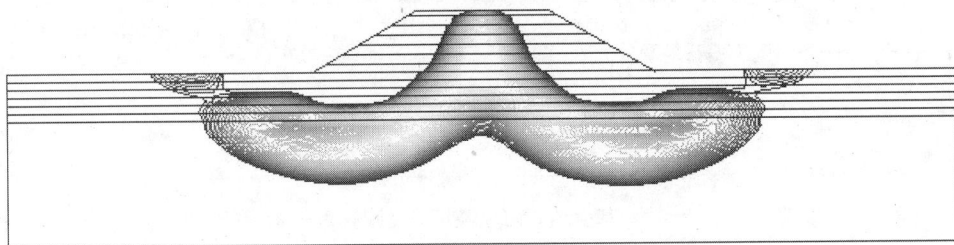

图 7.53　天然地基上填筑路堤填土高度为 3.9m 时的塑性应变图(MC2)

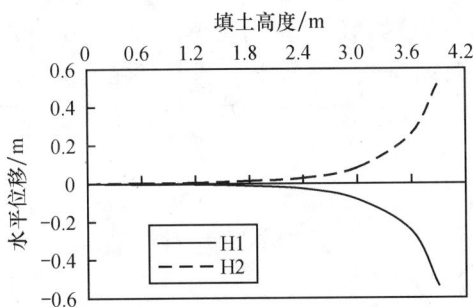

图 7.54　天然地基上填筑路堤特征点 H1、H2 水平位移-填土高度图(MC2)

由以上有限元分析结果可知,天然地基上填筑路堤的临界填筑高度与地基强度密切相关,天然地基强度越高,路堤的临界填筑高度越大,特别是地基硬壳层的强度对临界填筑高度有较大影响,这与 Vaughan(1994)的分析结论一致。同时还可以看出,采用现场静力触探得到的强度值的拟合曲线(即有限元 MC1 采用的强度曲线)及淤泥层土体室内直剪试验及硬壳层强度拟合曲线(即有限元 MC2 采用的强度曲线)进行有限元分析得到的临界填筑高度与现场试验破坏得到的填筑高度也较接近。

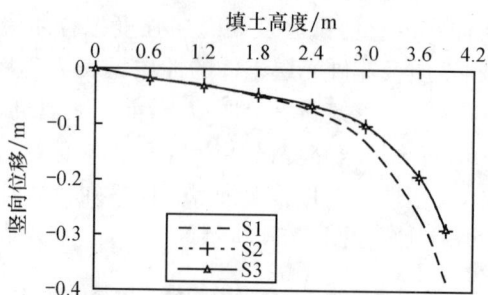

图 7.55　天然地基上填筑路堤特征点 S1、S2、S3 竖向位移-填土高度图(MC2)

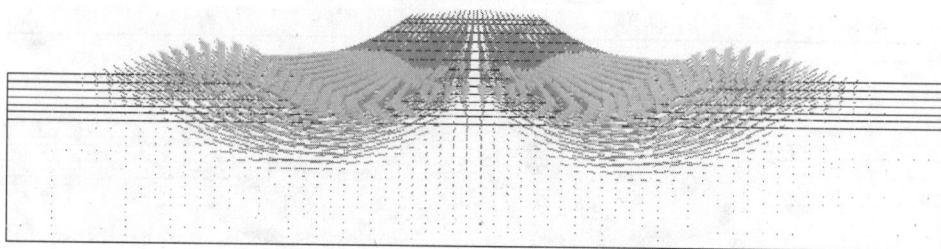

图 7.56　天然地基上填筑路堤破坏时变形速度矢量图(MC2)

　　由有限元分析的塑性应变图及破坏时变形速度矢量图可以看出,天然地基上的路堤填筑破坏时的破坏形状是对称的,且为圆弧滑动破坏,破坏深度也与现场试验得到的(赵九斋等,1991)类似,且差别较小,可见采用 Mohr-Coulomb 模型大变形有限元方法可以有效地模拟天然软土地基上路堤填筑的破坏性状,而采用条分法等常规稳定分析方法得到的破坏面与实际发生的破坏面相差很大,不符合工程实际情况(赵九斋等,1991)。

7.5　本 章 小 结

　　本章对天然软土地基上路堤的填筑过程进行了大变形有限元分析,对单层地基上路堤的快速填筑过程,双层地基上的路堤快速填筑过程中硬壳层强度对临界填筑高度及破坏性状的影响进行了分析,并针对连云港试验路堤现场试验结果,采用大变形有限元法及 Mohr-Coulomb 模型,对其临界填筑高度及破坏性状进行了分析,将工程现场观测情况及有限元计算结果作了对比,主要结论如下:

　　(1) 路堤填筑过程中,地基中的塑性应变随着路堤的填筑逐渐发生转移,并逐渐向潜在破坏面集中,直至塑性应变贯通时,路堤及地基破坏;同时特征点的位移也随路堤的填筑而变化,当路堤破坏时,其位移会发生突变;因此可以将塑性应变区的贯通及特征点位置位移的突变作为填筑路堤及天然地基破坏的判断准则。

（2）路堤填筑的破坏性状及其临界填筑高度受地基土体及路堤填筑材料性质影响,其中地基土体的性质对临界填筑高度及破坏性状影响较大,地基土体性质较好时,临界填筑高度较高,破坏面距离地表面较浅;当路堤填筑材料性质较好时,临界填筑高度提高较少,破坏面在深度方向变化较小,但是破坏范围扩大。

（3）地基硬壳层土体的存在及其性质都对临界填筑高度及其破坏性状的影响较大;若硬壳层存在,路堤的临界填筑高度较无硬壳层时提高较大,破坏面向地表面靠近,而随着硬壳层强度的提高,路堤的临界填筑高度会逐渐提高,其破坏面会进一步向地表面靠近,破坏范围也逐渐缩小,从以上分析可见,在实际分析时应考虑硬壳层存在及其性质对路堤填筑的影响。

（4）从连云港试验路堤现场试验的有限元分析可以看出,采用大变形有限元分析得到了与现场试验类似的对称破坏形状,采用现场试验得到的强度值可较为准确的预测并得到其临界填筑高度;同时可看到当采用不同的强度指标时得到的临界填筑高度有差别,因而采用有限元分析时应慎重选择土体强度指标。

第8章 条形浅基础极限承载力 RKPM 分析

8.1 引　言

地基承载力问题是经典土力学的三大课题之一，一直受到研究者和岩土工程师的普遍关注。目前用于实际工程的计算地基承载力的方法主要是传统的基于 Terzaghi 理论的叠加公式，即分别计算土的黏聚力、基础底面以上超载和土体自重三项因素各自对承载力的贡献，然后叠加得到极限承载力，多位学者分别考虑不同的情况，对承载力系数进行了修正。虽然传统的计算地基承载力的方法积累了大量经验，因其简单方便一直得到广泛应用，且也能满足实际工程的设计需要，但其不能考虑土体实际的应力-应变关系，无法全面反映土力学参数，基底粗糙度等各种因素对承载力的影响，也不能得到土体破坏的发展过程，且将三项线性叠加不可避免会产生误差。近年来，有限元等数值方法逐渐被应用到求解地基极限承载力问题中，可以求解各种复杂边界及多种因素共同作用下的地基极限承载力。

本章应用 2.3～2.5 节阐述的 RKPM 法分析条形浅基础地基承载力问题，分别计算三个承载力系数，其中在分析与重度相关的承载力系数时，考虑黏聚力和超载的影响。分析时基础采用刚性基础，考虑基底光滑和粗糙的不同，比较采用关联流动法则和非关联流动法则的区别，最后针对给定的土体参数，将采用本书方法得到的极限承载力与传统方法进行对比。

8.2　地基承载力的传统理论方法

研究土体极限承载力的理论方法有三种，即极限平衡法、滑移线场法和极限分析法，三种方法都假设土体为刚塑性体，且满足 Mohr-Coulomb 破坏准则。

8.2.1　极限平衡法

极限平衡法需要先假定土体达到破坏时的滑动面形状和范围，再根据滑动体的静力平衡条件求得极限荷载。Terzaghi(1943)提出将三项因素线性叠加的地基承载力公式，并提出对局部剪切破坏及不同基础形状的修正方法；Meyerhof(1953)提出了考虑基底以上两侧土体抗剪强度影响的承载力公式；Hansen(1970)的承载力公式考虑了中心倾斜荷载及其他一些影响因素；Vesic(1973)在研究了基础地面形状、偏心和倾斜荷载、基础两侧覆盖层的抗剪强度、基底和地面倾斜、土的压缩性等影响承载力的各种因素的情况下,对承载力系数进行了相应修正。极限平衡法积累了大量的经验,且形式简单,很多结果都是用图标表示,方便使用,在工程设计中发挥了很大作用。但其假定的滑动面有很大的人为任意性,与土体中实际的破坏面有较大差异,且将土体承载力这一非线性问题作线性叠加处理,因此得到的承载力公式只是一种近似解。

8.2.2　滑移线场法

滑移线场法假定基础下一定范围内土体达到屈服,并满足平衡条件,由屈服条件和平衡方程得到微分方程组,根据边界条件进行求解可以得到极限平衡区的滑移线场和应力分布,所得到的边界应力即为极限承载力。

Prandtl(1920)首先得到不考虑土体重度和超载的基础滑移线方程的闭合解,其假定的地基破坏模式如图 8.1 所示;Reissner(1924)在 Prandtl 理论的基础上给出了考虑基础埋深和地面超载时无重土的极限承载力解答。Hill(1950)采用滑移线场法研究指出,对于一定的极限承载力,相应的滑移线场不是唯一的,即地基破坏模式可以是不同的,其假定的地基破坏模式如图 8.2 所示。由于目前尚不能得到考虑土体重度的极限承载力的解析解答,因此发展了很多近似方法。滑移线场法是对极限静力平衡的精确分析,由于忽略了土的应力-应变关系,未考虑机动条件,常被认为是可能的下限解。对无重土理想情况的滑移线精确解,

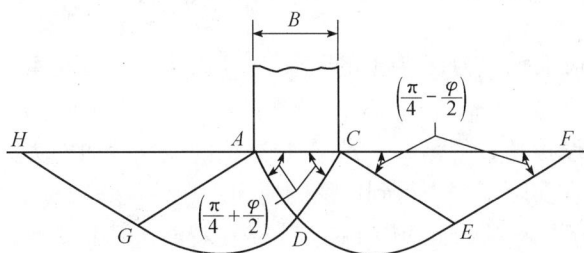

图 8.1　Prandtl 破坏模式

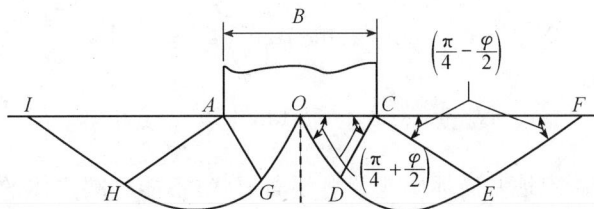

图 8.2　Hill 破坏模式

Chen(1975)已证明是完全解,而对考虑土体重度的滑移线精确解,目前尚不能严格证明其为完全解,但对假定基底光滑条件下的有重土滑移线精确解,一般认为是完全解。

8.2.3 极限分析法

极限分析法应用上、下限定理求得极限承载力的完全解。刚塑性材料存在唯一的极限荷载完全解,需满足静力平衡条件、机动条件、应力-应变关系和屈服准则等条件,由于数学上求解的困难,除平面应变和轴对称等少数简单的情况尚难以求解,因此只能寻求近似解法。上限定理考虑土体的破坏模式而不考虑平衡条件,求得的结果是极限荷载的上限值;下限定理考虑土体的平衡条件和屈服条件而不考虑机动场,求得的结果是极限荷载的下限值,而实际的极限荷载介于两者之间,因此,上、下限理论就是在忽略某些约束条件的情况下得到极限荷载的范围,力图使两个解的结果充分接近,就可以得到完全解,但目前的研究成果显示,两个解的结果还有很大的差距。Chen(1975)将极限分析法应用于地基极限承载力的研究,并得到一系列成果。

综上所述,由于无法得到同时考虑各种因素共同作用下的解,目前各位学者提出的条形基础的地基极限承载力计算方法都是分别只考虑土的黏聚力、超载和土体自重三项承载力的线性叠加而得,公式如下:

$$p_u = cN_c + qN_q + \frac{1}{2}\gamma BN_\gamma \tag{8.1}$$

式中,p_u 为地基极限承载力;c 为土的黏聚力;q 为基底上覆土重折算的超载;γ 为土体重度;B 为基础宽度;N_c、N_q、N_γ 是分别与 c、q、γ 对应的承载力系数,三个无量纲系数都是内摩擦角 φ 的函数。式(8.1)采取的线性叠加方法虽然会产生误差,但以其形式简单在实际工程中得到广泛的应用。在各位学者提出的极限承载力公式中,N_c、N_q 都分别采用 Prandtl 和 Reissner 在忽略土体重度情况下的极限平衡法解答,Chen(1975)已经应用极限分析法证明该解答是同时满足平衡条件和机动条件的完全解。N_c、N_q 的公式如下:

$$N_c = \cot\varphi\left[\exp(\pi\tan\varphi)\tan^2\left(45° + \frac{\varphi}{2}\right) - 1\right] \tag{8.2}$$

$$N_q = \exp(\pi\tan\varphi)\tan^2\left(45° + \frac{\varphi}{2}\right) \tag{8.3}$$

传统方法需假定地基破坏模式及滑裂面形状,不能反映土体的本构关系及加载历史,难以全面考虑土力学参数和各种因素对地基承载力的影响。近年来,众多研究者将有限元等数值方法应用到地基承载力问题中,以期解决更复杂的情况。

Toh 等(1980)、Sloan 等(1982)分别利用增量有限元法研究了无重土地基的承载力问题。Griffiths(1982)利用有限元法计算了各种情况下的承载力系数,分析了基础宽度对承载力系数 N_γ 的影响,考虑了基底粗糙与光滑的不同。Manoharan 等(1995)分析了基底粗糙程度和不同的流动法则对三个地基承载力系数的影响,研究了条形和圆形两种基础形式下的地基承载力。郑颖人等(2005c)也利用有限元法分析了地基承载力问题。韩冬冬等(2007)采用有限差分法计算了地基承载力系数,并与传统方法的结果进行了对比。

8.3　地基再生核质点法计算模型

8.3.1　计算模型

本章分析的条形基础的宽度取 2m,取以基础为中心的宽 20m,基础下深 8m 的范围为计算区域,以保证有足够的距离使两侧边界和底边界的约束条件不对基础下土体的破坏区域的性状产生影响。根据结构的对称性,取计算区域右侧一半的范围为分析对象,如图 8.3 所示,左右两侧边界设为水平方向固定而竖直方向自由,底边界的水平和竖直两个方向都设为固定。分析全域离散为 630 个质点,背景网格积分采用 4×4 高斯积分,再生核函数采用三次样条函数,修正函数采用二次基函数。

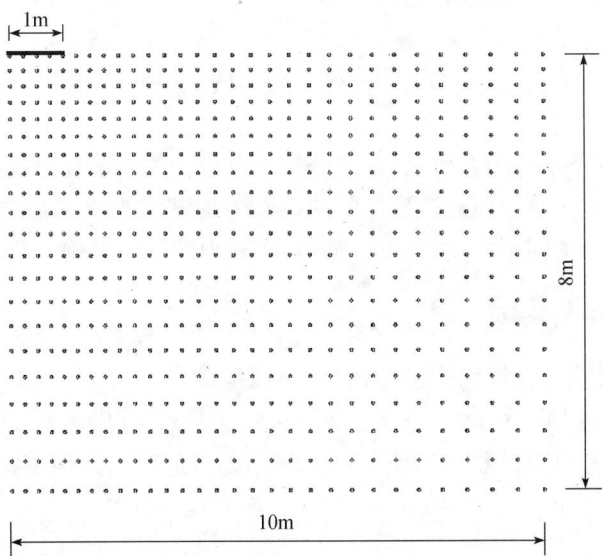

图 8.3　无网格离散模型

将采用关联流动法则和非关联流动法则所得到的结果进行对比,剪胀角与内摩擦角相等为关联流动法则,两者不相等时为非关联流动法则,本章在分析非关联流动法则的影响时,采用剪胀角等于零的极端情况。条形浅基础采用刚性基础,比较基底光滑和粗糙对结果的影响,在模型中将基底下紧靠基础的质点的水平方向设为固定来模拟基底绝对粗糙的情况。由于基础为刚性基础,分析采用位移增量控制法,即给基底下紧靠基础的质点指定一个相应的位移量,而对应的荷载可以根据分析结果中上述质点的竖向应力得到,随着给定位移量的增加,结构达到破坏,最终可以获得地基的极限承载力。

8.3.2　重力荷载的施加

土体自重分配在无网格离散质点上,质点 x_I 承担的重力由式(8.4)计算

$$p_I = \gamma \Delta \Omega_I \tag{8.4}$$

式中

$$\Delta \Omega_I = \frac{f_{\Omega_I} d_I^2}{\sum\limits_{J=1}^{NP} f_{\Omega_J} d_J^2} \Omega \tag{8.5}$$

式中,d_I 为质点 x_I 的支持域半径(当支撑域选择圆形域时);f_{Ω_I} 为质点 x_I 位于全域 Ω 内的支撑域的面积与其支撑域总面积的比值,对支撑域全部位于全域 Ω 内的质点 $f_{\Omega_I} = 1$;对位于直线边界上的质点,$f_{\Omega_I} = 0.5$。

8.4　地基承载力系数比较分析

分别计算三个承载力系数,其中在分析与重度相关的承载力系数时,考虑黏聚力和超载的影响。分析时基础采用刚性基础,考虑基底光滑和粗糙两种不同的情况,比较关联流动法则和非关联流动法则对承载力的不同影响。

8.4.1　土体模型及参数

土体本构模型采用理想弹塑性模型,屈服准则采用与 Mohr-Coulomb 准则匹配的等面积圆 Drucker-Prager 准则。土体弹性参数:弹性模量 $E = 100MPa$,泊松比 $\mu = 0.35$;土体参数:内摩擦角 $\varphi = 20°$、$30°$,黏聚力 $c = 10kPa$,土体重度 $\gamma = 18kN/m^3$;超载 $q = 100kPa$。

8.4.2　承载力系数 N_c

计算 N_c 时不考虑超载和土体重度两个因素对承载力的贡献。为了得到比较

完整的荷载位移曲线,每一步加载取相等的位移增量,这里取 $0.0025B/2$,控制位移不断增加,直到土体破坏,可以得到地基极限荷载 p_{u},而承载力系数 N_c 可以由式(8.6)得到

$$N_c = \frac{p_{\mathrm{u}}}{c} \tag{8.6}$$

内摩擦角 $\varphi = 20°$ 和 $\varphi = 30°$ 时的 $N_c\text{-}S$ 曲线如图 8.4 和图 8.5 所示,为了与式(8.2)的理论值进行比较,本书方法得到的各种情况下的 N_c 值与理论值一并列于表 8.1。从 $N_c\text{-}S$ 曲线可以看出,采用不同的流动法则对加载历史和最终结果都会产生明显的影响。对一定的控制位移,采用关联流动法则时得到的荷载比采用非关联流动法则所得到的荷载更大,即对一定的荷载,采用关联流动法则产生的位移量小于采用非关联流动法则产生的位移量。采用关联流动法则时的极限荷载明显大于采用非关联流动法则时的结果,且这种差别随着土的内摩擦角的增大而增大,这是由于土体的剪胀角越大,其剪胀性越强,土体硬度越大,实际工程中土体的剪胀角处于零与内摩擦角之间,因此真实的极限荷载应该介于本书分析的两种极端情况下的结果之间。在相同的流动法则情况下,基底的粗糙程度对 N_c 值影响不大,基底粗糙时的结果略大。在极限分析中,式(8.2)和式(8.3)是在假定土体服从关联流动法则时得到的,且没有考虑基底的光滑或粗糙程度。从表 8.1 与理论值的比较可以看出,采用关联流动法则的结果与理论值非常接近,内摩擦角 $\varphi = 20°$ 时,基底光滑与粗糙情况下的结果与理论值的误差分别为 0.27% 和 0.88%,$\varphi = 30°$ 分别为 0.66% 和 1.46%,基底粗糙时的结果比光滑时略大,但这种差别在实际工程中可以忽略不计。采用非关联流动法则时的结果与理论值的误差都在 10% 以内。

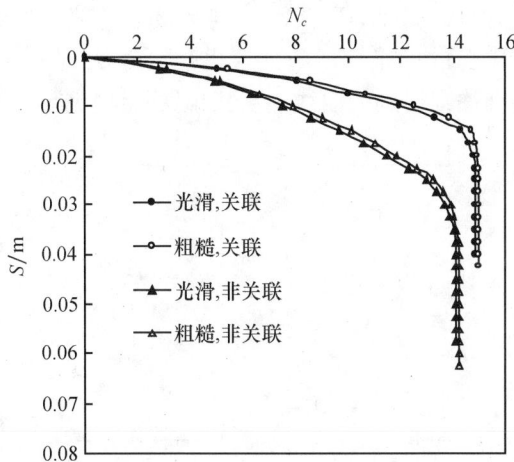

图 8.4　$\varphi = 20°$时的 N_c 值

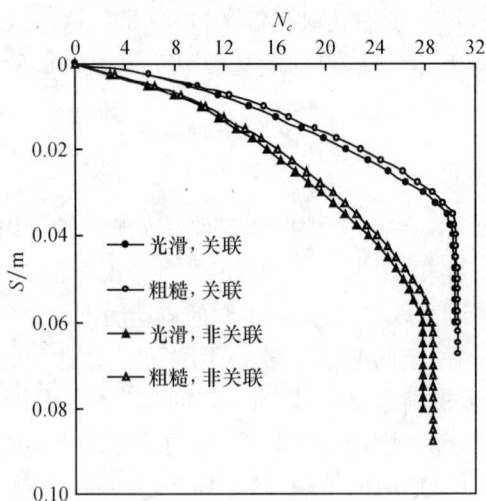

图 8.5　$\varphi=30°$ 时的 N_c 值

表 8.1　地基承载力系数 N_c（RKPM 结果）

$\varphi/(°)$	理论解	光滑,关联	粗糙,关联	光滑,非关联	粗糙,非关联
20	14.83	14.87	14.96	14.09	14.25
误差/%	—	0.27	0.88	−5.00	−3.91
30	30.14	30.34	30.58	27.74	28.07
误差/%	—	0.66	1.46	−7.96	−6.87

　　$\varphi=20°$ 时,上述四种情况土体破坏时的位移矢量如图 8.6 所示,可以看出,采用不同的流动法则对地基的破坏形式有很大影响,采用关联流动法则时,土体破坏更接近整体剪切破坏模式,而非关联流动法则更接近局部剪切破坏模式或冲剪破坏形式,这主要是由于土的剪胀性所致。这也是可以从 N_c-S 曲线的形状得出的结论,采用非关联流动法则得到的曲线不易找出明显的转折点,对应局部剪切破坏

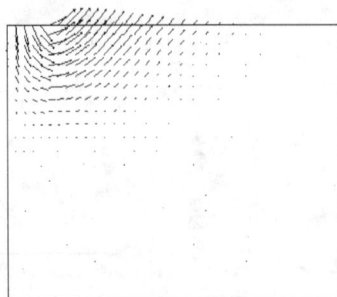

(a) 光滑,关联

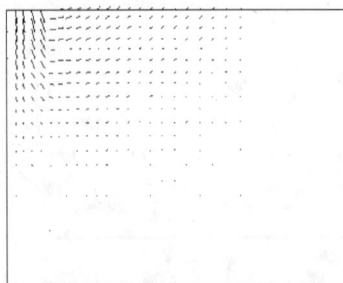

(b) 光滑,非关联

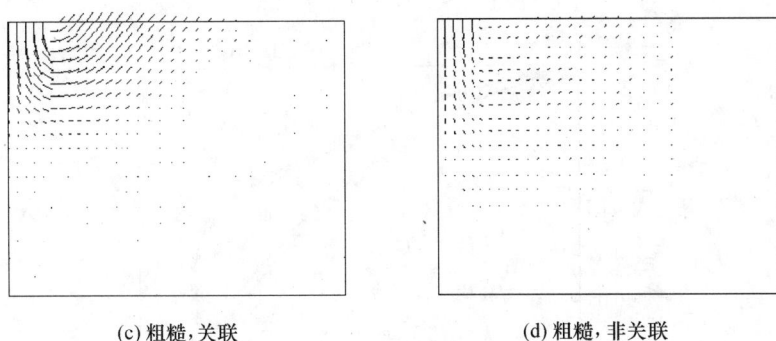

(c) 粗糙，关联　　　　　　　　　　　(d) 粗糙，非关联

图 8.6　黏聚力单独作用下土体位移矢量

或冲剪破坏；而采用关联流动法则得到的曲线相对可以确定地基发生破坏时的转折点，对应整体剪切破坏形式。

8.4.3　承载力系数 N_q

计算 N_q 时不考虑土体黏聚力和重度两个因素对承载力的贡献。加载时，同样取 $0.0025B/2$ 为控制位移增量，土体破坏时，可以得到地基极限荷载 p_u，而承载力系数 N_q 可以由下式得到：

$$N_q = \frac{p_u}{q} \tag{8.7}$$

内摩擦角 $\varphi = 20°$ 和 $\varphi = 30°$ 时的 N_q-S 曲线分别如图 8.7 和图 8.8 所示，与式(9.3)理论值的比较列于表 8.2。可以看出，不同的流动法则及基底光滑或粗糙程度对承载力系数 N_q 的影响与对 N_c 的影响基本一致。其实 N_q 和 N_c 的理论解

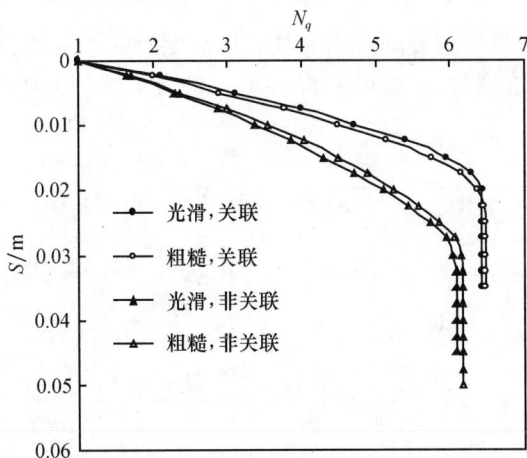

图 8.7　$\varphi = 20°$ 时的 N_q 值

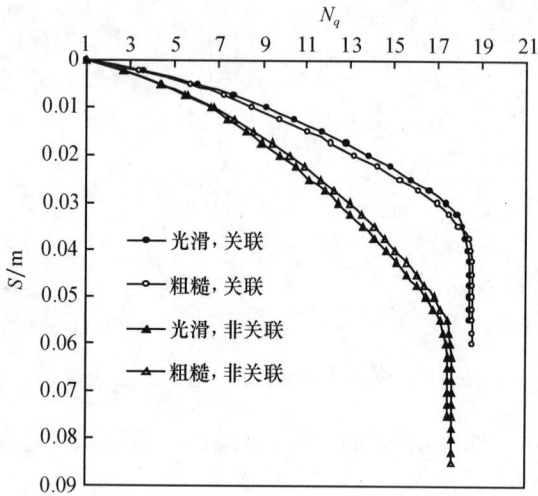

图 8.8　$\varphi = 30°$ 时的 N_q 值

是相关的，从式(8.2)和式(8.3)不难知道两者的关系如下：

$$N_c = \cot\varphi(N_q - 1) \tag{8.8}$$

表 8.2　地基承载力系数 N_q（RKPM 结果）

$\varphi/(°)$	理论解	光滑，关联	粗糙，关联	光滑，非关联	粗糙，非关联
20	6.44	6.43	6.48	6.09	6.16
误差/%	—	−0.16	0.62	−5.43	−4.55
30	18.40	18.54	18.70	17.01	17.31
误差/%	—	0.76	1.60	−7.55	−5.92

　　因此，分析结果显示的流动法则和基底粗糙度对两个承载力系数 N_q 和 N_c 的影响规律一致是不难理解的，这里不再赘述。图 8.9 所示为超载单独作用下土体位移矢量的情况。

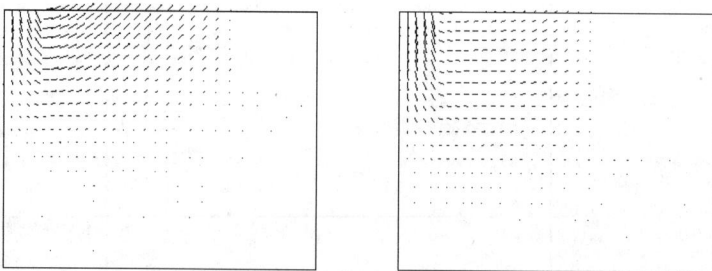

(a) 光滑，关联

(b) 光滑，非关联

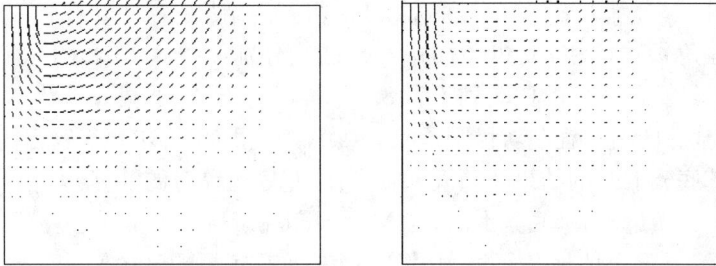

(c) 粗糙,关联　　　　　　　　　　(d) 粗糙,非关联

图 8.9　超载单独作用下土体位移矢量

8.4.4　承载力系数 N_γ

与 N_c 和 N_q 两个承载力系数有完全解不同,由于考虑土体自重时的复杂性,目前尚不能得到 N_γ 的完全理论解,表 8.3 给出了几种典型的计算 N_γ 的半经验公式,可以看出其间的差别是很大的。Chen 提出的 N_γ 公式是假设土体为服从关联流动法则的完全刚塑性体,在 Prandtl 破坏模式的基础上利用极限分析法得到的上限解的近似表达式,即真实的 N_γ 应小于 Chen 的结果,且对基底光滑和粗糙情况都适用。Terzaghi 公式和 Meyerhof 公式是先假定破坏面,然后进行极限平衡分析的结果,其中 Meyerhof 公式考虑了基底以上覆盖土层的抗剪强度及荷载倾斜、偏心的情况。Vesic 公式是对 Caquot(1953) 的结果调整后的半经验公式。Hansen 公式是采用滑移线法得到的半经验公式。

表 8.3　承载力系数 N_γ 半经验公式

提出学者	N_γ 半经验公式
Chen	$2(N_q+1)\tan\varphi\tan\left(45°+\dfrac{\varphi}{5}\right)$
Terzaghi	$1.8(N_q-1)\tan\varphi$
Meyerhof	$(N_q-1)\tan(1.4\varphi)$
Vesic	$2(N_q+1)\tan\varphi$
Hansen	$1.5(N_q-1)\tan\varphi$

计算 N_γ 时同时考虑土体黏聚力和超载两个因素对承载力的影响。加载时,取 $0.001B/2$ 为控制位移增量,土体破坏时,可以得到地基极限荷载 p_u,而承载力系数 N_γ 可以由式(8.9)得到

$$N_\gamma = \frac{2(p_\mathrm{u} - cN_c - qN_q)}{B\gamma} \tag{8.9}$$

式中, N_c 和 N_q 分别取 8.4.2 节和 8.4.3 节得到的结果。

内摩擦角 $\varphi=20°$ 和 $\varphi=30°$ 时的 N_γ-S 曲线分别如图 8.10 和图 8.11 所示, 与表 8.3 中半经验公式值的比较列于表 8.4。可以看出, 与承载力系数 N_c 和 N_q 的结果不同, 基底的粗糙程度对极限承载力或 N_γ 有很大的影响, 基底粗糙时的结果明显大于基底光滑时的结果。从表 8.4 可知, 基底粗糙时的计算 N_γ 值与 Vesic 的半经验值比较接近, 而基底光滑时, 与 Meyerhof 和 Hansen 的半经验值比较接近。因此, 当求解有重土体地基承载力时, 应当考虑基底粗糙度的影响, 当 $\varphi=20°$, 流动法则对 N_γ 计算值的影响很小, 但当 $\varphi=30°$度时, 流动法则的影响就非常明显,

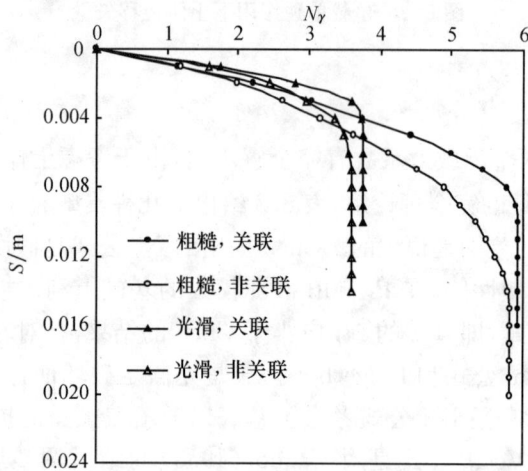

图 8.10 $\varphi=20°$时的 N_γ 值

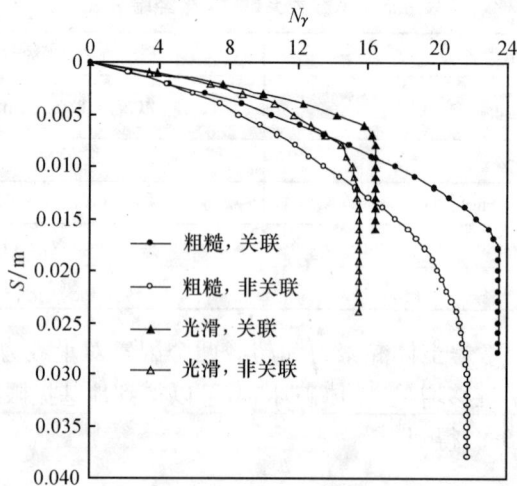

图 8.11 $\varphi=30°$时的 N_γ 值

即随着内摩擦角增大,流动法则对 N_γ 的影响增大。

表 8.4　地基承载力系数 N_γ

方　法		$\varphi=20°$	$\varphi=30°$
半经验公式	Chen	6.20	27.66
	Terzaghi	3.54	18.08
	Meyerhof	2.87	15.67
	Vesic	5.39	22.40
	Hansen	2.95	15.07
本书结果	粗糙,关联	5.92	23.51
	粗糙,非关联	5.83	21.75
	光滑,关联	3.75	16.46
	光滑,非关联	3.60	15.54

$\varphi=20°$ 时,四种情况下地基破坏时的位移矢量及等值云图如图 8.12 和图 8.13 所示,可以看出,基底的粗糙度对地基的破坏模式也有很大影响,从地基破坏时的位移场可以看出,基底粗糙时,紧靠基础外侧的土体位移很小,但基础下和外侧发生塑性应变的土体范围延伸的更广,地基沿基础角点破坏,即趋向于按 Prandtl 假定的模式破坏;而基底光滑时,紧靠基础外侧土体位移大于基底下土体位移,地基趋向于按 Hill 假定的模式破坏,Chen(1975)采用极限分析法得到了类似的结论。

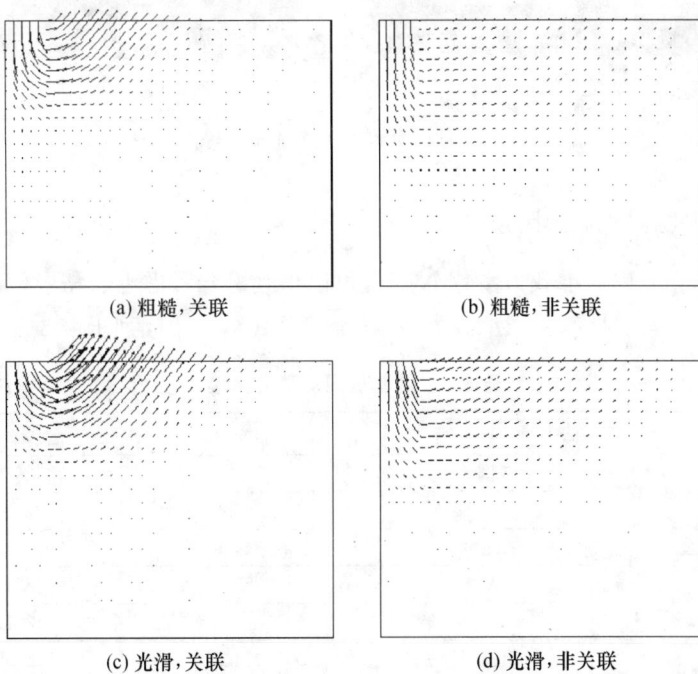

(a) 粗糙,关联　　(b) 粗糙,非关联　　(c) 光滑,关联　　(d) 光滑,非关联

图 8.12　三项因素作用下土体位移矢量

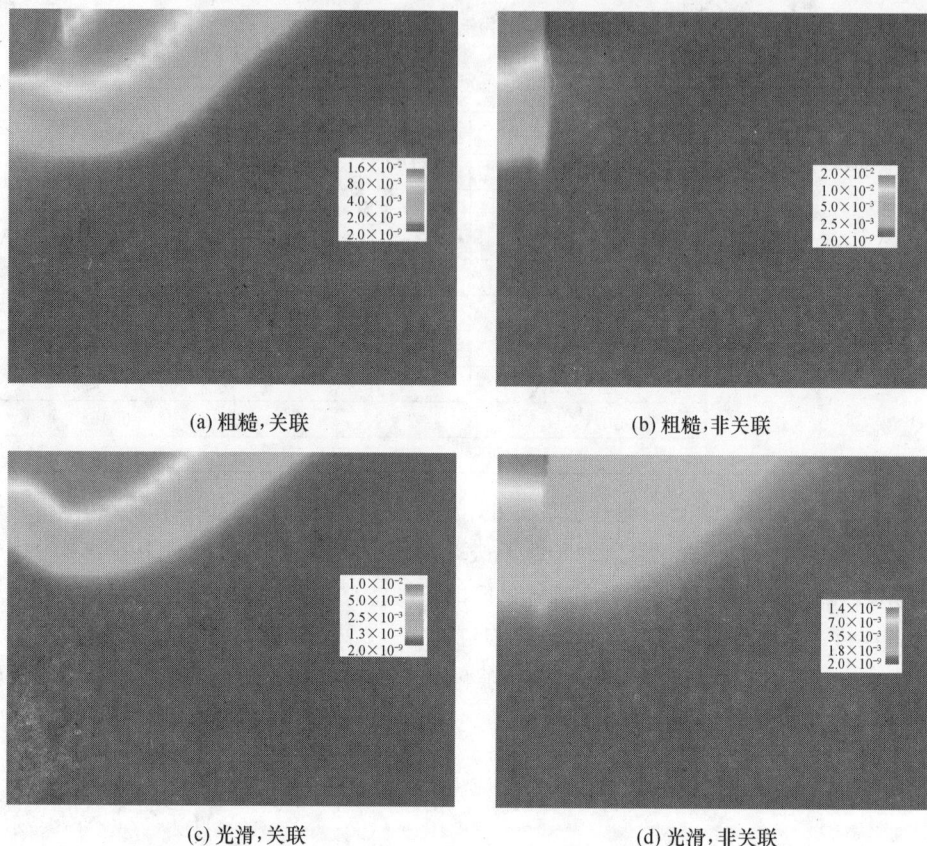

(a) 粗糙，关联　　　　　　　　　　　(b) 粗糙，非关联

(c) 光滑，关联　　　　　　　　　　　(d) 光滑，非关联

图 8.13　三项因素作用下土体位移等值云图

8.4.5　地基极限承载力比较

在 8.4.4 节计算承载力系数 N_γ 时，可以得到综合考虑土的黏聚力、超载和土体自重三项因素的地基极限承载力，与各经验公式结果一同列于表 8.5。

表 8.5　地基极限承载力比较　　　　　　（单位:kPa）

方　法		$\varphi=20°$	$\varphi=30°$
半经验公式	Chen	903.9	2639.3
	Terzaghi	846.8	2466.8
	Meyerhof	844.0	2423.5
	Vesic	889.3	2544.6
	Hansen	845.4	2412.7
本书结果	粗糙，关联	904.2	2599.0
	光滑，关联	859.2	2453.7

当基底粗糙时,本书采用关联流动法则时的结果接近 Chen 公式的结果,略大于 Vesic 公式的结果,其中 Chen 公式中相应与土体自重的承载力系数 N_γ 是上限解。该结果是采用关联流动法则即剪胀角等于内摩擦角的情况下得到的,而实际土体的剪胀角一般会小于内摩擦角,因此采用关联流动法则高估了地基实际的承载力,考虑到这一点,当基底粗糙时,可以采用 Vesic 公式计算地基极限承载力。当基底光滑时,本书结果与 Terzaghi、Meyerhof 和 Hansen 公式结果比较接近。

值得注意的是,Ladd 等研究表明,平面应变实验条件下得到的内摩擦角要比三轴实验条件下得到的大 10% 左右,因此,在计算条形基础地基极限承载力时,需要相应选择平面应变实验条件下得到摩擦角,否则会低估地基实际的极限承载力。

8.5　双层地基极限承载力分析

取深厚黏土层上覆砂土层的双层地基进行分析。对这一类型地基的极限承载力问题,已有多位学者进行了研究。Meyerhof(1974)假定砂土层沿着基础边缘下的竖直面剪切破坏,其得到的极限承载力半经验公式是实际工程中应用最多的方法;Chen 等(1973)和 Michalowski 等(1995)利用极限分析法研究了双层地基的承载力;Griffiths(1982)采用有限元法研究了该问题。本章利用再生核质点法分析砂层厚度、超载、基底粗糙度等因素对地基极限承载力及其破坏形式的影响。

待分析问题的几何模型如图 8.14 所示,条形基础宽 B,均布超载 q,砂土层厚 h,砂土重度和内摩擦角分别为 γ 和 φ,下卧软土层不排水黏聚力 c_u。土体本构模型及计算的控制与 8.4 节均质地基相同,只是所有组的计算均采用关联流动法则。计算区域无网格离散如图 8.15 所示,根据结构的对称性,取计算区域右侧一半的

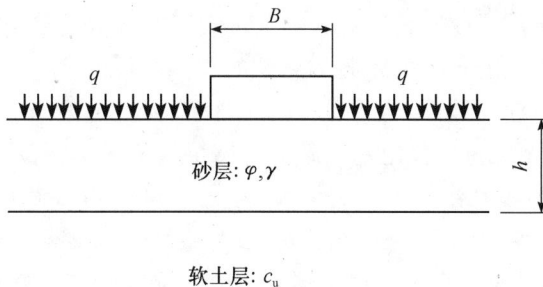

图 8.14　双层地基几何模型

范围为分析对象。对不同的砂土层厚度,均离散为 1836 个质点,如图 8.15 所示,再生核函数采用三次样条函数,修正函数采用二次基函数。左右两侧边界设为水平方向固定而竖直方向自由,底边界的水平和竖直两个方向都设为固定。

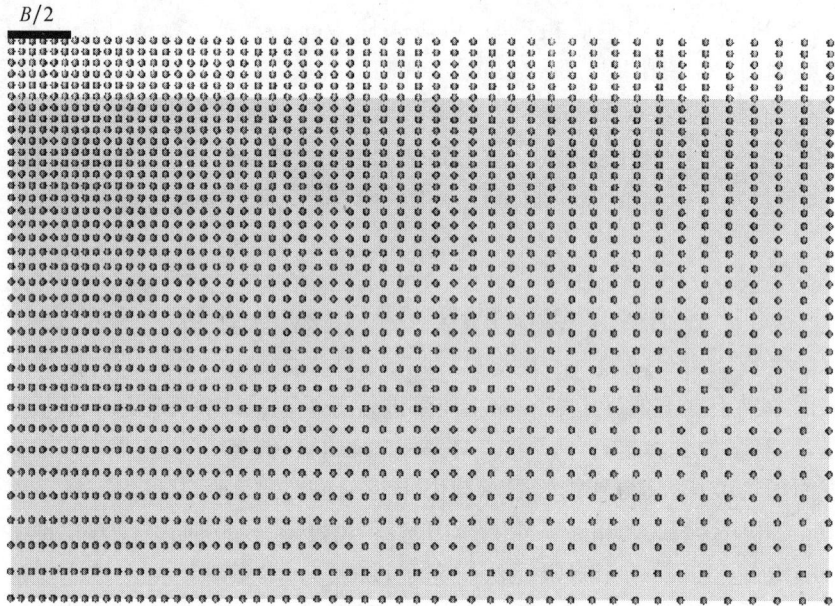

B/2

图 8.15　双层地基无网格离散

8.5.1　基础宽度及超载对承载力的影响

地基的极限承载力除主要取决于土的性质、砂土的内摩擦角、重度及下卧黏土的黏聚力之外,砂土层厚度及超载对其也有很大影响。结果采用无量纲化变量表示,基底为绝对粗糙程度。考虑超载的影响时,计算 $q=0$ 和 $q=\gamma B$ 两种情况;考虑砂土层厚度的影响时,计算 $h/B=0.5$、1、1.5 三种情况;内摩擦角取 $\varphi=30°$、$40°$ 两个值。各种情况下无量纲化地基承载力的结果如图 8.16 所示。从图中可以知道,砂土层厚度对地基承载力的影响很大,考察不同的 h/B 对承载力的影响,取 $q=\gamma B$,$c_u/\gamma B=4$ 的结果,$h/B=0.5$ 时,$p/\gamma B$ 的值从 $\varphi=30°$ 到 $\varphi=40°$ 增加了 1.28 倍;$h/B=1.5$ 时,$p/\gamma B$ 的值从 $\varphi=30°$ 到 $\varphi=40°$ 增加了 1.55 倍,说明砂土层厚度越大,其对地基极限承载力的影响越大。从图 8.16(a)可以看出,对于较大的 $c_u/\gamma B$ 值,$h/B=0.5$ 时,$p/\gamma B$ 的值反而大于 $h/B=1$、1.5 时 $p/\gamma B$ 的值,说明当砂土的内摩擦角小于某一值时,下卧黏土层对承载力的贡献起主要作用。$\varphi=40°$ 且 $h/B=1$ 时,本书结果与 Michalowski(1995)结果的比较如图 8.17 所示,可以看出本书方法得到的结果更保守，$c_u/\gamma B=4$ 时，$p/\gamma B$ 的值相差 12%。

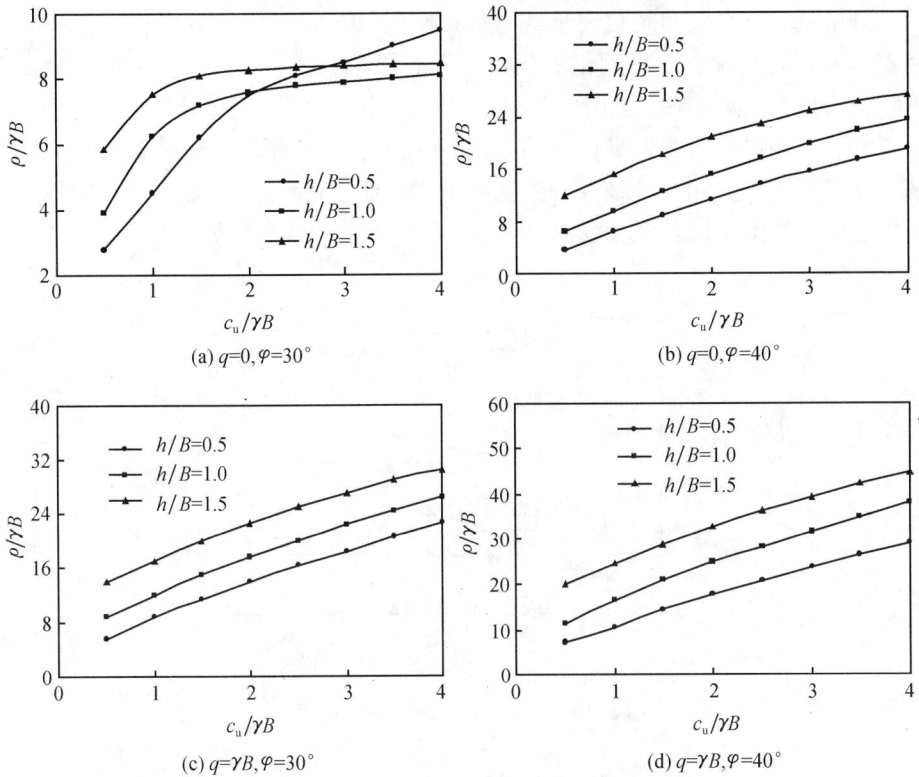

(a) $q=0, \varphi=30°$　　　　　　　　(b) $q=0, \varphi=40°$

(c) $q=\gamma B, \varphi=30°$　　　　　　　(d) $q=\gamma B, \varphi=40°$

图 8.16　双层地基无量纲化承载力

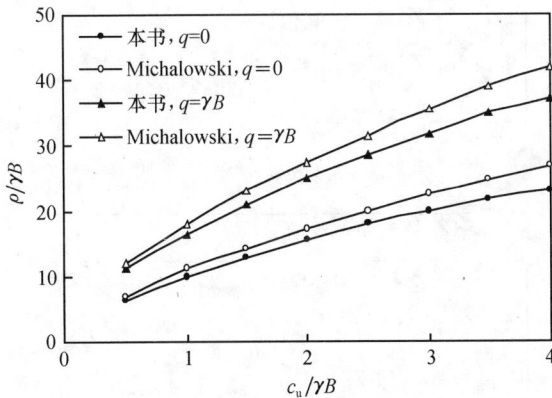

图 8.17　与极限分析法(Michalowski，1995)的比较

8.5.2　基底粗糙度及砂层厚度对承载力的影响

分析基底粗糙度和超载对承载力的影响时，取 $\varphi=30°, h/B=0.5$，考虑 $q=0$ 和 $q=\gamma B$ 两种情况。无量纲化承载力结果如图 8.18 所示，可见基底的粗糙度对承载力有很大的影响，基底粗糙时承载力更大，这与 8.4 节均质地基的分析结果是一致的。各种情况下的矢量位移场如图 8.19 所示，超载不仅对承载力有很大影响，有无超载使地基的破坏模式有相当大区别，有超载时，竖向更深水平向更广范围内的土体发生变形及更大范围的土体参与对地基承载力的贡献。

图 8.18　基底粗糙度对承载力的影响

(a) 基底粗糙, $q=0$

(b) 基底光滑, $q=0$

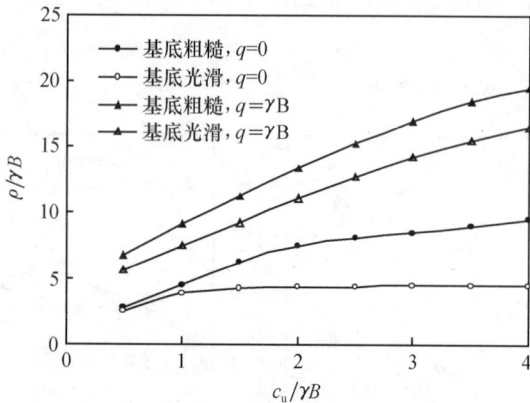

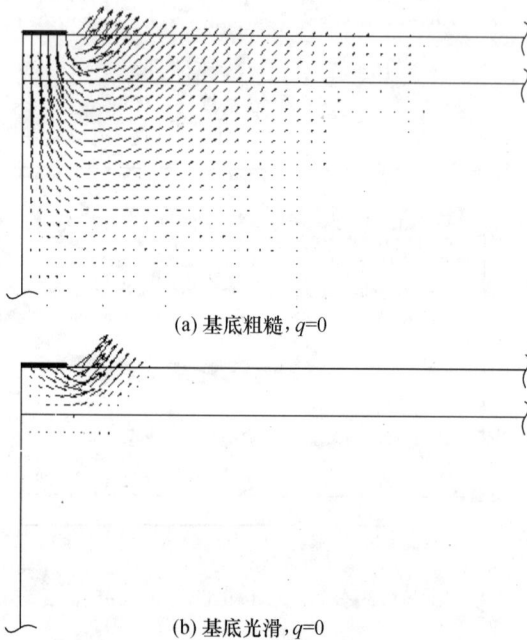

(c) 基底粗糙, $q=\gamma B$

(d) 基底光滑, $q=\gamma B$

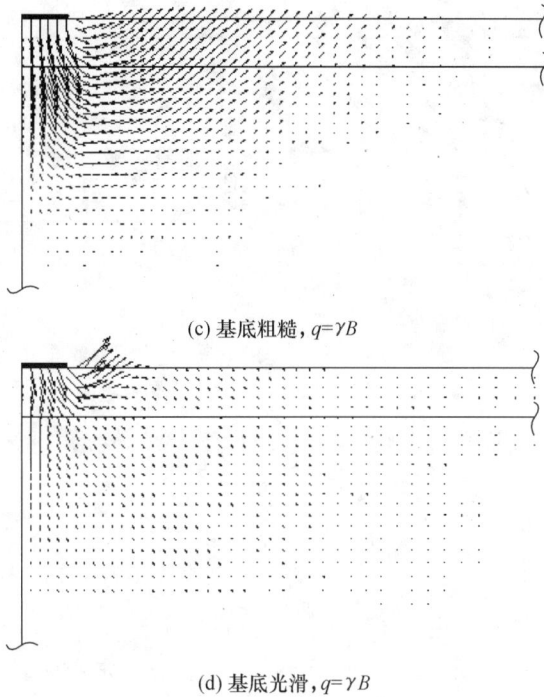

图 8.19　$h/B=0.5$ 位移矢量

　　$\varphi=30°, q=0$ 且基底粗糙情况下, $h/B=1, h/B=1.5$ 时的位移矢量分别如图 8.20 和图 8.21 所示。可知当砂土层厚度为基础宽的 1.5 倍时, 下卧软土层产生的变形已经很小, 因此, 当砂层厚度达到一定值时, 下卧软土层主要承担上层土的有效重力, 而附加应力通过应力扩散主要由砂土层来承担。

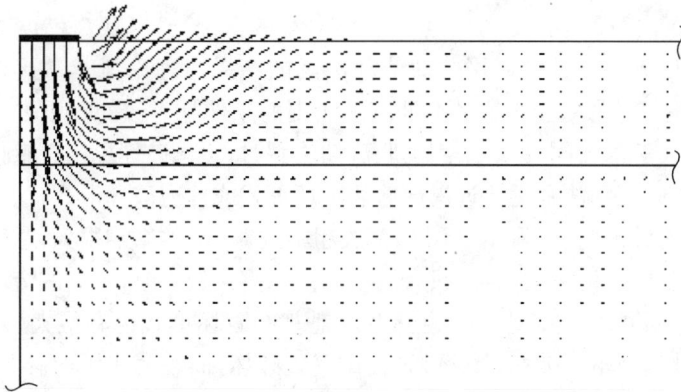

图 8.20　基底粗糙且 $q=0$ 位移矢量($h/B=1$)

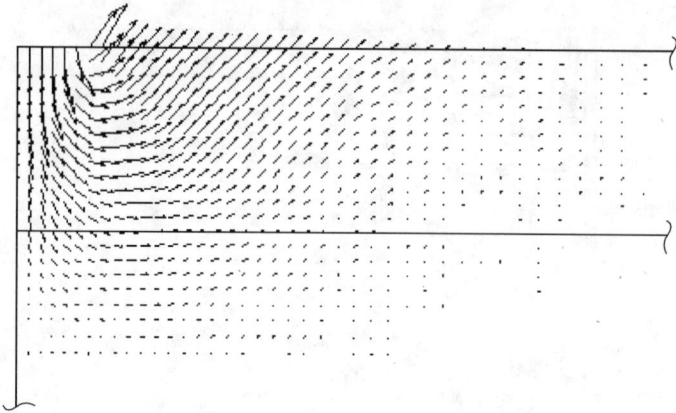

图 8.21　基底粗糙且 $q=0$ 位移矢量($h/B=1.5$)

8.6　本 章 小 结

首先回顾了计算地基极限承载力的传统理论方法,在计算地基极限承载力的三项叠加公式(8.1)中,承载力系数 N_c 和 N_q 已经有特定条件下的完全理论解,但对考虑土体时的承载力系数 N_γ,多位学者在各自的假定条件下得到的半经验公式差别还很大。

应用再生核质点法详细讨论了采用不同流动法则及不同的基底粗糙度对三个承载力系数的影响,其中在计算承载力系数 N_γ 时,考虑黏聚力和超载对极限承载力的贡献。结果显示,对承载力系数 N_c 和 N_q,不同的流动法则对加载历史和最终结果都会产生明显的影响。采用关联流动法则时的系数值明显大于采用非关联流动法则时的结果,且这种差别随着土的内摩擦角的增大而增大。基底的粗糙程度对 N_c 和 N_q 值影响不大,在不考虑土体自重的情况下,基底粗糙度对极限承载力的影响可以忽略不计。采用关联流动法则的结果与理论值非常接近,这与 N_c 和 N_q 的理论解是假定土体服从关联流动法则的条件是一致的。根据土体破坏时的位移矢量及等值云图可知,采用关联流动法则时,土体破坏更接近整体剪切破坏模式,而非关联流动法则更接近局部剪切破坏形式或冲剪破坏形式,这主要是由于土的剪胀性所致。与 N_c 和 N_q 不同,基底粗糙度对 N_γ 的影响很大,基底粗糙时的值明显大于基底光滑时的值,而只有当土的内摩擦角较大时,不同的流动法则才会对 N_γ 产生明显的影响。基底的粗糙度对地基的破坏模式也有很大影响,基底粗糙时,地基沿基础角点破坏,接近 Prandtl 模式破坏,而基底光滑时接近 Hill 模式破坏。

针对一定的土体参数,将采用本书方法得到的极限承载力与传统方法所得的承载力进行了对比。结果显示,当基底粗糙时,本书采用关联流动法则即剪胀角等于内摩擦角的情况下得到的结果略大于 Vesic 公式的结果,而实际土体的剪胀角小于内摩擦角,采用关联流动法则高估了地基实际的承载力,因此当基底粗糙时,可以采用 Vesic 公式计算地基极限承载力。而当基底光滑时,本书结果与 Terzaghi、Meyerhof 和 Hansen 公式结果比较接近。

　　对软土层上覆砂土层的双层地基,砂土层厚度对地基承载力有很大的影响,且砂土层越厚,其对承载力的影响也越大。一般情况下,砂土层越厚,承载力越大;但当砂土的内摩擦角较小时,下卧软土层的物理力学特性对承载力的贡献起主导作用。通过与极限分析法比较可知,本书结果较保守。

参 考 文 献

贝新源,岳宗五. 1997. 三维 SPH 程序及其在斜高速碰撞问题的应用. 计算物理,14(2):155—166

蔡庆娥,马建勋. 2004. 某公路边坡稳定性的二维有限元分析. 岩土工程界,7(3):62,63

常晓林,陆述远. 1991. 重力坝岩基失稳准则及稳定审查方法研究. 武汉水利电力学院学报,24(4):369—375

陈惠发. 1995. 极限分析与土体塑性. 北京:人民交通出版社

陈建,吴林志,杜善义. 2000. 采用无单元法计算含边沿裂纹功能梯度材料板的应力强度因子. 工程力学,17(5):139—144

陈守义. 1996. 试论土的应力应变模式与滑坡发育过程的关系. 岩土力学,17(3):21—26

陈祖煜. 1998a. 土坡稳定通用条分法及其改进. 岩土工程学报,5(4):11—27

陈祖煜. 1988b. 建筑物抗滑稳定分析中"潘家铮最大最小原理"的证明. 清华大学学报(自然科学版),38(1):1—4

陈祖煜. 2003a. 土质边坡稳定分析——原理、方法、程序. 北京:中国水利水电出版社

陈祖煜. 2003b. 边坡楔体稳定分析的广义解//中国土木工程学会第九届土力学及岩土工程学术会议论文集. 北京:清华大学出版社

陈祖煜,弥宏亮,汪小刚. 2001. 边坡稳定三维分析的极限平衡方法. 岩土工程学报,23(5):525—529

程晔,赵明华,曹文贵. 2005. 基桩下溶洞顶板稳定性评价的强度折减有限元法. 岩土工程学报,27(1):38—41

迟世春,关立军. 2004. 基于强度折减的拉格朗日差分方法分析土坡稳定性. 岩土工程学报,26(1):42—46

邓楚键,何国杰,郑颖人. 2006. 基于 M-C 准则的 D-P 系列准则在岩土工程中的应用研究. 岩土工程学报,28(6):735—739

邓建辉,魏进兵,闵弘. 2003. 基于强度折减概念的滑坡稳定性三维分析方法(Ⅰ):滑带土抗剪强度参数反演分析. 岩土力学,24(6):896—899

邓建辉,张嘉翔,闵弘,等. 2004. 基于强度折减概念的滑坡稳定性三维分析方法(Ⅱ):加固安全系数计算. 岩土力学,25(6):871—875

邓卫东. 2003. 高填路堤稳定性研究. 西安:长安大学博士学位论文

邓永峰,刘松玉,洪振舜. 2006. 高速公路工程中动态临界填筑高度的应用研究. 岩土力学,27(9):1579—1582

杜秦文,王晓谋,王会芳. 2006. 路堤下河滩相软土地基不均匀沉降分析. 岩土力学,27(12):2265—2268,2272

龚晓南. 1981. 软土地基固结有限元分析. 杭州:浙江大学硕士学位论文

龚晓南. 1999. 土塑性力学. 第二版. 杭州:浙江大学出版社

龚晓南. 2000. 土工计算机分析. 北京:中国建筑工业出版社

关立军. 2003. 基于强度折减的土坡稳定分析方法研究. 大连:大连理工大学硕士学位论文

韩冬冬,贾敏才,刘开富,等. 2007. 条形基础极限承载力数值分析. 岩土力学,28(10):2209-
    2214

何伟. 2001. 边坡稳定性弹-黏塑性大变形有限元分析. 南京:南京大学硕士学位论文

黄茂松,钱建固,吴世明. 2002. 饱和土体应变局部化的复合体理论. 岩土工程学报,24(1):21-25

黄正轩. 1992. 赵章光楼深基坑开挖的浅析∥基坑开挖中的岩土工程问题学术讨论会,天津

蒋莉,沈孟育. 2000. 求解流体于结构相互作用问题的 ALE 有限体积方法. 水动力学研究与进展
    (A辑),15(2):148-155

蒋明镜,沈珠江. 1997. 考虑剪胀的线性软化柱形孔扩张问题. 岩石力学与工程学报,16(6):
    550-557

李广信. 1995. 土的本构关系的试验与理论研究的发展∥李俊杰. 岩土力学与工程. 大连:大连理
    工大学出版社

李锡夔,Cescotto S. 1996. 梯度塑性的有限元分析及应变局部化模拟. 力学学报,28(5):575-
    584

连镇营,韩国城,孔宪京. 2001. 强度折减有限元法研究开挖边破的稳定性. 岩土工程学报,
    23(4):406-411

连镇营,韩国城,吕凯歌. 2002. 土钉支护弹塑性数值分析及稳定性探讨. 岩土力学,23(1):85-
    89

刘春虹,肖超昀,王建华,等. 2004. 土工织物加固软土路堤的有限元分析. 岩土力学,25(增 2):
    325-328

刘更,刘天祥,谢琴. 2005. 无网格法及其应用. 西安:西北工业大学出版社

刘金龙,栾茂田,王吉利,等. 2007. 土工织物加固软土路基的机制分析. 岩土力学,28(5):1009-
    1014

刘金龙,栾茂田,赵少飞. 2005a. 关于强度折减有限元方法中边坡失稳判据的讨论. 岩土力学,
    26(8):1345-1348

刘金龙,汪卫明,陈胜宏. 2005b. 边坡稳定分析中应变局部化的简化计算. 岩土力学,26(5):
    799-802

刘开富. 2006. 若干土工问题工程形状的大变形有限元分析. 杭州:浙江大学博士学位论文

刘世川,刘国明. 2005. 高填路堤的非线性有限元分析. 福州大学学报(自然科学版),33(4):
    513-517

刘天宇. 2005. 平面应变条件下强度折减弹塑性有限元法及其应用. 大连:大连理工大学硕士学
    位论文

刘熙媛. 2003. 基坑开挖过程的试验与数值模拟及土的微观结构研究. 天津:天津大学博士学位
    论文

刘向军,徐旭常. 1999. 用 ALE 算法模拟四角切向燃烧锅炉炉膛内的流场. 中国电机工程学报,
    19(2):1-4,9

刘欣,朱德,陆明万,等.2000.平面裂纹问题的 h,p,hp 型自适应无网格方法的研究.力学学报, 32(3):308—318

刘志宏,黄玉盈.1993.任意的拉欧边界元法解大晃动问题.振动工程学报,6(1):10—19

刘祚秋,周翠英,董立国,等.2005.边坡稳定及加固分析的有限元强度折减法.岩土力学,26(8): 558—561

陆述远.1995.水工建筑物专题(复杂坝基和地下结构).北京:中国水利水电出版社

吕擎峰.2005.土坡稳定分析方法研究.南京:河海大学博士学位论文

吕庆.2006.边坡工程灾害防治技术研究.杭州:浙江大学博士学位论文

栾茂田,武亚军,年廷凯.2003.强度折减有限元中边坡失稳的塑性区判据及其应用.防灾减灾工 程学报,23(3):1—8

年廷凯,栾茂田.2004.阻滑桩加固土坡稳定性分析的上限解法.岩土力学,25(增2):167—173

潘家铮.1980.建筑物的抗滑稳定和滑坡分析.北京:水利出版社

庞作会,葛修润.1996.一种新的数值方法——无网格 Galerkin 法(EFGM).计算力学学报,16(3): 320—329

庞作会,葛修润,王水林.1999.无网格 Galerkin 法(EFGM)在边坡开挖问题中的应用.岩土力 学,20(1):61—64

钱家欢,殷宗泽.1996.土工原理与计算.北京:中国水利水电出版社

秦卫星,陈胜宏,陈士军.2006.有限单元法分析边坡稳定的若干问题研究.岩土力学,27(4): 586—590

邱清水.2003.输流管道在黏性流动下耦合振动问题的数值方法研究.成都:四川大学硕士学位 论文

邵国建,卓家寿,章青.2003.岩体稳定性分析与评判准则研究.岩石力学与工程学报,24(5): 691—696

邵龙潭,唐洪祥,韩国城.2002.有限元边坡稳定分析方法及其应用.计算力学学报,18(1):81— 87

沈珠江.1977.用有限单元法计算软土地基的固结变形.水利水运科技情报,1:7—23

沈珠江.1997.应变软化材料的广义孔隙压力模型.岩土工程学报,19(3):14—21

沈珠江.2000.理论土力学.北京:中国水利水电出版社

宋二祥.1995.软化材料有限元分析的一种非局部方法.工程力学,12(4):93—101

宋二祥.1997.土工结构安全系数的有限元计算.岩土工程学报,19(2):1—7

宋二祥,高翔,邱玥.2005.基坑土钉支护安全系数的强度参数折减有限元方法.岩土工程学报, 27(3):258—263

孙江龙,叶恒奎.2002.ALE 有限元法解二维自由面流体大晃动问题.华中科技大学学报(自然 科学版),30(11):80—82

孙君实.1984.条分法的数值分析.岩土工程学报,6(2):1—12

孙伟,龚晓南.2003a.弹塑性有限元法在土坡稳定分析中的应用.太原理工大学学报,34(2): 199—202

孙伟,龚晓南.2003b.土坡稳定分析强度折减有限元法.科技通报,19(7):319—322

索科洛夫斯基 B B. 1956. 松散介质静力学. 徐志英译. 北京:地质出版社

唐业清,李启民. 1999. 基坑工程事故分析与处理. 北京:中国建筑工业出版社

王成华,夏绪勇. 2002. 边坡稳定分析中的临界滑动面搜索方法述评. 四川建筑科学研究,28(3):
34—37

王成华,夏绪勇,李广信. 2004. 基于应力场的土坡临界滑动面的遗传算法搜索. 清华大学学报
(自然科学版),44(3):425—428

王海斌,李永盛. 2005. 边坡稳定性有限元分析的处理技巧. 岩石力学与工程学报,24(13):
2386—2391

王建军,陆明万,张雄,等. 2001. 自由液面流体大晃动有限元方法. 水动力学研究与进展(A辑),
16(3):390—395

王瑁成,邵敏. 1997. 有限单元法基本原理和数值方法. 第二版. 北京:清华大学出版社

王晓谋,袁怀宁,贾其军,等. 2003. 路堤下河滩相软土地基变形研究. 中国公路学报,16(2):22—
26

王跃先,陈军,阮雪榆. 2001. ALE有限元方法中的网格运动算法. 上海交通大学学报,35(10):
1539—1542

温德超,郑兆昌,孙焕纯. 1996. 用ALE和时间分裂步法分析三维黏性流体大幅晃动的非线性问
题. 振动与冲击,15(3):49—54,109

吴春秋,朱以文,蔡元奇. 2005. 边坡稳定临界破坏状态的动力学评判方法. 岩土力学,26(5):
784—788

吴琼,林志红. 2007. 库水位下降时隔水底板倾斜的层状岸坡中浸润线的解析解. 地质科技情报,
26(2):91—94

吴翔天. 2005. 基于大变形弹塑性有限元方法的边坡强度折减分析. 铁道建筑技术,(1):45—48

武亚军. 2003. 基坑工程中土与支护结构相互作用及边坡稳定性的数值分析. 大连:大连理工大
学博士学位论文

谢康和. 1987. 砂井地基:固结理论、数值分析与优化设计. 杭州:浙江大学博士学位论文

谢康和,周健. 2002. 岩土工程有限元分析理论及应用. 北京:科学出版社

谢琴,刘更,刘天祥. 2006. 再生核粒子法及其应用. 机械科学与技术,25:878—882

邢景棠,周盛,崔尔杰. 1997. 流固耦合力学概述. 力学进展,27(1):19—38

徐干成,郑颖人. 1990. 岩土工程中屈服准则应用的研究. 岩土工程学报,12(2):93—99

许建聪,尚岳全,陈侃福,等. 2005. 顺层滑坡弹塑性接触有限元稳定性分析. 岩石力学与工程学
报,24(13):2231—2236

阎中华. 1983. 均质土坝与非均质土石坝稳定安全系数极值分布规律及电算程序简介. 水利水电
技术,14(7):11—17

杨光华. 1998. 土的本构模型的数学理论及其应用. 北京:清华大学博士学位论文

杨红坡,谢新宇,张继发,等. 2006. 弹塑性土质边坡再生核粒子法分析. 浙江大学学报(工学版),
40(3):490—493

杨明成,郑颖人. 2002. 基于极限平衡理论分析局部最小安全系数法. 岩土工程学报,24(3):
600—604

杨有贞.2004.边坡稳定性弹塑性大变形有限元分析.银川:宁夏大学硕士学位论文

殷宗泽.1996.土体本构模型剖析.岩土工程学报,18(4):95—97

殷宗泽,徐鸿江,朱泽民.1978.饱和黏土平面固结问题有限单元法.华东水利学院学报,1:71—
　　79

袁帅.2003.任意拉格朗日-欧拉方法及其在二维数值计算中的初步应用.北京:中国工程物理研
　　究院硕士学位论文

岳宝增.2000.微重环境下贮腔类液体大晃动以及液固耦合动力学研究.上海:上海交通大学博
　　士后研究工作报告

岳宝增,刘延柱,王照林.2001a.非线性流固耦合问题的 ALE 分步有限元数值方法.力学季刊,
　　22(1):34—39

岳宝增,刘延柱,王照林.2001b.三维液体非线性晃动动力学特性的数值模拟.应用力学学报,
　　18(1):110—115

岳宝增,王照林,匡金炉.1998.非线性晃动问题的 ALE 边界元法.宇航学报,19(1):1—7

曾江红,王照林.1996.黏性流体大幅晃动的 ALE 有限元模拟.强度与环境,3:22—31

张建勋,陈福全.2004.用强度折减有限元法分析土坡稳定问题.山东科技大学学报(自然科学
　　版),23(1):115—117

张鲁渝,郑颖人,赵尚毅,等.2003.有限元强度折减系数法计算土坡稳定安全系数的精度研究.
　　水利学报,(1):21—26

张培文,陈祖煜.2006.弹性模量和泊松比对边坡稳定安全系数的影响.岩土力学,27(2):299—
　　303

张士兵.2003.边坡稳定性大变形弹塑性有限元强度折减分析.西安:西安科技大学硕士学位论文

张天宝.1978.土坡稳定分析圆弧法的数值解研究.成都工学院学报,10(增1):100—125

张天宝.1980.土坡稳定分析圆弧法的数值解.北京:水利水电出版社

张雄,陆明万,王建军.1997.任意拉格朗日-欧拉描述法研究进展.计算力学学报,14(1):91—
　　102

张雄,宋康祖,陆明万.2003.无网格法研究进展及其应用.计算力学学报,20(6):730—742

张永生,梁立孚.2003.水闸地基整体稳定性弹塑性有限元分析.长沙大学学报,17(4):1—5,11

张永生,梁立孚,周健生.2004.水位骤降对土质渠道边坡稳定性影响的弹塑性有限元分析.哈尔
　　滨工程大学学报,25(6):736—739

张友谊,胡卸文.2007.库水位等速上升作用下岸坡地下水浸润线的计算.水文地质工程地质,3:
　　46—49

张玉芳,齐明柱,马华.2006.深圳市边坡病害及其防治.岩石力学与工程学报,25(S2):84—93

章根德.1995.土的本构模型及其工程应用.北京:科学出版社

赵九斋.2000.连云港软土路基沉降研究.岩土工程学报,22(6):643—649

赵九斋,龙国英,徐啸海,等.1991.土工织物加固路基和天然路基对称破坏及其分析.岩土工程
　　学报,13(2):73—81

赵尚毅,时卫民,郑颖人.2001.边坡稳定性分析的有限元法.地下空间,21(5):450—454

赵尚毅,郑颖人,邓卫东.2003.用有限元强度折减法进行节理岩质边坡稳定性分析.岩石力学与

工程学报,22(2):254—260

赵尚毅,郑颖人,时卫民,等.2002.用有限元强度折减法求边坡稳定安全系数.岩土工程学报, 24(3):343—346

赵尚毅,郑颖人,张玉芳.2005.极限分析有限元法讲座——Ⅱ有限元强度折减法中边坡失稳的 判据探讨.岩土力学,26(2):332—336

赵锡宏,陈志明,胡中雄.1996.高层建筑深基坑围护工程实践与分析.上海:同济大学出版社, 160—162

郑宏,刘德富.2005.弹塑性矩阵 D_{ep} 的特性和有限元边坡稳定性分析中的极限状态标准.岩石力 学与工程学报,24(7):1099—1105

郑宏,李春光,李焯芬,等.2002.求解安全系数的有限元法.岩土工程学报,24(5):323—328

郑群,刘顺隆.1997a.任意拉格朗日-欧拉(ALE)法求解三维湍流流动.水动力学研究与进展, 9(3):231—238

郑群,刘顺隆,吴猛.1997b.黏性三维流动计算的任意拉格朗日-欧拉法.航空动力学报,12(3): 283—286

郑瑞雄,刘祖德.2005.抗剪强度折减系数法在基坑土钉墙稳定性分析中的应用研究.安全与环 境工程,12(2):100—102

郑颖人,赵尚毅.2004a.用有限元强度折减法求边(滑)坡支挡结构的内力.岩石力学与工程学 报,23(20):3552—3558

郑颖人,赵尚毅.2004b.有限元强度折减法在土坡与岩坡中的应用.岩石力学与工程学报, 23(19):3381—3388

郑颖人,赵尚毅.2005a.岩土工程极限分析有限元法及其应用.土木工程学报,38(1):91,98,104

郑颖人,赵尚毅,孔位学,等.2005b.极限分析有限元法讲座——Ⅰ岩土工程极限分析有限元法. 岩土力学,26(1):163—168

郑颖人,赵尚毅,时卫民,等.2001.边坡稳定分析的一些进展.地下空间,21(5):450—454

郑颖人,赵尚毅,宋雅坤.2005c.有限元强度折减法研究进展.后勤工程学院学报,3:1—6

郑颖人,赵尚毅,张鲁渝.2002.用有限元强度折减法进行边坡稳定分析.中国工程科学,14(10): 57—61

郑永来,王振宇,钟才跟,等.2002.软基路堤填土施工期的稳定性反演分析.岩土力学,23(5): 196—200

周翠英,刘祚秋,董立国,等.2003.边坡变形破坏过程的大变形有限元分析.岩土力学,24(4): 644—652

周资斌.2004.基于极限平衡法和有限元法的边坡稳定分析研究.南京:河海大学硕士学位论文

朱伯芳.1998.有限单元法原理与应用.第二版.北京:中国水利水电出版社

朱大勇.1997.边坡临界滑动场及其数值模拟.岩土工程学报,19(1):63—68

朱禄娟,谷兆棋,郑榕明,等.2002.二维边坡稳定方法的统一计算公式.水力发电学报,(3):21— 29

朱以文,吴春秋,蔡元齐.2005.基于滑移线场理论的边坡滑裂面确定方法.岩石力学与工程学 报,24(15):2609—2616

Abbo A J, Sloan S W. 1996. An automatic load stepping algorithm with error control. International Journal for Numerical Methods in Engineering, 39: 1737—1759

Amsden A A, Ruppel H M. 1980. SALE-3D: A Simplified ALE Computer Program for Fluid Flow at All Flow Speed. Los Alamos: Los Alamos Scientific Laboratory

Amsden A A, Ruppel H M. 1981. SALE-3D: A Simplified ALE Computer Program for Calculating Three-Dimensional Fluid Flow. Los Alamos: Los Alamos Scientific Laboratory

Antonio R F, Agust P F, Huerta A. 2002. Arbitrary Lagrangian-Eulerian (ALE) formulation for hyper-elastoplasticity. International Journal for Numerical Methods in Engineering, 53: 1831—1851

Armero F, Love E. 2003. An arbitrary Lagrangian-Eulerian finite element method for finite strain plasticity. International Journal for Numerical Methods in Engineering, 57: 471—508

Askes H, Rodrígues-Ferran A, Huerta A. 1999. Adaptive analysis of yield line patterns in plates with the arbitrary Lagrangian-Eulerian method. Computers & Structures, 70: 257—271

Askes H, Sluys L J. 2000. Remeshing strategies for adaptive ALE analysis of strain localisation. European Journal of Mechanics-A/Solids, 19(3): 447—467

Atluri S N, Cho J Y, Kim H G. 1999. Analysis of thin beams, using the meshless local Petrov-Galerkin (MLPG) method, with generalized moving least squares interpolation. Computational Mechanics, 24: 334—347

Atluri S N, Sladek J, Sladek V, et al. 2000a. The local boundary integral equation (LBIE) and it's meshless implementation for nonlinear elasticity. Computational Mechanics, 25: 180—198

Atluri S N, Zhu T. 1998. A new meshless local Petrov-Galerkin (MLPG) approach in computational mechanics. Computational Mechanics, 22: 117—127

Atluri S N, Zhu T. 2000b. The meshless local Petrov-Galerkin (MLPG) approach for solving problem in elasto-statics. Computational Mechanics, 25: 169—179

Aymone J L F, Bittencourt E, Creus G J. 2001. Simulation of 3D metal-forming using an arbitrary Lagrangian-Eulerian finite element method. Journal of Materials Processing Technology, 110: 218—232

Baker R, Garber M. 1977. Variational approach to slope stability // Proceedings of 9th Conference on Soil Mechanics and Foundation Engineering, Japan Society for Soil Mechanics and Foundation Engineering, Tokyo, 2: 9—12

Baker R, Garber M. 1978. Theoretical analysis of the stability of slopes. Geotechnique, 28(4): 395—411

Barenblatt G I. 1996. Scaling, self-similarity, and intermediate asymptotics // Cambridge Texts in Applied Mathematics, 14. Oxford: Cambridge University Press

Bazant Z P, Pijaudier-Cabot G. 1988. Non-local continuum damage, localization instability and convergence. Journal of Applied Mechanics, 55(2): 287—293

Bear J. 1972. Dynamics of Fluids in Porous Media. New York: Elsevier

Beissel S, Belytschko T. 1996. Nodal integration of the element-free Galerkin method. Computer

Methods in Applied Mechanics and Engineering, 139(1): 49—74

Belytschko T, Flanagan D P, Kennedy J M. 1982. Finite element methods with user-controlled meshes for fluid-structure interaction. Computer Methods in Applied Mechanics and Engineering, 33: 669—688

Belytschko T, Kennedy J M. 1978. Computer models for subassembly simulation. Nuclear Engineering and Design, 49: 17—38

Belytschko T, Kennedy J M, et al. 1980. Quasi-Eulerian finite element formulation for fluid-structure interaction. Journal of Pressure Vessel Technology, 102: 62—69

Belytschko T, Krongauz Y, Organ D, et al. 1996a. Meshless methods: An overview and recent developments. Computer Methods in Applied Mechanics and Engineering, 139: 3—47

Belytschko T, Krongauz Y, Organ D, et al. 1996b. Smoothing and accelerated computations in the element free Galerkin method. Computational and Applied Mathematics, 74: 111—126

Belytschko T, Liu W K, Moran B. 2000a. Nonlinear finite elements for continua and structures. New York: John Wiley and Sons

Belytschko T, Lu Y Y, Gu L. 1994. Element-free Galerkin methods. International Journal for Numerical Methods in Engineering, 37: 229—256

Belytschko T, Organ D, Gerlach C. 2000b. Element-free Galerkin methods for dynamic fracture in concrete. Computer Methods in Applied Mechanics and Engineering, 187: 385—399

Belytschko T, Tabbara M. 1996c. Dynamic fracture using element-free Galerkin methods. International Journal for Numerical Methods in Engineering, 39: 923—938

Benson D J. 1989. An efficient, accurate, simple ALE method for nonlinear finite element programs. Computer Methods in Applied Mechanics and Engineering, 72(3): 305—350

Besseling J F. 1963. The complete analogy between the matrix equations and the continuous field equations of structural analysis // International Symposium on Analogue and Digital Techniques Applied to Aeronautics, Liege

Bishop A W. 1955. The use of the slip circle in the stability analysis of slopes. Geotechnique, 5(1): 7—17

Bjerrum L, Eide O. 1956. Stability of strutted excavations in clay. Geotechnique, 6(1): 32—47

Blume G W, Kumei S. 1989. Symmetries and Differential Equations, Applied Mathematical Sciences 81. New York: Springer-Verlag

Borja R I, Hsieh H S, Kavazanjian E. 1990. Double-yield-surface model. II: Implementation and verification. Journal of Geotechnical Engineering, 116(9): 1402—1421

Bose S K, Som N N. 1998. Parametric study of a brace cut by finite element method. Computers and Geotechnics, 22(2): 91—107

Brabb E E, Harrod B L. 1989. Landslides: Extent and economic significance // Proceedings of the 28th International Geological Congress. Symposium on Landslides, Washington DC

Burland J B, Longworth T L, Moore J F A. 1977. A study of ground movement and progressive failure caused by a deep excavation in Oxford clay. Geotechnique, 27(4): 557—591

Cai F, Ugai K, Hagiwara T. 2002. Base stability of circular excavation in soft clay. Journal of Geotechnical and Geoenvironmental Engineering, 128(8): 702—706

Caquot A, Kerisel J. 1953. Sur le terme de surface dans le calcul des conditions en milieu pulverulent// Proceedings of the 3rd International Conference on Soil Mechanics and Foundation Engineering, Zurich

Carey G F, Kennon S. 1987. Adaptive mesh redistribution for a boundary element method. International Journal for Numerical Methods in Engineering, 24: 2315—2325

Castillo E, Luceno A A. 1982. Critical analysis of some variational methods in slope stability ananlysis. International Journal for Numerical and Analytical Methods in Geomechanics: 195—209

Castillo E, Revilla J. 1977. The calculus of variations and the stability of slopes// Proceedings of the 9th International Conference on Soil Mechanics and Foundation Engineering, Tokyo, 2: 25—30

Cater J P, Booker J R, Davis E H. 1977. Finite deformation for an elasto-plastic soil. International Journal for Numerical and Analytical Methods in Geomechanics, 1: 25—43

Cavounidis S, Hoeg K. 1977. Consolidation during construction of earth dams. Journal of Soil Mechanics and Foundation Engineering Division, 103(10): 1055—1067

Chai J C, Bergado D T. 1995. The analysis of grid reinforced embankment on soft clay. Computers and Geotechnics, 17(4): 447—471

Chandler R J, Skempton A W. 1974. The design of permanent cutting slopes in stiff fissured clays. Geotechnique, 24(4): 437—466

Chen J S, Pan C, Roque C M O L, et al. 1998. A Lagrangian reproducing kernel particle method for metal forming analysis. Computational Mechanics, 22: 289—307

Chen J S, Pan C, Wu C T. 1997. Large deformation analysis of rubber based on a reproducing kernel particle method. Computation Mechanics, 19: 211—227

Chen J S, Pan C, Wu C T, et al. 1996. Reproducing kernel particle methods for large deformation analysis of non-linear structures. Computer Methods in Applied Mechanics and Engineering, 139: 195—227

Chen J S, Yoon S, Wu C T. 2002. Non-linear version of stabilized conforming nodal integration for Galerkin mesh-free methods. International Journal for Numerical Methods in Engineering, 53: 2587—2615

Chen W F. 1975. Limit Analysis and Solid Plasticity. Amsterdam: Elsevier

Chen W F, Rosenfurb J L. 1973. Limit analysis solutions of earth pressure problems. Soils and Foundations, 13(4): 45—60

Chen Z Y, Mi H L, Zhang F. 2003. A simplified method for 3D slope stability analysis. Canadian Geotechnical Journal, 40: 675—683

Chen Z Y, Morgenstern N R. 1983. Extensions to the generalized method of slices for stability analysis. Canadian Geotechnical Journal, 20: 104—119

Chen Z Y, Wang J, Wang Y J, et al. 2001a. A three-dimensional slope stability analysis method using the upper bound theorem, Part Ⅱ: Numerical approaches, applications and extensions. International Journal of Rock Mechanics and Mining Sciences, 38:379—397

Chen Z Y, Wang X G, Haberfield C, et al. 2001b. A three-dimensional slope stability analysis method using the upper bound theorem, Part Ⅰ: Theory and methods. International Journal of Rock Mechanics and Mining Sciences, 38:369—378

Clough R W. 1960. The finite element method in plane stress analysis // Proceedings of 2nd ASME Conference on Electronic Computation, Pittsburgh

Clough G W, Hansen L A. 1981. Clay anisotropy and braced wall behavior. Journal of Geotechnical Engineering, 107:893—913

Clough R W, Woodward R J. 1967. Analysis of embankment stresses and deformations. Journal Soil Mechanics and Foundation Engineering Division, 93(4):529—549

Cooper M R, Bromhead E N, Petley D J, et al. 1998. The Selborne cutting stability experiment. Geotechnique, 47(3):623—644

Courant R. 1943. Variational method for solutions of problems of equilibrium and vibrations. Bulletin of the American Mathematical Society, 49:1—23

Davey K, Ward M J. 2000. An efficient solution method for finite element ring-rolling simulation. International Journal for Numerical Methods in Engineering, 47(12):1997—2018

Davey K, Ward M J. 2002. A practical method for finite element ring rolling simulation using the ALE flow formulation. International Journal of Mechanical Sciences, 44:165—190

Dawson E M, Roth W H, Drescher A. 1999. Slope stability analysis by strength reduction. Geotechnique, 49(6):835—840

de Borst R. 1991a. Simulation of strain localization: A reappraisal of the Cosserat continuum. Engineering Computations, 8(4):317—332

de Borst R, Sluys L J. 1991b. Localization in a Cosserat continuum under static and dynamic loading conditions. Computer Methods in Applied Mechanics and Engineering, 90(1):805—827

de Jong, de Josselin G. 1981. Application of the calculus of variations to the vertical cut-off in cohesive frictionless soil. Geotechnique, 30(1):1—16

Diaz A R, Kikuchi N, Taylor J E. 1983. A method for grid optimization for finite element methods. Computer Methods in Applied Mechanics and Engineering, 41:29—45

Donald I B, Tan C P, Goh T C A. 1985. Stability of geomechanical structures assessed by finite element method // Proceedings of 2nd International Conference in Civil Engineering, Hangzhou

Donea J, Giuliani S. 1977. Lagrangian and Eulerian finite element techniques for transient fluid-structure interaction problems // Transactions of 4th International Conference on Structural Mechanics in Reactor Technology, San Francisco

Dowding C H, Dmytryshyn O, Belytschko T B. 2000. Dynamic response of million block cavern models with parallel processing. Rock Mechanics and Rock Engineering, 33:207—214

Drucker D C, Prager W. 1952. Soil mechanics and plastic analysis or limit design. Quarterly of
Applied Mathematics, 10(2): 157—165

Duarte C A, Oden J T. 1996a. An h-p adaptive method using clouds. Computer Methods in Applied Mechanics and Engineering, 139: 237—262

Duarte C A, Oden J T. 1996b. Hp clouds: A h-p meshless method. Numerical Method for Partial
Differential Equations, 12: 673—705

Duncan J M. 1996. State of the art: Limit equilibrium and finite element analysis of slopes. Journal
of Geotechnical Engineering, 122(7): 577—596

Duncan J M, Chang C Y. 1970. Nonlinear analysis of stress and strain in soils. Journal of Soil Mechanics and Foundation Division Engineering, 56(SMS): 1625—1653

Duncan J M, Wright S G. 1980. The accuracy of equilibrium methods of slope stability analysis//
Proceeding of the International Symposium on Landslides, New Delhi, 1: 247—254

Eisenstein Z, Law S T C. 1979. Influence of anisotropy on stresses and displacements in embankments//Proceedings of the 3rd International Conference on Numerical Methods in Geotechnical Engineering. Rotterdam: Balkema

Eisenstein Z, Simmons J V. 1975. Three-dimensional analysis of Mica dam//Proceedings of International Symposium on Criteria and Assumptions for Numerical Analysis of Dams. Quadrant, Swansea

Espinoza R D, Bourdeau P L, Muhunthan B. 1994. Unified formulation for analysis of slopes with
general slip surface. Journal of Geotechnical Engineering, 120(7): 1185—1192

Espinoza R D, Repetto P C, Muhunthan B. 1992. General framework for stability analysis of
slope. Geotechnique, 42(4): 603—615

Faheem H, Cai F, Ugai K, et al. 2003. Two-dimensional base stability of excavations in soft soils
using FEM. Computers and Geotechnics, 30: 141—163

Fellenius W. 1936. Calculation of the stability of earth dams//Proceedings of the Second Congress
of Large Dams, Washington DC, (4): 445—463

Fredlund D G S, Krahn J. 1997. Comparison of slope stability methods analysis. Canadian
Geotechnical Journal, 14: 429—439

Fredlund D C, Krahn J, Paufahl D E. 1981. The relationship between limiting equilibrium slope
stability methods//Proceedings of the 10th Conference of International Society for Soil Mechanics and Foundation Engineering, Stockholm, 3: 409—416

Gadala M S. 2004. Recent trends in ALE formulation and its applications in solid mechanics.
Computer Methods in Applied Mechanics and Engineering, 193: 4247—4275

Gadala M S, Wang J. 1998. ALE formulation and its application in solid mechanics. Computer
Methods in Applied Mechanics and Engineering, 167: 33—55

Gadala M S, Wang J. 1999. Simulation of metal forming processes with finite element methods.
International Journal for Numerical Methods in Engineering, 44: 1397—1428

Gadala M S, Wang J. 2002. On the mesh motion for ALE modeling of metal forming processes.

Finite Elements in Analysis and Design,38:435—459

Garcia O,Fancello E A,de Barullos C S,et al. 2000. Hp-clouds in Mindlin's thick plate model. International Journal for Numerical Methods in Engineering,47:1381—1400

Ghosh S,Kikuchi N. 1999. An arbitrary Lagrangian-Eulerian finite element method for large deformation analysis of elastic-viscoplastic solids. Computer Methods in Applied Mechanics and Engineering,86:127—188

Ghosh S,Raju S. 1996. R-S adapted arbitrary Lagrangian-Eulerian finite element method of metalforming with strain localization. International Journal for Numerical Methods in Engineering,39:3247—3272

Giam S K,Donald I B. 1988. Determination of critical slip surfaces for slops via stress-strain calculations // Proceedings of the 5th Australia-New Zealand Conference on Geomechanics,Sydney:461—464

Giuliani S. 1982. An algorithm for continuous rezoning of the hydrodynamic grid in arbitrary Lagrangian-Eulerian computer codes. Nuclear Engineering and Design,72:205—212

Griffiths D V. 1982. Computation of bearing capacity factors using finite element. Geotechnique, 32(3):195—202

Griffiths D V,Lane P A. 1999. Slope stability analysis by finite element. Geotechnique,49(3): 387—403

Gu Y T,Liu G R. 2001. A meshless local Petrov-Galerkin (MLPG) formulation for static and free vibration analyses of thin plates. Journal for Computational Methods in Engineering Science,2(4):463—476

Gunther F C,Liu W K,Diachin D,et al. 2000. Multi-scale meshfree parallel computations for viscous,compressible flows. Computer Methods in Applied Mechanics and Engineering,189: 279—303

Haber R B. 1984. A mixed Eulerian-Lagrangian displacement model for large deformation analysis in solid mechanics. Computer Methods in Applied Mechanics and Engineering,43:277—292

Haber R B,Abel J. 1983. Contact slip analysis using mixed displacements. Journal of Engineering Mechanics,109(2):411—429

Haber R B,Hariandja B H. 1985a. An arbitrary Lagrangian-Eulerian finite element approach to large deformation frictional contact. Computers & Structures,20:193—201

Haber R B,Koh H M. 1985b. Explicit expressions for energy release rates using virtual crack extensions. International Journal for Numerical Methods in Engineering,21:301—315

Han W,Peng X. 2001. Error analysis of the reproducing kernel particle method. Computer Methods in Applied Mechanics and Engineering,190:6157—6181

Hansen B. 1970. A revised and extend formula for beaning capacity. Bulletin of the Danish Geotechnical Institute,Copenhagen,28:5—11

Hibbitt H D,Marcal P V,Rice J R. 1970. A finite element formulation for problems of large strain and large displacement. International Journal of Solids and Structures,1970,6:1069—1086

Hicks M A,Boughrarou R. 1998. Finite element analysis of the Nelerk underwater berm failures. Geotechnique,48(2):169—185

Hill R. 1950. The Mathematical Theory of Plasticity. Oxford:Clarendon Press

Hirt C W,Amaden A A,Cook J L. 1974. An arbitrary Lagrangian-Eulerian computing method for all flow speeds. Journal of Computational Physics,14(3):227—253

Huang Y H. 1983. Stability Analysis of Earth Slopes. New York:Van Nostrand Reinhold Company

Huang Y H. 1988. 土坡稳定分析. 包承钢等译. 北京:清华大学出版社

Huerta A,Casadei F. 1994. New ALE applications in non-linear fast-transient solid dynamic. Engineering Computation,11:317—345

Huerta A,Liu W K. 1988. Viscous flow with large free surface motion. Computer Methods in Applied Mechanics and Engineering,69(3):277—324

Huetink J. 1982. Analysis of metal forming processes based on a combined Eulerian-Lagrangian finite element formulation∥Numerical Methods in Industrial Forming Processes. Swansea:Pineridge Press

Huetink J,Vreede P T,Lugt J V D,et al. 1989. The simulation of contact problems in forming processed using a mixed Euler-Lagrangian finite element method∥Numerical Methods in Industrial Forming Processes,Rotterdam,549—554

Huetink J,Vreede P T,Lugt J V D,et al. 1990. Progress in mixed Eulerian-Lagrangian finite element simulation of forming processes. International Journal for Numerical Methods in Engineering,30:1441—1457

Huetink J,Lugt J V D,Miedema J R,et al. 1987. A mixed Euler-Lagrangian contact element to describe boundary and interface behaviour in forming processes∥Proceedings of the 2nd International Conference on Advances in Numerical Methods in Engineering Theory & Applications

Hughes T J R,Liu W K,Zimmermann T K. 1981. Lagrangian-Eulerian finite element formulation for incompressible viscous flows. Computer Method in Applied Mechanics and Engineering,29:329—349

Hutton S O,Anderson D L. 1971. Finite element methods:Galerkin approach. Journal of Experimental Medicine,97(5):1503—1520

Janbu N. 1954. Application of composite slip surface for stability analysis∥Proceedings of European Conference on Stability of Earth Slopes,Sweden,(3):43—49

Janbu N. 1957. Earth pressure and bearing capacity calculations by generalized procedure of slice∥Proceedings of the 4th Conference of International Society for Soil Mechanics and Foundation Engineering,London,2:202—212

Janbu N. 1973. Slope stability computations∥Hirschfeld R C,Poulos S J. Embankment Dam Engineering. New York:John Wiley and Sons

Janbu N. 1980. Critical evaluation of the approaches to stability analysis of landslides and other mass movements// Proceedings of the International Symposium on Landslides, New Delhi, 2:109—128

Jiang G L, Magnan J P. 1997. Stability analysis of embankments: Comparision of limit analysis with methods of slices. Geotechnique, 47(4):857—872

Johnson G R, Beissel S R. 1996a. Normalized smoothing functions for SPH impact computations. International Journal for Numerical Methods in Engineering, 39:2725—2741

Johnson G R, Beissel S R, Stryk R A. 2000. A generalized particle algorithm for high velocity impact computations. Computation Mechanics, 25:245—256

Johnson G R, Stryk R A, Beissel S R. 1996b. SHP for high velocity impact computations. Computer Methods in Applied Mechanics and Engineering, 139:347—373

Jonathan D B, Raymond B S, Bolton S H. 1994. Analysis of earthquake fault rupture propagation through cohesive soil. Journal of Geotechnical Engineering, 120(3):543—561

Jones R E. 1964. A generalization of the direct stiffness method of structural analysis. American Institute of Aeronautics and Astronautics, 2:821—826

José L F A. 2004. Mesh motion techniques for the ALE formulation in 3D large deformation problems. International Journal for Numerical Methods in Engineering, 59:1879—1908

Jun S, Im S. 2000. Multiple-scale meshfree adaptivity for the simulation of adiabatic shear band formation. Computational Mechanics, 25:257—307

Kaljevic I, Saigal S. 1997. An improved element free Galerkin formulation. International Journal for Numerical Methods in Engineering, (40):2953—2974

Kim J Y, Lee S R. 1997. An improved search strategy for the critical slip surface using finite element stress fields. Computers and Geotechnics, 21(4):295—313

Kohgo Y, Yamashita T. 1988. Finite element analysis of fill type dams-stability during construction by using the effective stress concept// Proceedings of the International Conference on Numerical in Geomechanics, New York:1315—1322

Koo J C, Tahrenthold E P. 2000. Discrete Hamilton's equations for arbitrary Lagrangian-Eulerian dynamics of viscous compressible flow. Computer Methods in Applied Mechanics Engineering, 189(3):875—900

Kovacevic N. 1994. Numerical Analysis of Rockfill Dams, Cut Slopes and Road Embankments. London: London University

Krysl P, Belytschko T. 1997. Element-free Galerkin method: Convergence of the continuous and discontinuous shape functions. Computer Methods in Applied Mechanics and Engineering, 148(3,4):257—277

Kulhawy F W, Duncan J M. 1972. Stresses and movements in Oroville dam. Journal of Soil Mechanics and Foundation Engineering Division, ASCE, 98(7):653—665

Kwan Y L, Chack F L. 1973. Stress analysis and slope stability in strain-softening materials. Geotechnique, 23(1):1—11

Ladd C C,Foott R,Ishihara K,et al. 1977. Stress-deformation and strength characteristics//Proceedings of the 9th International Conference on Soil Mechanics and Foundation Engineering, Tokyo:421—494

Lade P,Duncan J M. 1975. Elastoplastic stress-strain theory for cohesionless soil. Journal of the Geotechnical Engineering Division,101(10):1037—1053

Lancaster P,Salkauskas K. 1981. Surfaces generated by moving least squares methods. Mathematical and Computer Modelling,37:141—158

Larsy D,Belytschko T. 1988. Localization limiters in transient problems. International Journal of Solids and Structures,24(6):581—597

Lechman J B,Griffiths D V. 2000. Analysis of the progression of failure of earth slopes by finite elements//Proceedings of Sessions of Geo-Denver 2000,Denver:250—265

Lefebvre G,Duncan J M,Wilson E L. 1973. Three-dimensional finite element analysis of dams. Journal of the Soil Mechanics and Foundations Division,99(7):495—507

Leroueil S. 2001. Natural slopes and cuts:Movement and failure mechanisms. Geotechnique, 51(3):197—243

Leroueil S,Vaunat J,Picarelli L,et al. 1996. A geotechnical characterization of slope movements// Proceedings of the 7th International Symposium on Landslides,Trondheim,1:53—74

Leshchinsky D. 1990. Slope stability analysis generalized approach. Journal of Geotechnical Engineering,116(5):851—867

Leshchinsky D,Huang C C. 1992. Generalized slope analysis:Interpretation and comparison. Journal of Geotechnical Engineering,118(10):1559—1576

Lin H,Atluri S N. 2001. Analysis of incompressible Navier-Stokes flows by the meshless MLPG method. Journal for Computational Methods in Engineering Science,2(2):117—142

Liszka T J,Duarte C,Tworzydlo W W. 1996. Hp-meshless cloud method. Computer Methods in Applied Mechanics and Engineering,139:263—288

Liu G R,Gu Y T. 2000. Meshless local Petrov-Galerkin (MLPG) method in combination with finite element and boundary element approaches. Computational Mechanics,36:536—546

Liu G R,Gu Y T. 2001. A point interpolation method for two-dimensional solids. International Journal for Numerical Methods in Engineering,50:937—951

Liu W K. 1981. Finite element procedure for fluid-structure interactions and application to liquid storage tanks. Nuclear Engineering and Design,65:221—238

Liu W K,Belytschko T,et al. 1986a. An arbitrary Lagrangian-Eulerian finite element method for path-dependent materials. Computer Methods in Applied Mechanics and Engineering,58(3): 227—245

Liu W K,Chang H,et al. 1987. Arbitrary Lagrangian-Eulerian stress update for forming simulations//Proceedings of Symposium on Recent Advances in Inelastic Analysis,Boston

Liu W K,Chang H,et al. 1988. Arbitrary Lagrangian-Eulerian Petrov-Galerkin finite elements for nonlinear continua. Computer Methods in Applied Mechanics and Engineering,68(3):259—

310

Liu W K,Chen J S. 1991. Adaptive ALE finite element with particular reference to external work rate on frictional interface. Computer Methods in Applied Mechanics and Engineering,93: 189—216

Liu W K,Chen Y. 1995a. Wavelet and multiple scale reproducing kernel particle methods. International Journal for Numerical Methods in Fluids,21:901—931

Liu W K,Chen Y,et al. 1996a. Generalized multiple scale reproducing kernel particle methods. Computer Methods in Applied Mechanics and Engineering,139:91—157

Liu W K,Chen Y,Chang C T,et al. 1996b. Advances in multiple scale kernel particle methods. Computational Mechanics,18(2):73—111

Liu W K,Gvildys J. 1986b. Fluid-structure interaction of tanks with an eccentric core barrel. Computer Method in Applied Mechanics and Engineering,58:51—57

Liu W K,Hao S,et al. 1999. Multiple scale meshfree methods for damage fracture and localization. Computational Materials Science,16:197—205

Liu W K,Jun S,Li S,et al. 1995b. Reproducing kernel particle methods for structural dynamics. International Journal for Numerical Methods in Engineering,38:1655—1679

Liu W K,Jun S,Sihling D T,et al. 1997a. Multiresolution reproducing kernel particle methods for computational fluid dynamics. International Journal for Numerical Methods in Fluids,24: 1—25

Liu W K,Jun S,Zhang Y F. 1995c. Reproducing kernel particle methods. International Journal for Numerical Methods in Fluids,20:1080—1106

Liu W K,Li S,Belytschko T. 1997b. Moving least squares kernel Galerkin methods part:Methodology and convergence. Computer Methods in Applied Mechanics and Engineering,143: 113—154

Lu Y Y,Belytschko T,Tabbara M. 1995. Element-free Galerkin methods for wave propagation and dynamic fracture. Computer Methods in Applied Mechanics and Engineering,126:131—153

Luceno A,Castillo E. 1980. Evaluation of variational methods in slope analysis// Proceedings of 1st International Symposium on Landslide,New Delhi,1:255—258

Lucy L B. 1977. A numerical approach to the testing of the fission hypothesis. The Astronomy Journal,82(12):1013—1024

Manoharan N,Dasgupta S P. 1995. Consolidation analysis of elasto-plastic soil. Computer and Structures,54(6):1005—1021

Manzari M T,Nour M A. 2000. Significance of soil dilatancy in slope stability analysis. Journal of Geotechnical and Geoenvironmental Engineering,126(1):75—80

Margolin L G. 1997. Introduction to "an arbitrary Lagrangian-Eulerian computing method for all flow speeds". Journal of Computational Physics,135(2):198—202

Matsui T,San K C. 1992. Finite element slope stability analysis by shear strength reduction technique. Soils and Foundations,32(1):59—70

Matsuoka H. 1981. Prediction of plane strain strength for soils from triaxial compression// Proceedings of the 10th International Conference on Soil Mechanics and Foundation Engineering,Stockholm,5:682—683

Matsuoka H,Nakai T. 1974. Stress-deformation and strength characteristics of soil under three difference principal stresses. Proceedings of Japan Society of Civil Engineers,232:59—70

Matsuoka H,Nakai T. 1977. Stress-strain relationship of soil based on the "SMP"// Proceedings of Specialty Session 9,IX International Conference on Soil Mechanics and Foundation Engineering,Tokyo,153—162

Matsuoka H,Sun D A,Konda T. 1994. A constitutive law from frictional to cohesive materials// Proceedings of XIII International Conference on Soil Mechanics and Foundation Engineering,New Delhi,1:403—406

Melosh R J. 1963. Basis for the derivation of metrics for the direct stiffness method. American Institute of Aeronautics and Astronautics,1:1631—1637

Memeeking R M,Rice J R. 1975. Finite-element formulation for problems of large elastic-plastic deformation. International Journal of Solids and Structures,11:601—616

Mendoncca P T R,Barcellos C S,Duarte A. 2000. Investigations on the hp-Cloud method by solving Timoshenko beam problems. Computational Mechanics,25:286—295

Meroi F A,Schrefler B A,Zienkiewicz O C. 1995. Large strain static and dynamic semi-saturated soil behaviour. International Journal for Numerical and Analytical Methods in Geomechanics,19:81—106

Meyerhof G G. 1953. The bearing capacity of foundations under eccentric and inclined loads// Proceedings of the 3rd International Conference Soil Mechanics and Foundation Engineering,Zurich,1:440—445

Meyerhof G G. 1974. Ultimate bearing capacity of footings on sand layer overlying clay. Canadian Geotechnical Journal,11(2):223—229

Michalowski R L,Shi L. 1995. Bearing capacity of footings over two-layer foundation soils. Journal of Geotechnical Engineering,121(2):152—162

Molenkamp F. 1981. Elastic-plastic Double Hardening Model Monot. Delft:Delft Geotechnics

Monaghan J J. 1985. Particle method for hydrodynamics. Computer Physics Reports,3:71—124

Monaghan J J. 1992. Smoothed particle hydrodynamics. Annual Review Astronomical and Astrophysics,30:543—574

Monaghan J J. 1998. An introduction to SPH. Computer Physics Communications,48:89—96

Morgenstern N R. 1992. Keynote paper:The role of analysis in the evaluation of soil stability// Proceeding of the 6th International Symposium on Landslides,Christchurch,2:1615—1629

Morgenstern N R,Price V E. 1965. The analysis of the stability of general slip surfaces. Geotechnique,15(1):79—93

Msmith I,Hobbs R. 1974. Finite element analysis of centrifuged and built-up slopes. Geotechnique,24(4):531—559

Naylor D J. 1982. Finite element and slope stability // Numerical Methods in Geomechanics. Dordrecht: D Reidel Publishing Company

Nayroles B, Touzot G, Villon P. 1992. Generalizing the finite element method: Diffuse approximation and diffuse elements. Computational Mechanics,10:307—318

Needleman A. 1988. Material rate dependence and mesh sensitivity in localization problems. Computer Methods in Applied Mechanics and Engineering,67(1):69—85

Nitikitpaiboon C, Bathe K J. 1993. An arbitrary Lagrangian-Eulerian velocity potential formulation for fluid-structure interaction. Computers & Structures,47(4,5):871—891

Noh W F. 1964. CEL: A time-dependent two-space-dimensional Eulerian-Lagrangian code // Methods in Computational Physics 3. New York: Academic Press

Nomura T. 1994. ALE finite element computations of fluid-structure interaction problems. Computer Methods in Applied Mechanics and Engineering,112(1-4):291—308

Nomura T, Hughes T J R. 1992. An arbitrary Lagrangian-Eulerian finite element method for interaction of fluid and a rigid body. Computer Methods in Applied Mechanics and Engineering,95(2):115—138

Oden J T, Cho J R. 1996. Adaptive hp-finite element methods of hierarchical models for plate-and shell-like structures. Computer Methods in Applied Mechanics and Engineering,136(3,4): 317—345

Onate E, Idelsohn S. 1998. A mesh-free finite point method for advective-diffusive transport and fluid flow problems. Computational Mechanics,21:283—292

Onate E, Idelsohn S, Zienkiewicz O C, et al. 1996a. A finite point method in computational mechanics, applications to convective transport and fluid flow. International Journal for Numerical Methods in Engineering,39:3839—3866

Onate E, Idelsohn S, Zienkiewicz O C, et al. 1996b. A stabilized finite point method for analysis of fluid mechanics problems. Computer Methods in Applied Mechanics and Engineering,139: 315—346

Ortiz M, Leroy Y, Needleman A. 1987. Finite element method for localization failure analysis. Computer Methods in Applied Mechanics and Engineering,61(2):189—214

Osias J R, Swedlow J L. 1974. Finite elasto-plastic deformation-I: Theory and numerical examples. International Journal of Solids and Structures,10:321—339

Ottosen N S, Runesson K. 1991. Properties of discontinuous bifurcation solutions in elasto-plasticity. International Journal of Solids and Structures,27(4):401—421

Ovsiannikov L V. 1982. Group Analysis of Differential Equations. London: Academic Press

Palmerton J B. 1972. Application of three-dimensional finite element analysis // Proceedings of Symposium on Applications of the Finite Element Method of Geotechnical Engineering, US Army Corps of Engineers, Vicksburg

Panagiotis D K, George Z V, Mehmet T T. 1986. A large strain theory for the two dimensional problems in geomechanics. International Journal for Numerical and Analytical Methods in Geomechanics,10:17—39

Peery J S,Carroll D E. 2000. Multi-material ALE methods in unstructured grids. Computer Methods in Applied Mechanics and Engineering,187:591—619

Peirce D,Shih C F,Needleman A. 1984. A tangent modulus method for rate dependent solids. Computers & Structures,18(5):875—887

Pham H T A,Fredlund D G. 2003. The application of dynamic programming to slope stability analysis. Canadian Geotechnical Journal,40(4):830—847

Pietruszczak S. 1995. On the undrained response of granular soil involving localized deformation. Journal of Engineering Mechanics,114:1292—1298

Pietruszczak S,Niu X. 1993. On the description of localized deformation. International Journal for Numerical and Analytical Methods in Geomechanics,17(11):791—805

Ponthot J P,Belytschko T. 1998. Arbitrary Lagrangian-Eulerian formulation for element-free Galerkin methods. Computer Methods in Applied Mechanics and Engineering,152:19—46

Potts D M. 2003. Numerical analysis:A virtual dream or practical reality. Geotechnique,53(6):535—573

Potts D M,Zdravkovic L. 1999. Finite Element Analysis in Geotechnical Engineering:Theory. London:Thomas Telford

Potts D M,Zdravkovic L. 2001. Finite Element Analysis in Geotechnical Engineering:Application. London:Thomas Telford

Potts D M,Dounias G T,Vaughan P R. 1990. Finite element analysis of progressive failure of Carsington embankment. Geotechnique,40(1):79—101

Potts D M,Kovacevic N,Vaughan P R. 1997. Delayed collapse of cut slopes in stiff clay. Geotechnique,47(5):953—982

Pracht W E. 1975. Calculating three-dimensional fluid flows at all flow speeds with an Eulerian-Lagrangian compution mesh. Journal of Computational Physics,17(2):132—159

Prandtl L. 1920. Über die Härte Plasticher Körper Nachrichten von der Königlichen Gesellschaft der Wissenschaften zu Göttingen. Mathematisch-Physikalische,Klasse:74—85

Raymond G P. 1972. Prediction of undrained deformations and pore pressures in weak clay under two embankments. Geotechnique,22(3):381—401

Reissner H. 1924. Zum Erddruck problem//Proceedings of the 1st International Congress of Applied Mechanics,Delft:295—311

Revilla J,Castillo E. 1977. The calculus of variations applied to stability of slopes. Geotechnique,27(1):1—11

Rice J R,Rudnicki J W. 1980. A note on some features of the theory of localization. International Journal of Solids and Structures,16(7):597—605

Rodriguez F A,Casadei F,Huerta A. 1998. ALE stress update for transient and quasistatic processes. International Journal for Numerical Methods in Engineering,43:241—262

Saiichi S, Takeshi K. 1996. Simplified deformation analysis for embankment foundation using elasto-plastic model. Soils and Foundations, 36(2):1—11

Sandhu R S, Wilson E L. 1969. Finite element analysis of seepage in elastic media. Journal of the Engineering Mechanics Division, 95(EM3):641—652

Sarma S K. 1973. Stability analysis of embankments and slopes. Geotechnique, 23(3):423—433

Sarma S K. 1979. Stability analysis of embankments and slopes. Journal of Soil Mechanics and Foundation Engineering Division, 105(12):1511—1524

Schreurs P J G, Veldpaus F E, et al. 1986. Simulation of forming process, using the arbitrary Eulerian-Lagrangian formulation. Computer Methods in Applied Mechanics and Engineering, 58(1):19—36

Schuster R L. 1996. Socioeconomic significance of landslides//Landslides: Investigation and Mitigation, Special Report 247, Washington DC: Transportation Research Board

Shibata T, Sekiguchi H. 1980. A method of predicting failure based on elasto-viscoplastic analyses. Proceedings of Japan Society of Civil Engineers, 301:93—104

Simo J C, Oliver E T. 1993. An analysis of strong discontinuities induced by strain-softening in rate-independent inelastic solids. Computational Mechanics, 12:277—296

Skempton A W, La Rochelle P. 1965. The brandwell slip: A short-term failure in London clay. Geotechnique, 15(3):221—242

Sloan S W, Randolph M F. 1982. Numerical prediction of collapse loads using finite element methods. International Journal for Numerical and Analytical Methods in Geomechanics, 6(1):47—76

Snitbhan N, Chen W F. 1976. Finite element analysis of large deformations in slopes//Proceedings of Conference of Numerical Methods in Geomechanics, Blacksburg:744—756

Spencer E. 1967. A method of analysis of the stability of embankments assuming parallel interslice forces. Geotechnique, 17(1):11—26

Stein L R, Gentry R A, Hirt C W. 1977. Computational simulation of transient blast loading on three-dimensional structures. Computer Methods in Applied Mechanics and Engineering, 11:57—74

Swegle J W, Attaway S W. 1995. On the feasibility of using smoothed particle hydrodynamics for underwater explosion calculations. Computational Mechanics, 17:151—168

Taylor D W. 1937. Stability of earth slopes. Journal of the Boston Society of Civil Engineers, 24(3):197—246

Terzaghi K. 1936. Stability of slopes of natural clay//Proceedings of the 1st International Conference on Soil Mechanics and Foundation Engineering, Harvard, 1:161—165

Terzaghi K. 1943. Theoretical Soil Mechanics. New York: John Willy and Sons

Terzaghi K, Peck R B. 1948. Soil Mechanics in Engineering Practice. New York: John Wiley and Sons

Timothy D S, Hisham T. 1998. Performance of three-dimensional slope stability methods in practice. Journal of Geotechnical and Geoenvironmental Engineering,124(11):1049—1060

Toh C T,Sloan S W. 1980. Finite element analyses of isotropic and anisotropic cohesive soils with a view to correctly predicting impending collapse. International Journal for Numerical and Analytical Methods in Geomechanics,4(1):1—23

Traore K,Montmitonnet P,Souchet M. 2000. Parallel finite element modelling of the ring rolling process using a quasi Eulerian description // European Congress on Computational Methods in Applied Science and Engineering,Barcelona

Trulio J G. 1966. Theory and Structure of the AFTON Codes. Air Force Weapons Laboratory

Turner M J,Clough R W,Martin H C,et al. 1956. Stiffness and deflection analysis of complex structures. Journal of Aerospace Science and Technologies,23:805—823

US Army Corps of Engineers. 1967. Stability of Slopes and Foundations(Engineering Manual). Vicksburg,Mississippi

Ugai K. 1989. A method of calculation of total factor of safety of slope by elasto-plastic FEM. Soils and Foundations,29(2):190—195

Ugai K,Leshchinsky D. 1995. Three-dimensional limit equilibrium and finite element analysis. Soils and Foundations,35(4):1—7

Uras R A,Chang C T,Chen Y,et al. 1997. Multiresolution reproducing kernel particle methods in acoustics. Journal of Computational Acoustics,5:71—94

Vaughan P R. 1994. Assumption, prediction and reality in geotechnical engineering. Geotechnique,44(4):573—609

Vaunat J,Leroueil S,Tavenas F. 1994. Slope movements:A geotechnical perspective // Proceedings of the 7th International Congress of International Association of Engineering Geology, Lisbon:1637—1646

Vesic A S. 1973. Analysis of ultimate loads of shallow foundations. Journal of Soil Mechanics and Foundations Division,99(SM1):45—73

Wang J G,Liu G R. 2002. A point interpolation meshless method based on radial basis functions. International Journal for Numerical Methods in Engineering,54:1623—1648

Wang J,Gadala M S. 1997. Formulation and survey of ALE method in nonlinear solid mechanics. Finite Elements in Analysis and Design,24:253—269

Whitman R V,Bailey W A. 1967. Use of computers for slope stability analysis. Journal of Soil Mechanics and Foundations Division,93(SM4):475—498

Wiberg N E,Koponen M,Runesson K. 1990. Finite element analysis of progressive failure in long slopes. International Journal for Numerical and Analytical Methods in Geomechanics, 14: 599—612

Winslow A M,Barton R T. 1982. Rescaling of Equipotential Smoothing. Lawrence Livermore National Laboratory

Wong F S. 1984. Uncertainties in FE modeling of slope stability. Computer & Structures, 19: 777—791

Yamagami T,Ueta Y. 1988. Search for critical slip lines in finite element stress fields by dynamic programming// Proceedings of the 6th International Conference on Numerical methods in Geomechanics,Innsbruck

Yoshiaki Y,Abdalla S W. 1977. Large strain analysis of some geomechanics problems by the finite element method. International Journal for Numerical and Analytical Methods in Geomechanics,1:299—318

Zdravkovic L,Potts D M,Hight D W. 2002. The effect of strength anisotropy on the behaviour of embankments on soft ground. Geotechnique,52(6):447—457

Zdravkovic L,Potts D M,St John H D. 2005. Modelling of a 3D excavation in finite element analysis. Geotechnique,55(7):497—513

Zhang X,Lu X H,Song K Z,et al. 2001. Least-square collocation meshless method. International Journal for Numerical Methods in Engineering,51(9):1089—1100

Zhang X,Song K Z,Lu M W. 2000. Meshless methods based on collocation with radial basis function. Computational Mechanics,26(4):333—343

Zhu T,Zhang J,Atluri S N. 1998. A meshless local boundary integral equation (LBIE) method for solving nonlinear problems. Computational Mechanics,22:174—186

Zienkiewicz O C,Humpheson C,Lewis R W. 1975. Associated and non-associated visco-plasticity and plasticity in soil mechanics. Geotechnique,25(4):671—689

Zienkiewicz O C,Pande G N. 1977. Some useful forms of isotropic yield surfaces for soil and rock mechanics// Gudehus G. Numerical Methods in Geomechnics. New York:Wiley

Zienkiewicz O C,Taylor R L. 2000a. The finite element method Volume 1:The basis. 5th ed. London:Arnold

Zienkiewicz O C,Taylor R L. 2000b. The finite element method Volume 2:Solid mechanics. 5th ed. London:Arnold

Zou J Z,Williams D J,Xiong W L. 1995. Search for critical slip surfaces based on finite element method. Canadian Geotechnical Journal,32:233—246